权威·前沿·原创

皮书系列为
“十二五”“十三五”国家重点图书出版规划项目

智库成果出版与传播平台

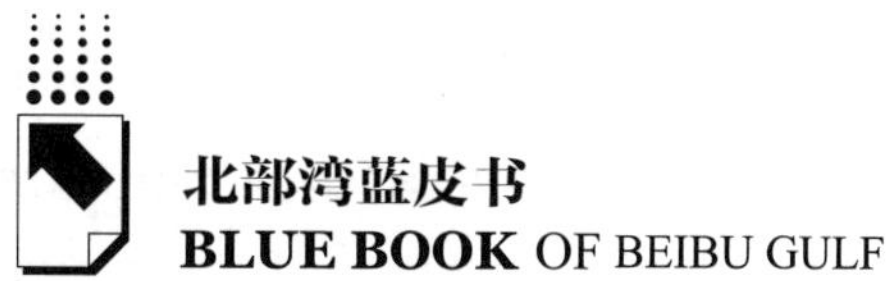

北部湾国际门户港发展报告（2020~2021）

DEVELOPMENT REPORT OF THE BEIBU GULF INTERNATIONAL GATEWAY PORT (2020-2021)

主　编 / 朱芳阳
副主编 / 刘新文　李　燕　王柏玲

社会科学文献出版社
SOCIAL SCIENCES ACADEMIC PRESS (CHINA)

图书在版编目（CIP）数据

北部湾国际门户港发展报告．2020－2021／朱芳阳主编．－－北京：社会科学文献出版社，2021.10
（北部湾蓝皮书）
ISBN 978－7－5201－9070－1

Ⅰ．①北…　Ⅱ．①朱…　Ⅲ．①北部湾－港口经济－经济发展－研究报告－2020－2021　Ⅳ．①F552.767

中国版本图书馆CIP数据核字（2021）第195059号

北部湾蓝皮书
北部湾国际门户港发展报告（2020～2021）

主　　编／朱芳阳
副 主 编／刘新文　李　燕　王柏玲

出 版 人／王利民
组稿编辑／周　丽
责任编辑／王玉山　张丽丽
文稿编辑／王　娇 等
责任印制／王京美

出　　版／社会科学文献出版社·城市和绿色发展分社（010）59367143
地址：北京市北三环中路甲29号院华龙大厦　邮编：100029
网址：www.ssap.com.cn
发　　行／市场营销中心（010）59367081　59367083
印　　装／天津千鹤文化传播有限公司

规　　格／开 本：787mm×1092mm　1/16
印 张：16.75　字 数：247千字
版　　次／2021年10月第1版　2021年10月第1次印刷
书　　号／ISBN 978－7－5201－9070－1
定　　价／158.00元

本书如有印装质量问题，请与读者服务中心（010－59367028）联系本书得到以下项目资助：

广西高校人文社会科学重点研究基地——北部湾海洋发展研究中心项目、2020 年度广西北部湾经济区发展专项资金（重大人才）项目、陆海新通道北部湾研究院委托课题“北部湾国际门户港发展报告（2017 ~ 2019）”（课题基金号：LHTKY202006）研究项目、北部湾海洋经济研究院项目。

本书得到以下单位支持：

广西壮族自治区北部湾经济区规划建设管理办公室、北部湾大学。

特此表示感谢！

《北部湾国际门户港发展报告（2020～2021）》

编　委　会

主　编　朱芳阳

副主编　刘新文　李　燕　王柏玲

编　委　（按姓氏笔画排序）

王小琴　王柏玲　王淑慧　朱芳阳　刘新文

李　燕　张建中　施梅超　高安刚　郭建科

黄伟新　隋博文　廖作文　潘柳榕

执笔人　朱芳阳　李　燕　王柏玲　刘新文　郭建科

张建中　施梅超

主要编撰者简介

朱芳阳 管理学博士，教授，博士生导师，北部湾大学经济管理学院院长，陆海新通道北部湾研究院副院长，广西高校人文社会科学重点研究基地——北部湾海洋发展研究中心常务副主任，双师型教师（高级物流师、人力资源经济师、创业咨询师、轮机师），广西大学、广西师范大学硕士生导师，钦州市第五届人大代表、市委财经委委员。广西高校卓越学者，广西高校优秀共产党员，钦州市优秀教师。广西本科高校工商管理类专业教学指导委员会委员，广西物流与采购联合会物流专业委员会委员，中国统计学会常务理事。主要研究方向为海洋资源产业化开发、港口物流与产业规划等。出版《北部湾海洋资源产业化发展研究》《北部湾港港口物流供应链动力机制研究》等多部学术专著；提交《加快钦州市战略性新兴产业发展的建议》等多篇咨询报告，被中共钦州市委员会政策研究室等单位采纳；发表多篇高级别论文；主持 1 项国家自然科学基金项目。

刘新文 北部湾大学经济管理学院讲师，北部湾海洋发展研究中心和陆海新通道北部湾研究院行政秘书，主持地厅级课题 2 项、横向课题 2 项，参与国家社科基金项目 1 项，参与省部级、地厅级课题 10 余项。在《中国会计评论》《制度经济学研究》等省级以上学术期刊发表论文 10 余篇。

李　燕 北部湾大学经济管理学院教授，硕士生导师，北部湾海洋发展研究中心和陆海新通道北部湾研究院办公室主任。主要研究方向为农业经济管理与海洋经济。主持完成教育部人文社会科学项目1项、省级教改项目1项、地厅级项目3项、校级项目4项、在研省级教改项目1项、校级课题3项，参与完成国家社科基金课题1项、教育部课题1项，参与其他10多项省厅级课题研究。连续8年（2014～2021年）主持钦州市重大课题，研究成果均被市委政研室采用，在相关政策中有所体现。在省级以上刊物发表系列学术论文40余篇，其中在《农业现代化研究》、《西南师范大学学报》（自然科学版）等全国中文核心期刊发表论文20余篇，科研成果获钦州市社科奖一等奖2项、二等奖1项、三等奖1项，出版著作1部，参编专著4部（含教材1部）。

王柏玲 博士后，教授，硕士生导师，北部湾大学经济管理学院副院长。主要研究方向为宏微观经济理论、区域经济学、航运经济学、产业经济学等。主持和参与国家级、省级和市级纵向科研项目20余项，横向科研项目20余项；在清华大学出版社和北方交通大学出版社出版教材2部；在国内核心期刊发表论文30余篇，相关论文被中国人民大学复印报刊资料全文收录；2004年以来培养产业经济学硕士生20余人、培养MBA学员40余人；提交多份咨政报告并被采纳；多次代表学校对政府和企业人员进行相关培训。

摘 要

2013年“一带一路”倡议提出，广西被定位为“面向东盟区域的国际通道、21世纪海上丝绸之路与丝绸之路经济带有机衔接的重要门户”，北部湾港被定位为“一带一路”有机衔接的重要“门户港”。2017年4月，习近平总书记在北部湾港北海铁山港考察时提出，要建设好北部湾港口，打造好向海经济，写好新世纪海上丝绸之路新篇章。2019年《西部陆海新通道总体规划》和《中国（广西）自由贸易试验区总体方案》明确提出将北部湾港打造成为“国际门户港”“国际陆海贸易新通道门户港和向海经济集聚区”。北部湾港打造国际门户港的现实需求已经显现、重大机遇已然到来，北部湾国际门户港的建设正式拉开序幕。

《北部湾国际门户港发展报告（2020～2021）》运用历年的数据，在分析北部湾国际门户港发展基础和外部环境的同时，找出北部湾国际门户港在发展过程中存在的问题，并进一步根据北部湾国际门户港发展的战略定位，提出：加强港口基础设施建设，优化港口吞吐结构，完善综合物流体系；加强腹地工业化建设，扩大腹地对外开放，优化腹地产业结构；夯实临港配套产业基础，构建向海产业带，打造临港工业集群；等等。

《北部湾港产城联动发展路径报告（2020～2021）》基于全球与中国经济发展走向分析，论述全球化与国际分工中的港产城联动发展趋势，并借鉴国际化港口城市和国内港产城联动发展的成功经验，分析北部湾国际门户港港产城联动发展现状，阐述北部湾国际门户港港产城联动发展机制，提出北部湾国际门户港港产城联动发展路径：做好港产城联动发展的顶层设计；筑牢港产城联动发展根基；强化联动发展的内生机制；保持联动发展的可持续性；加强产业衔接，推动港口建设与城市发展，深化联动发展的内涵。

《北部湾港港口资源优化配置报告（2020～2021）》通过港产城耦合协调度分析，对北部湾港港口资源配置效率与关联因素进行测定，并选取其他11个港口作为港口资源配置效率及相关因素分析的比较对象，发现北部湾港存在基础设施建设不足、三港整合的体制机制有待深化、港航服务水平较低以及港产城系统发育不足等问题。基于此，提出：创新体制机制，构建新型协同竞合关系；畅通腹地联系，拓展共赢空间；围绕港产城，壮大增长极；培育区域利益共同体；优化港口营商环境，搭建一体化产业平台；等等。

《北部湾港引航服务体制创新报告（2020～2021）》首先介绍了我国引航服务的重要性和意义，通过回顾我国引航管理体制历史及北部湾港引航管理体制的演变，分析北部湾港引航服务体制现状及存在的问题，最后借鉴国内外港口引航服务管理经验，在政府管理职能、服务质量方面提出北部湾港引航服务体制创新建议。

《西部陆海新通道与广西物流业协同发展报告（2020～2021）》通过梳理西部陆海新通道沿线物流业发展现状及其发展政策，评估广西各区域物流发展水平，进而对西部陆海新通道沿线物流节点与广西物流协同发展现状进行对比分析，指出西部陆海新通道沿线物流节点与广西物流协同发展的机遇与障碍，最后从建立区域物流节点协调机制、制定西部陆海新通道物流发展的长远战略目标、以突出信息化平台培育来深化物流管理体系改革创新等方面提出促进西部陆海新通道与广西物流业协同发展的对策与建议。

关键词： 北部湾港　港产城联动　港口资源　西部陆海新通道

目 录

Ⅰ 总报告

Ⅱ 分报告

Ⅲ 附 录

皮书数据库阅读**使用指南**

总 报 告

General Report

B.1 北部湾国际门户港发展报告（2020~2021）

朱芳阳　刘新文*

摘　要：北部湾港作为西部陆海新通道的出海口“主通道”及中国（广西）自由贸易试验区致力于打造的国际陆海贸易新通道门户港和向海经济集聚区，建设和发展国际门户港迎来了重大战略机遇。本报告基于当前新形势、新背景和新机遇，从北部湾国际门户港发展的经济和港口条件等基础入手，分析其外部环境，如集疏运体系、航运服务业等，重点剖析其面临的诸多问题。并在此基础上，从港口基础设施投入、港口服务水平提升、促进腹地经济发展、临港产业体系构建、政

* 朱芳阳，管理学博士，教授，博士生导师，北部湾大学经济管理学院院长，陆海新通道北部湾研究院副院长，广西高校人文社会科学重点研究基地——北部湾海洋发展研究中心常务副主任，主要研究方向为海洋资源产业化开发、港口物流与产业规划等；刘新文，北部湾大学经济管理学院讲师，北部湾海洋发展研究中心和陆海新通道北部湾研究院行政秘书，主要研究方向为金融与产业经济。

策支持、体制机制改革等方面提出相关对策，以期为政府职能部门提供决策参考依据。

关键词： 北部湾国际门户港　西部陆海新通道　临港产业

一　北部湾国际门户港建设的背景与意义

（一）背景

广西北部湾经济区位于我国西南端，处于泛珠三角经济圈、大西南经济圈和中国—东盟自由贸易区的接合地区，北靠渝、云、贵，东临粤、港、澳，西接越南，南濒海南岛，是我国西南地区最便捷的出海通道，也是我国促进中国—东盟深度合作、走向世界的重要窗口。北部湾国际门户港则位于北部湾南部，现由钦州港、北海港和防城港三港组成，是我国沿海主要港口之一。

早在1919年，孙中山先生在《建国方略》中就把钦州港规划为我国南方第二大港，并赋文曰："凡在钦州以西之地，将择此港以出于海，则比经广州可减四百英里。通常皆知海运比之铁路运价廉二十倍，然则节省四百英里者，在四川、贵州、云南及广西之一部言之，其经济上受益为不小矣。"① 孙中山先生那时所提及的钦州港就是现在的钦州港、北海港和防城港（即北部湾港），孙中山先生的真知灼见指出了新形势下北部湾地区联动大西南共襄发展的要旨所在。

历经近100年，2017年4月，习近平总书记在北部湾港北海铁山港考察时提出，要建设好北部湾港口，打造好向海经济，写好新世纪海上丝绸之路新篇章，要以"四个一流"为建设目标，为广西发展、为"一带一路"建设、为扩大开放合作多做贡献。要实现更高水平的开放发展，北部湾港应

① 孙中山：《建国方略》，中国长安出版社，2011，第154页。

牢牢抓住西部陆海新通道、中国（广西）自由贸易试验区等带来的新时代背景下的建设机遇，立足自身实际，积极地探索高质量发展之路。

近年来，随着我国经济特别是对外贸易的快速增长以及对各种资源和商品货物需求的增加，四川省、重庆市、贵州省、云南省、广西壮族自治区和湖南省等西南及中南省、自治区和直辖市急需商品货物的出海大通道和港口，这为北部湾港的发展提供了机会。

此外，自2013年“一带一路”倡议提出以来，广西就被定位为“面向东盟区域的国际通道、21世纪海上丝绸之路与丝绸之路经济带有机衔接的重要门户”，北部湾港被定位为“一带一路”有机衔接的重要“门户港”。2019年《西部陆海新通道总体规划》颁布，进一步明确提出将北部湾港建设为“国际门户港”。北部湾港打造国际门户港的现实需求已经显现、重大机遇已然到来。然而，不容忽视的是，北部湾港近年来虽然取得了一定的成绩，但要真正成为国家对外开放和国内国际贸易货物进出口的“门户”，成为具有国际市场、国际地位和国际标准的国际门户港，还有不少问题需要处理，如港口基础设施需要进一步完善、港口服务效率有待提高、港口与腹地联动需要进一步加强、产业支撑港口的能力还不够、港口综合竞争力还有待提高等。基于此，本报告运用历年的数据，在分析北部湾国际门户港发展基础和外部环境的同时，找出北部湾国际门户港在发展过程中存在的问题，并进一步根据北部湾国际门户港发展的战略定位，从港口建设、经济产业支撑和政策支持等方面提出具体措施，以此为政府职能部门提供决策参考依据。

（二）意义

1. 有利于加快西部陆海新通道建设、提高北部湾“大通道能力”

加快西部陆海新通道建设，是不断深化陆海双向开放、推进西部大开发形成新格局的重要举措。[①] 北部湾国际门户港的建设将有利于西部陆海新通

① 《国家发展改革委关于印发〈西部陆海新通道总体规划〉的通知》，国家发展改革委网站，2019年8月15日，https：//www.ndrc.gov.cn/fggz/zcssfz/zcgh/201908/t20190815_1145787.html？code=&state=123。

道发挥纽带作用，有效将西部地区与“一带”和“一路”连接起来，进一步深化陆海双向开放，推动区域经济高质量发展，具有重大现实意义和深远历史意义。同时，北部湾国际门户港的建设可以结合腹地经济条件、区位特点和发展需求，打破瓶颈，提高新通道竞争力，形成区域发展新格局，提升北部湾港出海口功能，落实国家《西部陆海新通道总体规划》要求。

2. 有利于建设区域性国际航运服务中心、促进“一带一路”合作共赢

建设区域性国际航运服务中心意味着要紧紧围绕着服务“一带一路”建设，大力发展特色优势服务业，重点发展现代物流业、商贸服务与会展业和海洋服务业等特色行业，打造业态突出、特色鲜明的现代服务业集聚区，培育一批有较强竞争力、影响力的航运服务业龙头企业，集聚一批高素质航运人才，形成航运、贸易、金融、制造等行业融合发展的产业新格局，建成服务“一带一路”、面向东盟、辐射西南及中南的现代航运服务业发展新高地。

北部湾经济区位于区域海路、陆路交通的交会点和经济合作发展的核心区，北部湾国际门户港则地处中国—东盟国际大通道和西南地区出海的最前沿，具有面向东盟国家优越的地理位置优势。历年来北部湾经济区与东盟国家贸易往来频繁，可以看出，采取加快推进建设和发展北部湾国际门户港、全面对接粤港澳大湾区的重要举措，将对优化西部陆海新通道营商环境、促进北部湾经济区经济社会发展具有重要意义。

3. 有利于中国—东盟自由贸易区建设、促进北部湾全面开放

东盟十国作为与我国广西水陆相连的国家，连续20年成为广西最大的贸易伙伴。北部湾经济区作为我国西部面向东盟最近的出海口和“一带一路”有机衔接的重要门户，正以西部陆海新通道建设为牵引、以北部湾国际门户港建设为突破口、以扩大面向东盟的开放为契机，积极打造中国—东盟开放合作的物流基地、商贸基地、加工制造基地和信息交流中心，并进一步促进全面开放。因此，北部湾国际门户港的建设，是促进北部湾经济区全面开放合作的重要环节。

4. 有利于推进中国（广西）自由贸易试验区建设、服务东盟合作

2019年8月30日，中国（广西）自由贸易试验区正式揭牌运行。中国

（广西）自由贸易试验区获批设立，标志着广西对外开放站在了新的历史起点上。在自贸区对外开放的格局中，北部湾国际门户港的建设，对于全面落实“三大定位”新使命、加快构建“南向、北联、东融、西合”全方位开放发展新格局具有重大意义。

北部湾国际门户港的建设，有助于集聚物流区域总部或运营中心，开展国际中转、中转集拼、航运交易等服务。同时有助于打造服务西南、中南、西北的国际陆海联运基地；提高口岸大通关服务效率，加快建设国际贸易“单一窗口”，提升贸易便利化水平；进一步辐射带动服务西部、中部地区产品出口和产业联动发展，提升陆海服务水平与质量，加快形成“一带一路”有机衔接的重要门户。

二　北部湾国际门户港发展历程

顺着历史的河流溯源而上，北部湾国际门户港的发展大致经历了以下三个时期：钦州港、北海港、防城港三港“单打独斗”时期（2007 年以前）；钦州港、北海港、防城港三港规划整合，实现北部湾港“三港合一”时期（2007～2011 年）；加快建设北部湾“国际门户港”，实现一体化跨越式发展时期（2012～2019 年）。三个时期紧密衔接、层层递进、相互促进。

（一）三港“单打独斗”时期

2007 年以前，北部湾港口之间因缺少统一规划、整合，钦州港、北海港、防城港三港长期处于“单打独斗”、相互竞争的状态。

北海港是我国古代“海上丝绸之路”的始发港之一，于清光绪二年（1876 年）开埠。改革开放以后，北海港港口建设逐渐步入正轨，北海港的发展也由此进入快车道。1984 年，北海市被确定为全国 14 个沿海开放城市之一，这加快了北海港的建设步伐。1985 年，万吨级泊位码头在石步岭开工建设。1992 年，石步岭二期和铁山港动工建设。随后，广西壮族自治区把北海港定位为集集装箱中转、旅游、商贸于一体的港口。2000 年，北海港集装箱公司成立，北海港集装箱业务正式朝国际联运方向发展。

1968 年，由周恩来总理决定并经毛泽东主席批准，防城港作为开辟援越抗美海上隐蔽运输航线的主要起运港口开始建设。1975 年，广西第一个万吨级泊位——防城港 1 号泊位建成。至 1979 年，防城港 2～7 号泊位也相继建成。基于得天独厚的地理位置与地缘条件，防城港港口于 1983 年 7 月经国务院批准正式对外开放，成为对外开放口岸。经过长时间的摸索发展，防城港港口于 1992 年建成第一个 3 万吨级泊位，拥有广西壮族自治区最大吨位的生产性港口泊位。1995 年，江山港、企沙港正式对外开放。2001 年，防城港港口货物吞吐量突破 1000 万吨。

钦州港处于北部湾海域钦州湾内，三面环陆，南面向海，区位优势突出，交通便捷发达。钦州港于 1992 年奠基建港，1994 年两个万吨级起步码头建成使用。1994 年，国务院批准设立钦州港一类口岸。1996 年，广西壮族自治区批准设立钦州港经济技术开发区。借助改革开放的东风，1997 年，国务院批准钦州港一类口岸对外开放，1999 年，广西壮族自治区把钦州港定位为临海工业港，钦州港至此实现自身稳定发展。

钦州港、北海港、防城港三港“单打独斗”的局面，不利于实现资源的合理配置与利用，不利于港口效益最大化和可持续发展。在这一时期，出现了 1998 年东南亚金融危机，钦州港、北海港、防城港三港为了争夺国内外进出口资源而大打“价格战”，出现了“1 + 1 + 1 < 3”的负面经济效应。因此，适应北部湾经济长足发展的“三港合一”机制亟须构建。

（二）规划整合，实现“三港合一”时期

早在 2006 年时，广西壮族自治区就已经开始对钦州港、北海港、防城港进行规划整合，提出了整合的思想依据与理论方案，为日后的“三港合一”打下了坚实的基础。2008 年，国家发展和改革委员会正式印发《广西北部湾经济区发展规划》，广西北部湾经济区发展正式上升为国家战略。该规划明确提出“建设现代化沿海港口群”“明确港口功能及合理分工，推进港口经营一体化发展，建设广西沿海港口群”。为实现该规划提出的“明确

港口功能及合理分工”，规范港口经营，优化港口资源配置，广西于2007年2月对钦州市港口（集团）有限责任公司、北海港股份有限公司、防城港务集团有限公司和广西沿海铁路有限公司进行国有资产重组整合，成立广西北部湾国际港务集团有限公司，负责统一管理、协调广西沿海港口。至此，广西沿海的钦州港、防城港和北海港三港由各自经营步入“三港合一”的调整发展时代。2008年12月，北海机场公司、北海高昂公司持有的北海港股份有限公司40.79%的国有股权划转至广西北部湾国际港务集团有限公司获得国务院国资委批准，广西北部湾三港整合战略目标基本实现。2009年3月，经交通运输部同意，拟定钦州港、防城港和北海港统一使用“广西北部湾港”名称，并经广西壮族自治区人民政府正式批准使用。至此，钦州港、防城港和北海港“三港合一”的北部湾港时代开启，广西沿海三港进入快速发展阶段。

（三）加快建设“国际门户港”，实现一体化跨越式发展时期

2011年末，北部湾港的港口布局体系初步建立，“门户港”雏形基本构建完毕。2013年7月，李克强总理考察北部湾经济区时，提出了“广西要成为西南中南地区开放发展新的战略支点”“打造千万标箱大港”[①] 等要求。2015年，北部湾港进一步确立“一轴两翼”战略布局：“一轴”即以钦州港为中轴，打造集装箱干线港；“两翼”即依托防城港、北海铁山港，打造散货聚集地，防城港服务于西南区域，北海铁山港服务于华南、中南区域。2017年4月，习近平总书记对广西港口、企业、重点项目深入考察调研，他强调，“写好海上丝绸之路新篇章，港口建设和港口经济很重要，一定要把北部湾港口建设好、管理好、运营好，以一流的设施、一流的技术、一流的管理、一流的服务，为广西发展、为‘一带一路’建设、为扩大开放合作多作贡献”。[②] 2019年8

① 肖莺子：《人民日报丝路絮语：打造21世纪“海上丝路”重要枢纽》，人民网，2014年9月17日，http：//opinion. people. com. cn/n/2014/0917/c1003 - 25676509. html。

② 《习近平在广西考察时强调：扎实推动经济社会持续健康发展》，新华网，2017年4月21日，http：//www. xinhuanet. com/politics/2017 - 04/21/c_ 1120853744. htm。

月，国家发改委正式印发《西部陆海新通道总体规划》，该总体规划指出“钦州港重点发展集装箱运输，防城港港重点发展大宗散货和冷链集装箱运输，北海港重点发展国际邮轮、商贸和清洁型物资运输”。至此，广西北部湾三港的功能定位最终确定，北部湾国际门户港加快建成，实现一体化跨越式发展。

北部湾港实现从“单打独斗”到“三港合一”的一体化发展，实现从“门户港”到“国际门户港”的跨越式发展，其重大事件见附录 B. 6 北部湾国际门户港大事记。

三　北部湾国际门户港发展基础

腹地是港口集散物资的地域，是为港口服务的区域范围，其主要功能是为港口提供商品或货物。腹地有直接腹地和间接腹地之分。直接腹地是指港口所独有的腹地，如广西为北部湾港的直接腹地。间接腹地是指两个或两个以上的港口以某个区域范围作为背后腹地，即多个港口的吸引范围中相互重叠的部分，也被称为混合腹地，如北部湾港与湛江港均以我国西南及中南省、自治区和直辖市作为腹地范围，此时，重叠的区域即为间接腹地。相比北部湾国际门户港的间接腹地，如四川、重庆、贵州、云南、广西和湖南等西南及中南省、自治区和直辖市①，直接腹地广西及北部湾经济区的经济、产业的发展对北部湾国际门户港的建设影响更为明显，是北部湾港建设国际门户港的平台支撑，为其提供资金、技术、人才等各种资源。可以说，广西及北部湾经济区经济、产业的发展等是北部湾国际门户港建设的重要基础。

---

① 根据北部湾港货物来源分布，北部湾港绝大多数的货物来自广西、云南、贵州、四川、重庆和湖南等省、自治区和直辖市。本报告根据国务院相关文件对广西和北部湾经济区的功能定位以及广西和北部湾经济区的服务范围，界定西南及中南省、自治区和直辖市包括四川、重庆、贵州、云南、湖南和广西 6 省、自治区和直辖市。其中，湖南省属于传统意义上的中部省份也即中南地区。四川、重庆、贵州、云南和广西均属于西南地区。

（一）广西经济发展概况

1. 虽然经济总量有进步，但人均 GDP 还低于全国平均水平

从全国层面来看，2019 年广西 GDP 在全国排第 19 名（见表 1），在西南及中南 6 省、自治区和直辖市中排第 5 名，广西经济总量虽有进步但还有待提升，经济发展处于中等偏下水平，还相对落后，属于欠发达地区。

表 1　2019 年西南及中南 6 省、自治区和直辖市 GDP 及其排名

省、自治区和直辖市	四川	湖南	重庆	云南	广西	贵州
GDP（亿元）	46615	39752	23605	23223	21237	16769
排名	6	9	17	18	19	22

资料来源：国家统计局。

进一步地，从图 1 可知，截至 2019 年，广西占我国国土面积的 2.46%，占全国人口的 3.54%，占全国 GDP 的 2.14%。其 2019 年 GDP 排名处于中下游。

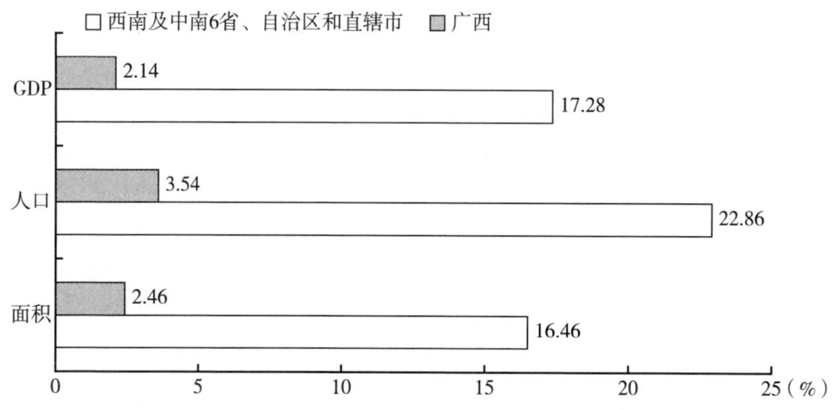

图 1　2019 年西南及中南 6 省、自治区和直辖市主要指标占全国的比重

资料来源：国家统计局及《2019 年国民经济和社会发展统计公报》。

从广西人均 GDP 来看（见图 2），2019 年广西人均 GDP 仅为 42964 元，不仅低于西南及中南 6 省、自治区和直辖市人均 GDP（53500 元），还远远低于全国人均 GDP（70892 元）。与全国平均水平相比，差距约为 28000 元。因此，总体而言，广西经济发展水平与全国或其他地区相比，差距还较大。

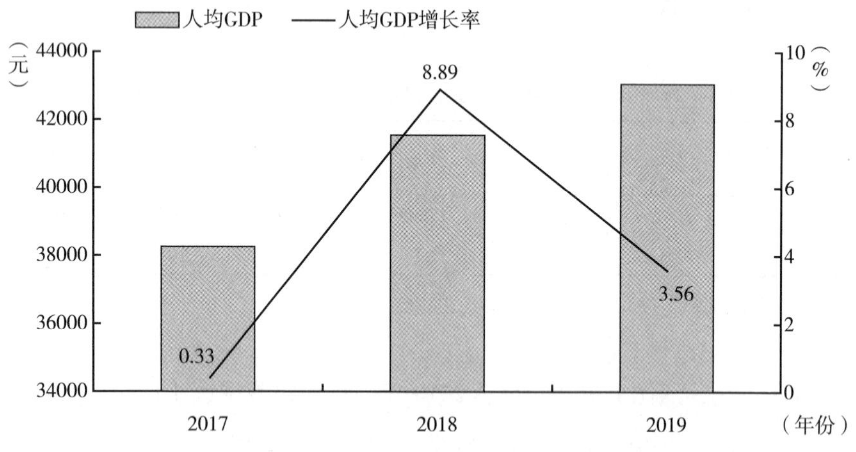

图 2　2017～2019 年广西人均 GDP 及其增长率

资料来源：历年《广西统计年鉴》及《广西壮族自治区国民经济和社会发展统计公报》。

2. 贸易规模稳步扩大，东盟国家成为主要的贸易伙伴

首先，出口总额增速逆势上扬，进口总额增速逐渐放慢。从图 3 可知，2017～2019 年广西进出口总额逐年递增。2019 年广西进出口总额达到 4694.7100 亿元，与上年相比增长 14.32%。其中出口总额为 2597.1500 亿元，同比增长 19.35%；进口总额为 2097.5600 亿元，同比增长 8.65%。随着时间的推移，在广西对外贸易中，出口总额增速逆势上扬，进口总额增速逐渐放缓，对外贸易由逆差（出口总额 < 进口总额）向顺差（出口总额 > 进口总额）转变，并出现进口与出口总额差额逐渐拉大的趋势。

其次，出口以初级产品为主，进口以工业制成品为主。在广西出口的各类产品中，以出口产品“总值”为标准来看，主要为机电产品、高

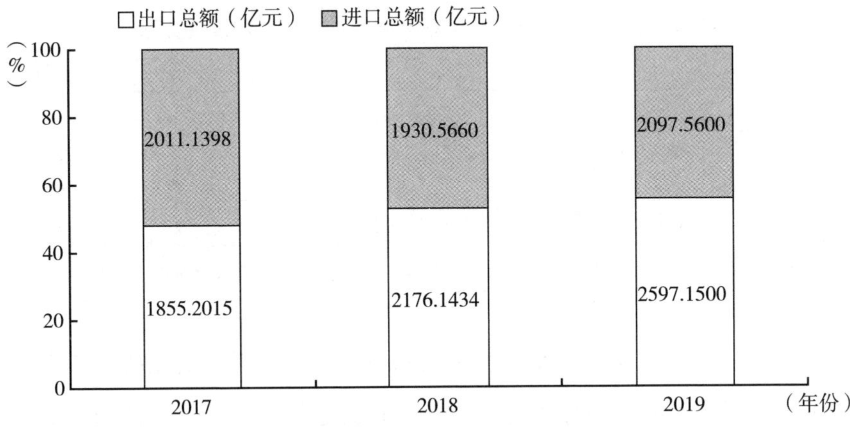

图3　2017～2019年广西进出口总额及其占比

资料来源：历年《广西统计年鉴》及《广西壮族自治区国民经济和社会发展统计公报》。

新技术产品、服装、纺织纺纱及其制品、鞋类、灯具、蔬菜、鲜干水果及坚果、家用陶瓷器皿、电线电缆以及汽车零件等。在进口产品中，以进口产品“总值”为标准来看，主要为机电产品、高新技术产品、大豆、鲜干水果及坚果、煤、铁锰矿砂及其精矿、原油及成品油、金属加工机床、电线电缆等。从进出口产品结构可知，广西对外贸易产品结构呈现出进口以工业制成品为主、出口以初级产品为主的特点。究其原因则是广西当前还是以劳动密集型为主导的产业结构，生产以自然资源和低人力资源为主的初级产品，缺乏技术含量高、资本密集的工业制成品。

最后，东盟国家成为主要的贸易伙伴，对外贸易高度依赖越南。从广西与东盟国家进出口总额及其占比来看，2017年、2018年和2019年广西与东盟国家进出口总额占广西进出口总额的比重分别为48.98%、50.20%和49.73%。已然可见，2017～2019年广西对外贸易中，与越南、老挝、泰国等东盟十国的进出口总额约占广西进出口总额的50%。与东盟国家的贸易往来已成为广西对外贸易中不可或缺的重要组成部分（见表2）。

表 2　2017～2019 年广西与东盟国家进出口总额及其占比

单位：亿元，%

年份	进出口总额	与东盟国家进出口总额	所占比重
2017	3866. 3413	1893. 8485	48. 98
2018	4106. 7094	2061. 4893	50. 20
2019	4694. 7100	2334. 6600	49. 73

资料来源：历年《广西统计年鉴》及《广西壮族自治区国民经济和社会发展统计公报》。

进一步地，从广西与东盟国家进口和出口总额来看，对东盟国家商品货物的出口总额大于从东盟国家进口商品货物的总额。可见，广西与东盟国家的贸易往来以商品货物的输出为主（见图 4）。

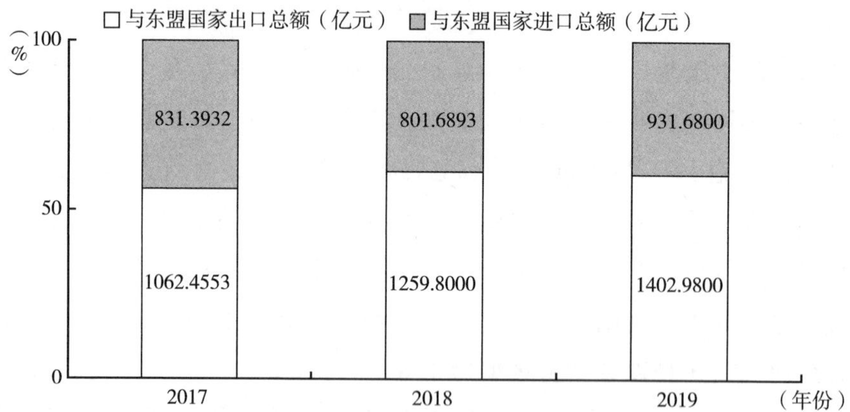

图 4　2017～2019 年广西与东盟国家进出口总额及其占比

资料来源：历年《广西统计年鉴》及《广西壮族自治区国民经济和社会发展统计公报》。

从表 3 中我们不难发现，虽然与欧洲、拉丁美洲、非洲等的货物进出口总额有所增加，但当前广西货物进出口的主要国家和地区是东盟国家和中国香港地区。其中东盟国家又以越南为主要货物进出口国。广西出口到越南的货物总额在 2019 年达到 1204. 59 亿元，占广西出口东盟货物总额的 85. 86%。越南已成为广西与东盟国家对外贸易最主要的国家以及贸易依赖程度较高的国家。但同时我们发现，由于广西的对外贸易主要来自东盟国家，且以低附加值产品、初级产品、农产品、轻加工产品为主，技术密集型和资本密集型等高附加值、深加工产品较少，无论是进口还是出口都严重依赖于越南。可以说，当前广西的对外贸易市场还相对较为单一，产业链条较为脆弱，抗风险能力不够强。因此，拓展海外市场、调整市场结构、提高抗风险能力成为广西外贸发展的关键。

表 3　2019 年广西与主要国家和地区货物进出口总额及其增长率

单位：亿元，%

主要国家和地区	货物出口总额	增长率	货物进口总额	增长率
亚洲	2073.28	17.9	1325.58	13.9
其中:东盟	1402.98	11.4	931.68	16.3
其中:越南	1204.59	5.5	549.32	-9.5
其中:中国香港	494.22	36.9	73.45	49.4
日本	28.01	11.4	38.23	56.1
韩国	22.54	6.4	24.77	-8.1
非洲	37.78	3.9	121.12	22.9
欧洲	195.93	64.7	73.39	23.7
其中:欧盟	179.69	70.5	39.49	-10.0
拉丁美洲	55.09	37.6	369.87	4.7
北美洲	203.81	4.8	78.19	-45.7
其中:美国	177.33	-2.9	21.44	-67.3
大洋洲	31.23	14.7	126.71	16.0

资料来源：《2019 年广西壮族自治区国民经济和社会发展统计公报》。

（二）北部湾经济区经济发展概况

北部湾经济区由 6 个地级市（分别为南宁、钦州、北海、防城港、玉林和崇左）所辖行政区域组成，总面积为 7.34 万平方公里，其中北部湾经济区核心区域由南宁、钦州、北海、防城港 4 市所辖行政区域组成，总面积为 4.25 万平方公里。

自 2008 年《北部湾经济区发展规划》颁布实施并上升为国家战略以来，中央和广西相继出台《广西壮族自治区人民政府关于促进广西北部湾经济区开放开发的若干政策规定》（2008 年）、《广西北部湾经济区条例》（2010 年）、《关于深化北部湾经济区改革若干问题的决定》（2014 年）等政策措施，支持北部湾经济区的发展建设。同时，北部湾经济区经济社会发展也得到习近平总书记、李克强总理等国家领导人的高度重视，中马钦州产业园区、中泰崇左产业园区、南宁经济技术开发区、钦州保税港区和北海综合保税区等一批自治区级、国家级重要平台纷纷在北部湾经济区设立，其开始进入发展快车道。近年来，伴随《北部湾城市群发展规划》（2017 年）、《西部陆海新通道总体规划》（2019 年）等一系列国家战略的实施，北部湾经济区作为我国西南沿海的重要经济区，在国家“一带一路”倡议落实、西部陆海新通道建设以及面向东盟的开放合作中发挥着至关重要的作用，已成为西南及中南地区开放发展的新战略支点和广西经济的重要增长极。

2017~2019 年广西北部湾经济区经济发展总体呈现以下特点。

1. 经济增长下行压力较大，区内各市经济增长分化严重

2019 年，广西 GDP 为 21237.14 亿元，其中，北部湾经济区 6 市 GDP 为 10305.07 亿元，占广西 GDP 的 48.52%。北部湾经济区 6 市以占广西土地面积的 30.88%、人口的 42.78%，创造了占广西 GDP 48.52% 的成绩。如果只考虑北部湾经济区核心区域南宁、钦州、北海和防城港 4 市，则 4 市以占广西土地面积的 17.89%、人口的 26.72%，创造了占广西 GDP 37.03% 的成绩（见图 5）。

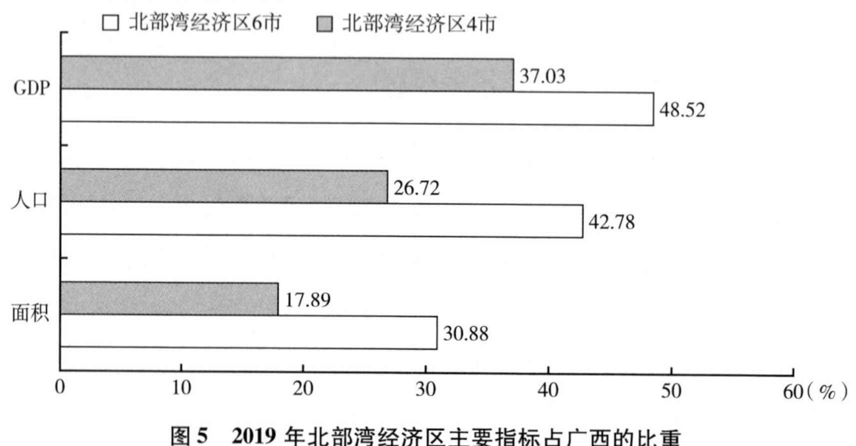

图 5　2019 年北部湾经济区主要指标占广西的比重

资料来源：《广西统计年鉴 2020》及 2019 年广西各市国民经济和社会发展统计公报、国民经济运行报告。

进一步从经济增长率来看，2017 ~2019 年北部湾经济区 6 市经济增长平均速度均大于或等于广西经济增长平均速度。以 2019 年为例，该年北部湾经济区 6 市经济增长平均速度达到 6.4%，高出广西经济增长平均速度 0.4 个百分点。虽然与广西经济增长的平均水平相比，各年度北部湾经济区经济增长向好，但分年度来看，北部湾经济区（无论是 6 市还是 4 市）经济增长速度均呈现放缓趋势，经济增长下行压力仍然较大。

具体到北部湾经济区 6 市，其经济增长率则有所不同。相比较而言，崇左、北海 2 市经济呈现一种较高态势的增长，尤其是崇左经济增长连续 3 年均保持 8.5% 及以上的速度，2017 ~2019 年在广西 14 个地级市中分别排第 2、第 1 和第 4 名，远远超过广西经济增长的平均速度；防城港和南宁 2 市则相对较弱，尤其是南宁经济增长率 2018 年、2019 年均低于广西经济平均增长率，在广西经济增长率排名中分别为第 13 名和第 11 名（见表 4）。

表 4　2017 ~2019 年北部湾经济区 6 市名义 GDP、GDP 增速及其排名

北部湾经济区 6 市	2017 年			2018 年			2019 年		
	名义 GDP（亿元）	GDP 增速（%）	GDP 增速排名	名义 GDP（亿元）	GDP 增速（%）	GDP 增速排名	名义 GDP（亿元）	GDP 增速（%）	GDP 增速排名
南宁	4118.83	8.00	6	4026.91	5.40	13	4506.56	5.00	11
钦州	1309.82	8.80	4	1291.96	6.00	12	1356.27	7.80	6
北海	1229.84	10.20	1	1213.30	8.30	4	1300.80	8.10	5
防城港	741.62	6.70	11	696.82	7.40	5	701.23	5.40	10
玉林	1699.54	7.60	8	1615.46	7.20	6	1679.77	7.20	7
崇左	907.62	9.30	2	1016.49	11.30	1	760.46	8.50	4

资料来源：广西北部湾经济区 2017 ~2019 年统计月报。

2. 工业发展趋于回稳向好，经济结构调整步伐加快

从工业增长率来看，在经历 2017 年、2018 年工业逐步回暖、回升期后，2019 年北部湾经济区工业发展呈现向好态势。据统计，2019 年北部湾

经济区规模以上工业增加值同比增长 6.8%，高于广西工业增加值平均增长率（2019 年广西工业增加值平均增长率为 4.5%）2.3 个百分点。其中，崇左、玉林、北海和钦州工业增加值同比分别增长 15.2%、10.0%、9.7% 和 7.6%，高于广西其他地级市。

从经济结构来看，北部湾经济区经济结构调整步伐加快。从图 6 可知，北部湾经济区产业结构由 2017 年的 13.76∶44.44∶41.80 调整为 2019 年的 15.54∶29.78∶54.69。第一产业占比略有提升，由原来的 13.76% 上升至 15.54%，第二产业占比出现大幅度下降，第三产业占比出现大幅度提升，这表明北部湾经济区经济结构由“二三一”向“三二一”转变调整。与广西全区产业结构（2019 年广西全区产业结构为 15.95∶33.23∶50.72）相比，第三产业占比高于广西全区 3.97 个百分点（见图 7），北部湾经济区产业结构调整转型的步伐明显快于广西全区。

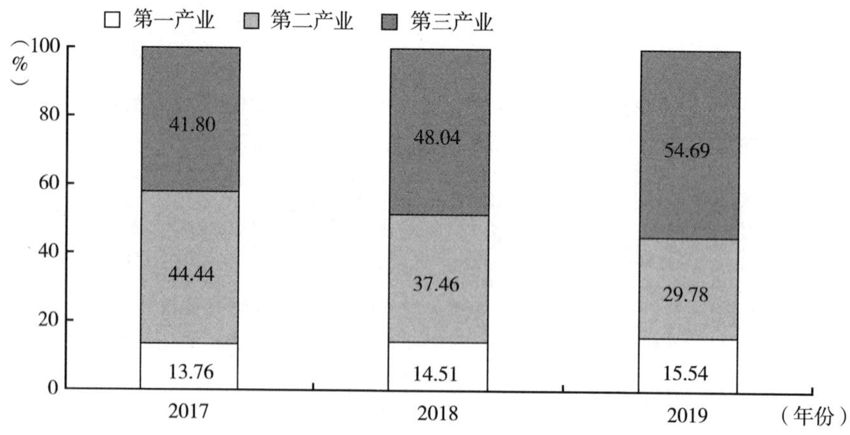

图 6　2017 ~ 2019 年北部湾经济区产业结构

资料来源：广西北部湾经济区 2017 ~ 2019 年统计月报。

3. 进出口总额占广西全区的比重仍然较大，区内各市差距较大

在面对复杂的国内外环境尤其是在中美贸易摩擦的基础上，不确定、不稳定因素逐渐增多，北部湾经济区依托重点园区和重点企业不断加大固定资产投资力度，促使重大项目有序推进，对外贸易总额持续增长。2019 年北

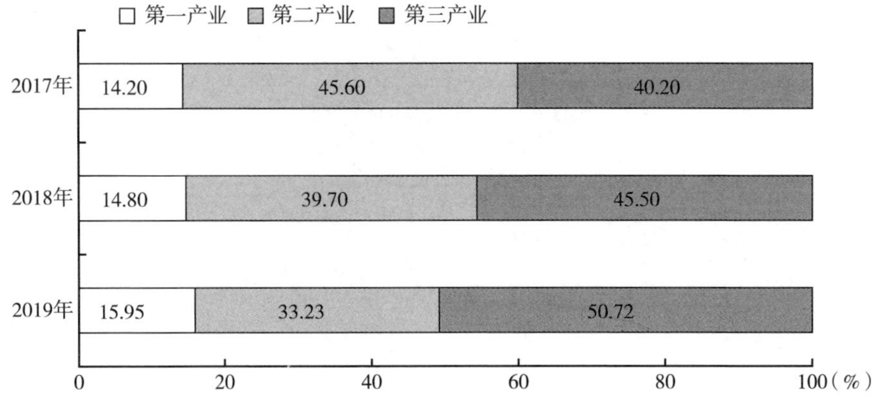

图 7　2017～2019 年广西产业结构

资料来源：历年《广西壮族自治区国民经济和社会发展统计公报》。

部湾经济区 6 市进出口总额为 3984.63 亿元，占广西进出口总额（广西 2019 年进出口总额为 4694.71 亿元，见表 2）的 84.87%。进一步地，我们计算了 2017 年、2018 年北部湾经济区 6 市进出口总额占广西全区的比重，发现 2017 年、2018 年占比分别达到 85.85%、85.69%。以南宁、钦州、北海和防城港 4 市计算，2017 年、2018 年和 2019 年这 4 市的对外贸易即进出口总额占广西全区的比重分别达到 50.36%、48.90% 和 43.69%，总体来看，占据广西全区 40% 以上的进出口额。可见，广西进出口即对外贸易主要集中在北部湾经济区。

图 8 给出了北部湾经济区 6 市 2017～2019 年进出口总额占比。从 3 年的进出口总额占比可知，北部湾经济区 6 市进出口总额主要来自崇左、防城港和南宁 3 市，3 市占比达 80% 以上。北海、钦州和玉林进出口总额占比则相对较小，尤其是玉林，2017～2019 年进出口总额仅占 1%。因此，可以通过增加钦州、玉林和北海 3 市进出口总额来拉动北部湾经济区对外贸易。

4. 外商直接投资受到青睐，经济区成为广西外商投资最为活跃的区域

在 2019 年广西新增的 388 家外资企业中，有 236 家外资企业是入驻北部湾经济区 6 市，204 家外资企业是入驻北部湾经济区 4 市。同时，2017 年、

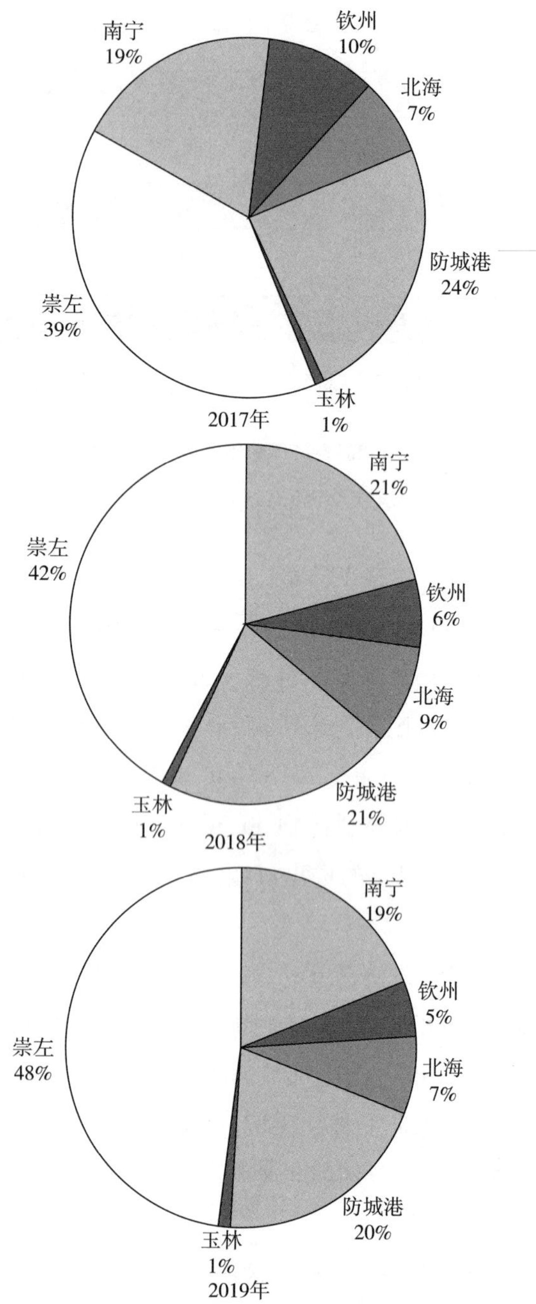

图8　2017～2019年北部湾经济区6市进出口总额占比

资料来源：广西北部湾经济区2017～2019年统计月报。

2018 年的数据可见一斑（见图 9）。这说明北部湾经济区已经成为外资企业进驻广西的首选地。

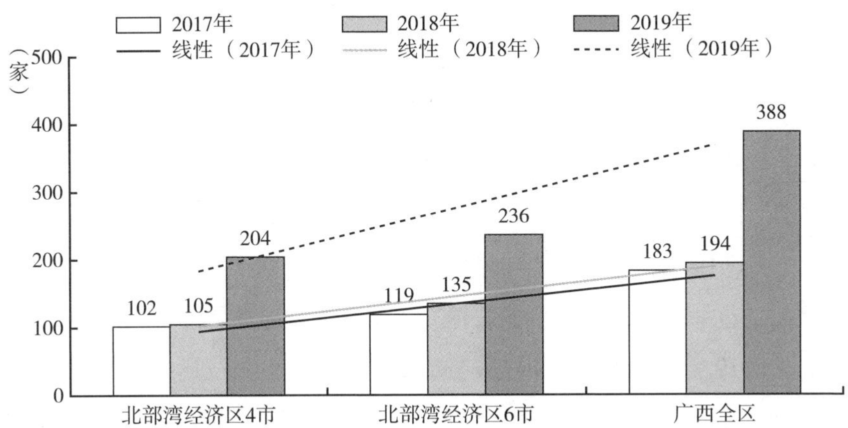

图 9　2017 ~2019 年北部湾经济区 4 市、6 市及广西全区新增外资企业数

资料来源：广西北部湾经济区 2017 ~2019 年统计月报。

此外，从实际利用外资额这一指标来看，无论是北部湾经济区 6 市实际利用外资额抑或是北部湾经济区 4 市实际利用外资额，均在广西全区实际利用外资额中占据较大份额。但值得注意的是，实际利用外资额并未随时间推移逐年递增，而是出现较大的波动。这从 2017 ~2019 年的数据中可以看出（见图 10）。

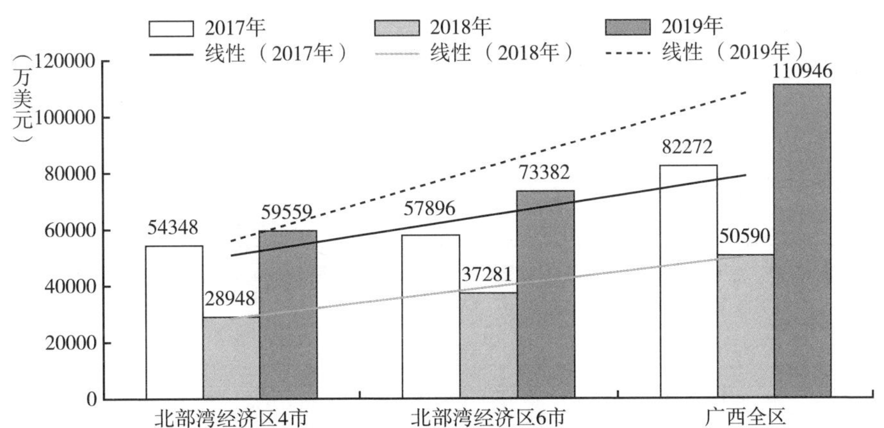

图 10　2017 ~2019 年北部湾经济区 4 市、6 市及广西全区实际利用外资额

资料来源：广西北部湾经济区 2017 ~2019 年统计月报。

（三）北部湾国际门户港港口条件

2017～2019年，北部湾国际门户港在各层面政策支持及自身努力下，在港口泊位建设、航线网络布局、班轮班次规模、口岸功能完善等方面取得了较大进步。

1. 港口基础设施建设水平显著提升，泊位设计年通过能力持续增强

北部湾国际门户港在充分利用国家及自治区给予的各类平台和政策的基础上，抢抓港口建设的机遇期和窗口期，不断加大对港口基础设施和配套设施的投入，港口泊位建设水平显著提升，为自身的建设打下了坚实基础。

截至2019年底，北部湾港已建成各类泊位268个，其中万吨级以上深水泊位95个，设计通过能力2.6亿吨（集装箱425万标准箱）（见表5）。正在投资建设20万吨级自动化集装箱码头、30万吨级散货码头等一批大型专业化码头。防城港20万吨级航道、钦州10万吨级航道、北海铁山港区10万吨级航道已投入使用，防城港20万吨级矿石码头、钦州大榄坪港区集装箱码头、北海铁山港区LNG码头等一批大型专业化码头也已相继投入使用，港口面貌焕然一新。

表5　2017～2019年广西北部湾港泊位统计数据

年份	泊位长度（米）	泊位数（个）	集装箱吞吐量（万标准箱）	旅客吞吐量（万人次）	煤炭及其制品（万吨）	石油、天然气及其制品（万吨）	金属矿石（万吨）	车辆（万辆）
2017	37359	263	423	591	3220	4321	1091	436
2018	37973	265	423	591	3220	4560	1091	436
2019	38032	268	425	593	3223	4732	1091	447

资料来源：历年《中国港口年鉴》以及钦州、北海、防城港3市国民经济和社会发展统计公报和广西壮族自治区交通运输厅。

近年来，北部湾国际门户港泊位长度不断增加，泊位数不断上升，泊位设计年通过能力也有所提升，船舶有泊可停、有泊可用，有利于加快建成我国面向西南地区的国际门户港，符合国际陆海贸易新通道的基本泊位要求，

北部湾国际门户港日渐繁荣，为未来的发展打下了坚实的基础。

2. 国内外航线网络不断织密，航线开拓取得新成效

2017～2019 年，北部湾港口不断开拓国内外集装箱航线，借助“海上丝绸之路”“南向通道”等利好倡议与政策，国内外航线的开拓取得新成效，北部湾国际门户港作为国家枢纽港的作用越发明显。

2019 年，开通集装箱航线 46 条，同比增长了 4 条航线，其中包括 25 条集装箱外贸航线与 21 条集装箱内贸航线（见表 6）。航线通达世界 100 多个国家和地区、200 多个港口，其中至东盟国家航线 19 条。集装箱航线中，有 2 条外贸航线通航能力大于 4000 标准箱，有 3 条内贸航线通航能力大于 4000 标准箱，满足大型船舶同时驶出与驶进的基本要求。

表 6　2017～2019 年北部湾国际门户港集装箱航线统计

单位：条

年份	集装箱航线	外贸航线	内贸航线
2017	43	25	18
2018	42	24	18
2019	46	25	21

资料来源：历年《中国港口年鉴》、北部湾港年报以及《广西日报》。

2019 年，北部湾国际门户港集装箱航线数量明显增加。内贸航线新增速度高于外贸航线，外贸航线数量大于内贸航线，内贸与外贸两条航线相辅相成，共同支撑北部湾国际门户港国际化发展。

3. 海铁联运的“朋友圈”不断扩大，班列越发密集

2017～2019 年的 3 年内，北部湾港不断加密班列，实现“渝桂线”“川桂线”“滇桂线”“黔桂线”“陇桂线”等 5 列西部陆海新通道海铁联运班列常态化运营。已开通至重庆、成都、昆明、贵阳、兰州、宜宾、泸州、自贡等常态化海铁联运班列，并试运行桂北陕西班列，海铁联运的“朋友圈”不断扩大。

从表 7 中可以看出，北部湾港海铁联运班列实现跨越式发展，从 2017

年的178列激增至2019年的2243列，3年时间共新增2065列；班列标准箱从9024个发展至120000个，极大地促进了北部湾国际门户港的发展。

表7　2017～2019年北部湾港海铁联运班列开行量

单位：列，个

年份	班列	标准箱
2017	178	9024
2018	1154	58000
2019	2243	120000

资料来源：北部湾港官方公布数据。

4. 港口码头长度逐年增加，港口承载能力持续加强

集装箱吞吐量、港口货物吞吐量的增长和航线的增加依托于港口码头、生产性泊位等基础设施和配套设施的完善，港口码头的建设长度可以在一定程度上反映该港口的承载能力。码头长度是指海岸或河岸用于靠泊船舶，进行装卸作业和上下旅客构筑物设施的长度，包括固定的与浮动的各种型式码头及设有系船设备的天然岸坡。

2017～2019年，北部湾港码头长度从37953米增加至40096米，这主要缘于钦州港和防城港两港码头的建设。其中，钦州港码头长度从13938米增加至15096米，防城港码头长度从16343米增加至17326米。

5. 锚地建设日趋完善，港内与港外锚地协同发展

截至2019年，钦州港域共有锚地8个，其中，港内锚地4个，港外锚地4个。此外，还有国务院已批复的锚地5个、临时过驳锚地3个。钦州湾外共有锚地4个，其中，0号锚地为万吨级锚地，1号锚地为1万～2万吨级锚地，2号、3号锚地为5万吨级锚地。规划港外锚地12个，预留港外锚地3个，满足近远期船舶引航、待泊、检疫等需求。

截至2019年，北海港域共有锚地4个，其中，港内锚地3个，港外锚地1个。北海铁山港区拥有万吨级锚地，于2019年完成第一期工程。检疫锚地位于冠头岭南海域0号灯浮，以800米为半径的圆周范围内，水深12

米，海底平坦且为泥沙质，能够有效满足船舶航运服务的需求。

截至2019年，防城港域共有锚地3个，其中，港内锚地2个，港外锚地1个。0号锚地为引航域检验检疫锚地，半径约1000米，水深12.5米至14.5米，可供10万吨载重以下小型船舶使用；1号锚地为大型船舶待泊及避风锚地，位于0号锚地以北，该锚地设有10个锚位，每个锚位的半径为450米，水深19米至22米，是泥沙和黏土底质，可供超大型船舶锚泊使用。2019年防城港市企沙中心渔港锚泊区疏浚工程竣工，用海方式为锚地及其他开放式用海，标志着防城港市3号锚地初步投入使用。

2019年北部湾港锚地使用情况见表8。

表8　2019年北部湾港锚地使用情况

单位：个

港口	锚地总数	港内锚地	港外锚地
钦州港	8	4	4
北海港	4	3	1
防城港	3	2	1
北部湾港	15	9	6

资料来源：北部湾港官方公布数据。

6. 口岸功能不断完善，服务能力不断提升

2017~2019年，北部湾国际门户港口岸功能不断完善，在原来的进境水果、粮食进境、进口肉类指定口岸的基础上，新增航运服务中心功能、CEPA先行先试示范基地功能等，服务能力不断提升。其中，钦州港拥有保税港区、自由贸易试验区建设等多项优惠政策支持，在港口口岸功能上更加齐全、更加完善，基本涵盖北部湾港口岸服务功能。防城港发挥其沿边开放优势，拥有沿边金融改革试点口岸，是其他口岸所不具备的。口岸功能的不断完善，对促进港口集装箱业务加快发展、加强中国与东盟的经贸往来和合作交流、加快构建“南向、北联、东融、西合”全方位开放发展新格局、促进广西及北部湾经济区高质量发展具有重要意义。北部湾港口岸功能情况如表9所示。

表 9　2017～2019 年北部湾港口岸功能情况

港口	口岸功能
钦州港	广西粮食进境指定口岸
	广西水路进境水果指定口岸
	全国汽车平行进口试点口岸
	广西进口肉类指定口岸
	广西进口毛燕指定口岸
	全国进口酒类产业示范区
	广西 CEPA 先行先试示范基地
	北部湾国际门户港航运服务中心
北海港	广西粮食进境指定口岸
	广西进口肉类指定口岸
防城港	广西粮食进境指定口岸
	广西进口肉类指定口岸
	广西沿边金融改革试点口岸

资料来源：根据相关资料整理。

四　北部湾国际门户港发展的外部环境

2019 年，《西部陆海新通道总体规划》《中国（广西）自由贸易试验区总体方案》相继印发实施，广西作为西部陆海新通道陆海交汇门户和核心枢纽，在自治区党委、政府高度重视下，依托北部湾经济区背靠大西南、面向东盟的区位优势，积极贯彻落实习近平总书记赋予广西的“三大定位”新使命和北部湾港“四个一流”建设目标，加快西部陆海新通道建设，不断推进交通物流基础设施建设，构建北部湾国际门户港集疏运体系，打通海铁联运“最后一公里”，提升通道运输能力和物流发展质量、效率；不断织密国际班轮网络，加快航运服务业及相关配套行业的发展，为北部湾国际门户港的建设提供良好的内外部环境，为打造海洋强区、发展向海经济、促进经济高质量发展提供有力支撑。

（一）北部湾国际门户港集疏运体系

1. 铁路建设成效显著，发展潜力巨大

截至2019年底，形成自重庆经贵阳、南宁至北部湾，自重庆经怀化、柳州至北部湾，以及自成都经泸州（宜宾）、百色至北部湾的3条公铁综合交通出海大通道，长101.06公里，共48条装卸线，到发能力近4000车/日，集装箱装卸能力4300标准箱/日，北部湾国际门户港成为铁路布局较完善的港口之一。

以广西沿海铁路股份有限公司防城港车站为例，它作为中国铁路南宁局集团有限公司最大的货运发送站，拥有70多条铁路装卸线进入港口码头和大型企业仓储基地，每天平均接发列车70多列。截至2019年12月底，累计完成铁路货物发运量4012.7万吨，其中集装箱17.87万标准箱。

北海港主要港区铁山港进港铁路专用线的通车，打通了海铁联运“最后一公里”，畅通了国内外商品货物交换流通通道，促进了“一带”与“一路”有机衔接。海铁联运实现无缝衔接后，减少了运输成本和中转环节。广西铁山港进港铁路专用线正式通车，标志着西部陆海新通道基础设施建设取得新突破。至此，北部湾重要港区实现铁路进港全覆盖。

北部湾国际门户港铁路基础设施建设虽然取得了明显成效，但水平明显低于东部港口地区，点线能力不配套，路网布局不够完善，更有许多铁路“十三五”规划建设项目由于资金支持有限尚未得到开发，其未来发展潜力仍然巨大。

2. 公路加速成网，构建出海出边出省的公路网络格局

2019年，广西在高速公路里程突破6026公里的基础上加快建设，全年新增公路里程2325公里，年末公路里程达到12.78万公里，新增高速公路里程463公里，高速公路县县通达率达92%。

随着道路基础设施建设的完善、高速公路省界收费的取消，公路物流运输企业转型升级进入快车道。加之信息化等运输服务保障能力和跨境贸易便利化水平的提升，公路运输生产保持平稳增长。但公路货运资源仍然不足，受公转铁、公转水货运导向的影响，2019年货运增速有所回落，而且广西

与贵州、云南等周边省份及东盟国家和地区陆路互联互通能力仍显不足，内通外畅的高速公路网络尚未形成。

3. 水路江海衔接，以北部湾国际门户港为龙头的水上大通道正在形成

截至2019年底，广西全年水路运输完成货运量3.2亿吨，比上年增长6.7%；货运周转量1765.5亿吨公里，增长11.0%，增速比上年提高1.1个百分点（见表10）；广西内河航道通航里程达5873公里，千吨级航道通航里程达1214.7公里；水路运输货物周转量增幅高于货运量增幅4.3个百分点，水路货物运距呈增加态势，公转水成效显著。

表10　2017～2019年广西水路货物周转量、货运量

年份	货物周转量(亿吨公里)	货运量(亿吨)
2017	1447.0	2.8
2018	1590.6	3.0
2019	1765.5	3.2

资料来源：历年《中国港口年鉴》。

4. 海上穿梭巴士衔接紧密，推动海上互联互通

海上穿梭巴士航线包括北部湾港三港往返穿梭巴士和广西北部湾港—广州南沙港等穿梭巴士。穿梭巴士具有定班、高效和低价等特点。近年来，北部湾国际门户港积极利用北部湾区域性国际航运中心、中国—东盟港口城市合作网络等平台红利，开展钦州港、北海港和防城港三港港内、港外穿梭巴士运行，有效地促进了北部湾港物流运输质量提升和集装箱业务发展。2018年，可以装载60标准箱共2000吨货物的北部湾港贵港码头—中外运永泰码头穿梭巴士正式开通。港区间穿梭巴士的干支线集疏，保障了各港区对应腹地集装箱快速分拨，构建了环北部湾港集装箱集疏运体系，促进了广西北部湾港—广东港外穿梭巴士的开通，搭建了两广间高效物流通道，进一步加快了北部湾港集装箱业务的发展。

5. 航线航班不断加密，加快建设空中大通道

近年来，广西加快推进中南、西南战略支点的空中大通道建设，着力打

造以南宁、桂林为中心的航空港，建成了南宁机场第二航站楼，完成了柳州机场扩建工程，形成了广西至周边省、自治区和直辖市及东盟国家海陆空交通运输服务枢纽。广西至北京、昆明、上海等重点城市航线航班不断加密，广西区内构建起北海、百色、梧州及河池经桂林中转至其他城市的中转模式，实现广西区内干支线协同发展。

截至 2017 年底，广西拥有国际航线 31 条，国内航线 267 条；通航点 121 个，包括国内 97 个、地区 3 个、国际 21 个；民航飞机期末驻场运力 46 架。随着“一带一路”建设的加快，广西—东盟航线发展尤为迅猛，南宁机场作为面向东盟的航空枢纽已初具规模。截至 2019 年末，广西民用航空通航运营运输机场 7 个，运营航线 330 条，比上年增长 3.1%，可通航国外 12 个国家 26 个城市。开行东盟的客运航线达 28 条，覆盖东盟 10 个国家 22 个城市。全年起降架次达 21.9 万架次，比上年增长 2.3%，为民航运输旅客吞吐量稳定增长提供了保障。全年民航运输旅客吞吐量 2904 万人次，比上年增长 5.0%，但增速比上年回落 6.6 个百分点。

（二）北部湾国际门户港临港产业

北部湾国际门户港的建设，离不开临港产业的支撑。综观北部湾国际门户港，其凭借港口独特的地域优势和功能定位，布局了诸多产业园区，并完成了钦州 1000 万吨炼油、北海炼化、防城港红沙核电、钦州金桂林浆纸、北海斯道拉林浆纸、北海诚德新材料、惠科电子北海产业新城、钦州华谊新材料、防城港钢铁基地、中铝生态铝、华立东兴等一大批重大产业项目。表 11 给出了 2019 年北部湾港临港重点产业园区的发展情况。

表 11　2019 年北部湾港临港重点产业园区发展情况

单位：亿元

园区	主要产业	产值
北海工业园	电子信息、生物制药、机械制造、食品加工、新能源新材料	477.96
北海铁山港工业区	石化、冶炼	787.22

续表

园区	主要产业	产值
防城港经济技术开发区	磷酸、钢结构及机械装备、钢铁、冶金、核电	841.44
钦州港经济技术开发区	石油化工、化工新材料、无机化工、生物化工、汽车制造、装备制造、海洋工程	670.10
中马钦州产业园	综合制造、信息技术、现代服务	24.87
钦州保税港区	整车进口,保税仓储,对外贸易(包括国际转口贸易),国际采购、分销和配送、中转,检测和售后服务维修,商品展示,研发、加工、制造,港口作业	1279.39

资料来源：广西北部湾经济区 2019 年 1～12 月统计月报。

钦州港临港产业主要依托中马钦州产业园、钦州保税港区和钦州港经济技术开发区 3 个国家级产业园区和平台。钦州保税港区在 2019 年的产值达到 1279.39 亿元，是北部湾港临港产业园区产值最大的园区。从规模以上工业总产值来看，2019 年钦州保税港区完成规模以上工业总产值 5500 亿元，占北部湾经济区全部园区的比重达 41%。

从招商引资项目投资额来看，北海工业园、北海铁山港工业区在临港产业发展方面发挥着巨大的作用。其中，北海工业园的主要产业是电子信息、生物制药、机械制造、食品加工、新能源新材料，2019 年这些产业的总产值达到 477.96 亿元；北海铁山港工业区以石化、冶炼产业为主，2019 年的产业总产值为 787.22 亿元。

如在电子信息产业方面，京东集团、竞技世界等 200 多家企业进驻北海市中国电子北部湾信息港，广西规模最大的软件与信息服务业集聚区已经形成。在石化产业方面，以中石化北海炼化公司为龙头，不断引进一批石化产业中下游项目，积极推进开展新鑫能源、LNG 冷能综合利用等配套项目。截至 2019 年，北海石化产业总产值占全市工业总产值的比重达 21.2%。其他产业，如烘焙食品、果蔬加工、海洋食品加工等食品加工主产业，也在积极培育区域品牌。

防城港作为亿吨级大港，为西部地区打造了更加高效便捷的出海大通道。在产业发展方面，防城港谋划布局以石油化工、生物化工、装备制造、汽车制造等产业为主的多个产业园区。如防城港经济技术开发区位于防城港市东南部沿海，由企沙工业区、大西南临港工业园、东湾物流园三大省级重点园区融合而成。经济技术开发区各园区入驻企业的行业分布有所不同，2019 年该园区产业总产值达到 841.44 亿元。

凭借多年来大宗散货口岸的经验优势，防城港市现代临港产业集群初具规模，钢铁、有色金属、能源、石化、粮油食品、装备制造 6 个百亿元级支柱产业初步形成。具体来看，2019 年，防城港钢铁产业产值突破 200 亿元，有色金属产业产值突破 200 亿元，形成了以柳钢、金川、盛隆等广西百强企业为龙头的钢铜铝冶金产业集群。截至 2019 年 3 月，规模以上粮油企业 10 家，年生产能力超过 1000 万吨，共同打造了“全国 10 桶食用油，1 桶产自防城港”的地位，形成了以嘉里粮油（防城港）有限公司、大海粮油工业（防城港）有限公司为龙头的全国最大的食用植物油籽加工基地之一。

（三）北部湾国际门户港航运服务业

航运服务业[①]随着智慧港口、绿色港口和港区融合等的发展，逐渐在提高港口核心竞争力、延伸港口服务功能和拓展港口发展空间等方面发挥重要作用。发展现代航运服务业已成为各港口发展的共识。北部湾港要建设成为门户港，成为国家对外开放、国际国内货物进出口的重要港口，打造具有国际市场、国际地位和国际标准的门户港，必然要有与之相适应的现代航运服务业。此外，发展现代航运服务业也是落实国家《西部陆海新通道总体规划》、推进建设中国（广西）自由贸易试验区的要求，是加快建设北部湾国际门户港、服务于“一带一路”的重要举措。2019 年 12 月，北部湾国际门户港航运服务中心的成立，标志着航运服务业进入加速发展阶段。具体来

① 根据上海航运中心对国际门户港航运中心航运服务业概念的界定，航运服务业是围绕船舶运输和港口装卸主业而形成的，主要为船舶和港口主业顺利开展和逐渐繁荣提供必备条件，主要包括航运辅助服务（如船舶代理、货运代理、海事服务、引航、理货和船舶港机维修等）、航运支持服务（如航运交易、航运经纪、航运培训和船舶登记等）和航运衍生服务（如航运金融、航运保险、海事法律和仲裁、航运衍生品交易等）。

看，北部湾国际门户港航运服务业发展现状如下。

1. 港口实力增强，航运主业集聚效应开始显现

北部湾经济区从2008年成立之后，开始整合、打造北部湾港口集群，综合实力不断增强，北部湾港迅速崛起为亿吨级大港。截至2019年，进驻钦州的大型航运、船代企业有70家，全球排名前20位的船公司有11家在钦州开通航线；大型拆拼箱企业祥龙物流正式运营，孚宝、普洛斯等大型物流企业先后入驻。航运主业集聚效应开始显现。

2. 港口基础服务业起步晚，但发展速度快

尽管起步较晚，但西部陆海新通道海铁联运线路和规模不断拓展，北部湾港集疏运服务体系处于起步后的加速发展阶段。北部湾港海铁联运班列于2017年始发以来，截至2020年5月18日，已开行4771列。2020年3月，北部湾港新开泰国林查班列、西北班列、日本/韩国航线，进一步提升了北部湾港的物流覆盖和服务能力，西部陆海新通道集聚货源效应越发突出。2019年6月30日，我国第12个铁路集装箱中心站——钦州铁路集装箱中心站正式建成运营。

3. 航运辅助服务业潜力大，正处在起步后的加速发展阶段

2019年12月5日，北部湾国际门户港航运服务中心在钦州保税港区正式启动运营。截至2020年4月，航运服务中心进驻各类单位和企业（包括管委会、口岸联检部门、驻区机构、金融机构、船公司、船代公司、报关货代公司、第三方服务公司和贸易服务企业）共计93家。预计2022年底之前，实现钦州港90%的船代公司、报关货代公司、多式联运公司、金融保险企业集中入驻。航运服务中心的正式启用，对建设服务西南、中南、西北的国际陆海联运基地发挥了重要作用，也有利于北部湾港航运辅助服务业的加速聚集和发展。

4. 航运产业集群整体处于起步发展阶段，航运衍生服务业几未涉及

北部湾港航运产业集群整体刚刚起步，主要集中于运输服务功能、港口服务功能、制造服务功能和贸易服务功能产业，没有形成完整的产业链；城市支持服务功能初步建立，但信息化水平还相对较低，航运物流人才缺乏。

（四）北部湾国际门户港港口相关行业发展概况

1. 进出口货运取得进展，港口贸易竞争力持续增强

海关进出口货运方面，南宁海关的统计数据（见表 12、表 13）显示，截至 2019 年底，防城海关共完成进出口货运量 55939223 吨，是当年进出口货运总量的 45.5%，比 2018 年增长 -5.7%。其中，进口货运量 50558334 吨，比上年同期增长 -4.3%，出口货运量较进口货运量稍多，达 5380889 吨，比 2018 年出口货运量增长 -16.7%。2019 年 1 月至 12 月，钦州海关累计进出口货物 14715456 吨，占进出口货运总量的 12.0%，比上年同期下降 50.8%。其中，进口货运量 12075723 吨，增长 -54.3%，出口货运量 2639733 吨，实现增长 -24.5%。总体来看，钦州海关呈现贸易顺差趋势。北海海关截至 2019 年 12 月，进出口货运量 13921274 吨，进口 12309500 吨，出口 1611774 吨，较上年分别增长 11.4%、12.4%、4.8%。

表 12　2019 年南宁关区进出口货运量

单位名称	进出口			进口		出口	
	货运量（吨）	比重（%）	比上年同期增长（%）	货运量（吨）	比上年同期增长（%）	货运量（吨）	比上年同期增长（%）
防城海关	55939223	45.5	-5.7	50558334	-4.3	5380889	-16.7
钦州海关	14715456	12.0	-50.8	12075723	-54.3	2639733	-24.5
北海海关	13921274	11.3	11.4	12309500	12.4	1611774	4.8

资料来源：南宁海关。

表 13　2018 年南宁关区进出口货运量

单位名称	进出口			进口		出口	
	货运量（吨）	比重（%）	比上年同期增长（%）	货运量（吨）	比上年同期增长（%）	货运量（吨）	比上年同期增长（%）
防城海关	59315539	49.7	6.7	52855028	6.4	6460511	9.2
钦州海关	29905451	25.0	20.8	26410985	19.9	3494466	28.4
北海海关	12493385	10.5	14.6	10956135	19.7	1537250	-12.3

资料来源：南宁海关。

综上，北部湾国际门户港在海关货物运输方面取得进展的同时，仍然存在港区与铁路、转运场站之间衔接不畅、运输效率不高的问题，但是整体发展形势较好。

2. 组织协调水平显著提升，搜救能力持续增强

在充分利用国家及自治区给予的各类平台和政策的基础上，抢抓港口建设的机遇期和窗口期，不断加大水上安全建设投入，组织协调水平及搜救能力显著提升，救助遇险船只和遇险人员的能力得到改善，为北部湾国际门户港的建设提供了坚实基础。

2017～2019 年，组织协调搜救行动共 320 次，大体呈现增长态势。其中，2017 年组织搜救总计 104 次；2018 年组织搜救总计 98 次；2019 年组织搜救总计 118 次。

此外，在救助遇险船只和遇险人员方面也取得重大进展。2017 年救助遇险船只和遇险人员分别达 68 次和 385 次；2018 年救助遇险船只能力较 2017 年显著增强，救助遇险船只 85 次，救助遇险人员 328 次；2019 年海上救助能力大大增强，救助遇险船只和遇险人员分别达 93 次和 1407 次。随着救助能力的不断增强，海上业务开拓发展取得较大成效。

3. 带动相关产业发展，促进地区招标货物集聚

有效为临港产业进出口提供更大便利，从而促进临港产业发展，推动向海经济集聚。一是加速华东地区招标发展进程，扩大工程、货物、服务业影响力，推动北部湾向建设成为世界级绿色化工基地迈进。二是与西南、西北、华北、华中、华南等地区融合发展取得显著成效。其中，华北地区货物招标增长 15.91%，华中地区增长 9.67%，华南地区略高于华中地区，实现货物招标增长 11.68%。而西南地区和西北地区，发展差异较大，地区发展不平衡现象明显，货物招标增长率分别为 12.58%、9.63%。与此同时，地区工程招标、服务招标等项目正稳步推进，为打造海洋装备制造集群奠定了坚实的基础。

4. 船舶安检取得新进展，加速形成北部湾港新业态

截至 2019 年底，广西船舶安检取得新进展，这对于建设服务西南、中

南的国际陆海联运基地有重要作用，也有利于北部湾国际门户港航运辅助服务业的加速聚集和发展。截至2019年12月，港口国监督检查应检船舶131只，港口国监督检查可检船舶83只，船旗国监督检查4571次，较上年4452次增长了2.67%，船舶现场监督检查125次，增长率达12.61%。可见，广西船舶安检取得新进展，航运安检体系正在加速形成。

5. 船舶进出港方面取得巨大进展，综合竞争力持续增强

2018~2019年，广西在船舶进出港方面取得巨大进展，其中，进出港艘次、港口货物吞吐量、监管旅客人次显著增加。从整体规模来看，广西进出港艘次由2018年的1575408艘次增加到2019年的1895365艘次。港口货物吞吐量由2018年的41601万吨增加到2019年的50951万吨。同时，监管旅客人次由2018年的4618万人次增长至2019年的6015万人次。

五　北部湾国际门户港发展趋势与问题

高质量发展已经成为新时代港口发展的主旋律，我国港口正在步入从规模速度型向质量效益型转变的关键时期。过去以码头能力、吞吐量为核心的港口评价指标体系，已经难以适应港口高质量发展的需要。《中国港口高质量发展报告（海港篇）2019》指出，进入新时期以来，中国港口发展不仅要在集装箱航线数量、集装箱吞吐量、整体物流成本、管理水平、基础设施等传统指标基础上进行港口评价，更要加入服务质量、衍生服务发展水平、智慧港口建设程度等新指标。北部湾国际门户港在发展过程中具体存在以下问题。

（一）港口建设效应初显，服务质量有待提高

1. 集装箱吞吐量仍处于较低水平

北部湾国际门户港集装箱吞吐量增速较快，发展态势向好，但与我国其他沿海港口相比，集装箱吞吐量仍处于较低水平。如2019年广州港集装箱吞吐量达到2283万标准箱、宁波港集装箱吞吐量达到2753万标准箱。

从表 14 中可以看出，2017～2019 年，北部湾国际门户港货物吞吐量总体少于广州港和宁波港，运输货源不足是集装箱吞吐量较小的直接原因。但北部湾国际门户港外贸货物吞吐量接近货物吞吐量的 50%，可以预测未来北部湾国际门户港将以外贸货物吞吐量带动集装箱吞吐量的增长。

表 14　2017～2019 年三港货物吞吐量与外贸货物吞吐量比较

单位：万吨

年份	北部湾国际门户港		广州港		宁波港	
	货物吞吐量	外贸货物吞吐量	货物吞吐量	外贸货物吞吐量	货物吞吐量	外贸货物吞吐量
2017	21728	11827	56619	12889	100711	47421
2018	23986	13027	59396	13782	108439	49433
2019	25568	13772	60616	14229	112009	51283

资料来源：中国交通运输部网站。

2. 港口基础设施建设不足

近年来，北部湾国际门户港充分利用西部陆海新通道与中国（广西）自由贸易试验区建设等政策优势，港口基础设施建设已经初具规模，但与国内发达的沿海港口相比，北部湾国际门户港基础设施建设仍具有较大的发展空间，主要体现在以下 3 个方面。一是载箱量 4000 标准箱以上航线较少，难以满足港口生产需要。开通的集装箱航线共 52 条，28 条集装箱外贸航线中，8 条为使用 250 标准箱以下船舶至香港航线，大于 4000 标准箱的航线仅 2 条；24 条内贸航线中，大于 4000 标准箱的仅 3 条，船舶大型化不足，直航航线较少，集装箱航线数量不足。二是北部湾国际门户港港口群散货中心堆场满负荷运行，堆存能力明显不足。以防城港为例，防城港渔澫港区 19 号、20～22 号和 400 号泊位已建成运营的 3 个专业化堆场货物实际堆存量远大于原设计能力，泊位后方堆场长期满载，新货物难以进入堆场堆存。三是北部湾国际门户港缺少更多的内陆无水港与枢纽港。截至 2019 年底，北部湾国际门户港在重庆、贵州、甘肃等西部 7 个省、直辖市建立了无水港，让一大批西部企业搭上了西部陆海新通道建设的快车，但无水港数仍在

10 个以下，难以满足港口日常运营的需要。

3. 通港物流成本仍然偏高

由于北部湾港基础设施不完善、集疏运体系相对滞后、产业支撑能力不足、港口服务能力较差、航线密度不够等，桂林、柳州等多个地市货物舍近求远，绕远路去湛江港、广州港和深圳港。近年来，虽然北部湾港在港口基础设施、集疏运体系等方面加大了投入力度，通港效率有所提升、物流成本有所下降，但与其他沿海港口相比成本仍然较高，这是当前北部湾国际门户港长足发展的瓶颈。

根据《北部湾港集装箱进出口环节对标提升工作方案》，北部湾港物流成本较高主要体现在两个方面：一是时间成本居高不下；二是费用成本与其他港口相比较高。以集装箱进出口环节为例，在时间上，除通港手续较为繁杂外，集装箱进口边界合规时间（包括船舶从靠港到准许卸货时间、单船船时、从查验指令下达到完成查验时间、提柜或还柜时间）和进口单证合规时间均多于广州港、南沙港、上海港等。在费用上，不仅直接运输费用如公路运输、海上运输和铁路运输等相较于深圳港、湛江港等其他港口要高，北部湾港的单证合规费用和边界合规费用（以一票运单 5 个集装箱为例，平均每标准箱费用）也远远高于广州港、南沙港和上海港。可见，无论是从时间成本还是从费用成本来看，北部湾港在进出口、通关等环节成本仍然较高。

4. 服务港口业务协同能力有待提升

当前北部湾国际门户港对外开放窗口和通道的功能、地位尚未完全确立，中国—东盟自由贸易区“升级版”的平台作用尚未得到充分发挥，构建“一带”与“一路”重要枢纽的使命任重道远。北部湾国际门户港业务量逐年增加，对港口服务能力提出更高的要求。

一是货箱存量不足。北部湾国际门户港航运企业较少，出口箱多于进口箱，往往需要从茂名或湛江调取空箱，调箱时间成本和费用均较高。二是装拆箱服务能力不足。装拆箱业务因劳动力和现代信息化手段支撑不足、装卸作业各环节的衔接性不足与效率较低等不能满足集装箱运输的需求。三是港口周边缺乏集装卸、仓储、交割、货物配送等功能于一体的物流中心，难以满足客户的货运需要。四是口岸服务功能有待加强。通关代理、船代、货代、金融保险、信息等现代化口岸服务功能提供不足。

5. 集装箱业务未形成集聚发展态势

《北部湾国际门户港发展规划》明确了三港的功能定位：防城港以大宗散货为主，加快发展集装箱运输；钦州港以能源、原材料等大宗物资和集装箱运输为主，远期发展成为集装箱干线港；北海港以商贸和清洁型物资运输为主，远期成为内外贸物资运输结合，商贸、旅游及工业开发并重的多功能综合性港口。“三港合一”后，初步进行统一规划、统一建设、统一经营、统一管理。但从 2017 ~ 2019 年的发展情况看，三港的功能定位落实不够，特别是在集装箱业务发展方面，没有形成所规划的集聚发展态势。主要表现为项目储备不足，除在建项目外，北部湾国际门户港计划新开工的重大项目不多。防城港 30 万吨级码头和钦州港 20 万吨级集装箱码头等项目前期工作进展较慢，持续发展疲软乏力。

（二）港口腹地经济快速发展，港口与腹地协调联动不足

1. 港口对腹地经济全局效益作用不明显

目前，北部湾国际门户港并没有充分发挥对腹地经济增长的作用。一是港口资源利用和保护的现状与支撑中西部腹地经济长远发展的要求不匹配，港口岸线和陆域空间资源趋于紧张，发展空间、发展环境制约明显。二是港口辐射带动能力亟待提高，港口发展不能满足腹地增长极需要。近年来，北部湾国际门户港发展逐渐步入正轨，规模效应逐渐形成。但经济区内贸易、仓储、金融服务等现代服务业还不够发达，未能支撑区域性国际航运服务中心的建设。同时，对内综合运输大通道不畅，对外连接国际、国内市场的航线还不够丰富，因此还不具备区域性国际航运服务中心地位，难以满足腹地增长极的需求。三是北部湾国际门户港对腹地承接地区特色产业转移、产业结构的系统优化和布局的引领作用尚未充分发挥，与我国西南及中南省、自治区和直辖市加快承接国际、国内产业转移，利用国际与国内两个市场资源

的要求不相适应。四是港口发展方式亟待转变。港口功能较为单一，难以满足当前乃至未来腹地运输多样化的需求。港口与临港产业发展需要优化、协调，现代物流体系和港航服务体系尚未完全建立，支撑腹地经济社会发展的能力有待进一步提升；港口市场化程度还有待提高，开放性不足，发展活力亟待激发。

2. 腹地经济对港口的支撑作用有待加强

首先，北部湾国际门户港处于我国西南边陲地区，经济相对落后，进出口货物贸易与服务贸易需求量较小，腹地经济进出口贸易的规模较小限制了北部湾国际门户港的发展。而且腹地经济内许多大型进出口企业宁愿选择路程遥远的广州港、深圳港、中山港进行货物贸易，也不愿选择距离较近的北部湾港。其次，直接经济腹地欠发达，难以提供港口空间保证。2019 年广西 GDP 达到 21237 亿元，同比增长 6.0%，在 31 个省、自治区和直辖市 GDP 排名和 GDP 增速排名中均处于第 19 名，直接经济腹地属于欠发达地区。最后，经济腹地知名企业对港口综合配套服务支撑力度不足。腹地企业的发展壮大能为港口提供对应的综合配套服务，推动港口的整体发展。近年来，北部湾国际门户港大力推行开放合作举措，但引进起关键性、决定性作用的国际大型知名港口、航运、物流等类企业数量偏少。

（三）产业结构日趋完善，产业支撑港口能力有待加强

近年来，北部湾国际门户港在港口产业集群发展中存在一定的问题，主要表现在以下几个方面。

首先，三大产业结构差异较大，产业支撑能力不足。北部湾国际门户港产业结构差异较大，难以合力发展特色产业，容易模糊港口产业定位，弱化港口综合竞争力与产业布局功能。产业结构的差异一方面能够促进生产要素的相互流动，另一方面也会导致特色产业的缺乏与产业支撑能力的不足。

其次，关联产业以劳动密集型为主，附加值较低。北部湾国际门户港关

联产业以劳动密集型为主，对科学技术、人才、资本、知识等先进生产要素需求较少，导致产业经济效益不高、产品产业链低端、附加值不高。从北部湾国际门户港的货源结构看，适箱的工业成品或消费快销品等高价值的货源不足。从价值链角度看，资源型产业以及上游产业构成北部湾国际门户港与腹地省、自治区和直辖市的主要关联产业，而这些产业往往技术含量和附加值较低，国际竞争力差。

再次，集疏运体系滞后。中国—东盟自由贸易区建设不断完善，我国通过北部湾国际门户港进出口产品种类和数量逐年增长。但北部湾国际门户港集疏运体系还不发达，海、空、陆三路交通的发展建设不平衡，导致货物严重压港。主要问题包括：对内综合运输大通道不畅，码头与集疏运通道衔接不畅，港口集疏运体系亟待完善；对外连接国际、国内市场的航线数量难以满足需要；促进贸易便利化的功能和政策有待完善。

最后，港口经济主要依托重工业，产业结构较为单一。北部湾经济区经济产业主要由重工业支撑，加快沿海重工业发展已成为港口经济发展的关键。伴随临海工业的发展，重工业的发展已不足以满足北部湾经济区的发展需求。无论是石化产业、金属冶炼产业抑或是临港能源化工产业，均是北部湾经济区的重点支持产业。受制于资源分布、地域分工、城市体系、人才技术等因素，其产业结构还较为单一。

（四）周边港口竞合发展，北部湾港核心竞争力不足

北部湾海域周边国内港口主要包括湛江港、海口港、洋浦港及广西北部湾港，国外港口主要包括越南的海防港和岘港。

集装箱吞吐量反映了港口在国内外物资交流和对外贸易运输中起的作用，是进行港口规划和基本建设的依据。2019 年钦州港集装箱吞吐量同比增长排名第一，之后依次是北海港、防城港、洋浦港、海防港和岘港。海口港由于省会城市地位和海上丝绸之路南大门区位，其较强的港口实力和巨大的发展潜力会阻碍北部湾港成为环北部航运中心的进程。越南的岘港和北部湾港中的防城港和北海港的集装箱运营能力相当，在“一带一

路”倡议下，其间的竞合更多地体现在对中国—东盟进出口腹地货源以及港口投资的竞争上，以寻求中国—东盟进出口腹地货源的重新分配，北部湾港口企业为取得竞争优势，常常通过低廉的价格来吸引腹地货源，出台优惠政策、压低门槛招商引资，长此以往将为北部湾港口的健康发展留下隐患。

（五）政策落实不持续，政策效应发挥不充分

目前，在国家层面、自治区层面以及地市层面均有支持打造北部湾国际门户港的政策，基本形成国家、自治区、地市三种空间协同的政策体系。然而，在港口发展的不同阶段，各项政策效应发挥的充分程度也不尽相同，部分政策没有发挥促进港口发展的作用，不利于港口发展的一些问题仍然存在。

首先，部分政策可持续性不强。通过梳理北部湾国际门户港享受的各类政策，发现当前财税优惠占有较大比重。但通过争取国家财税优惠政策吸引产业落地以带动区域经济发展的手段未来将不具有可持续性。未来国家经济发展政策将会越来越弱化财税政策安排，强调市场起决定性作用。从地方落实财税政策效果看，现阶段减免税收和财政补贴等政策对企业落户的吸引力逐渐削弱。同时，通过调研发现，企业落户更看重区域市场空间、劳动力和土地价格、交通通达性、地方行政效率、市场化程度等方面的政策支持程度。其次，对出省铁路通道和航道等基础设施建设支持力度相对较小。基础设施建设在西部大开发中一直被摆在十分重要的地位。当前北部湾国际门户港至广西区内铁路线路和功能基本能够满足运输需求。但出省铁路线路较少、功能偏小、技术水平偏低；部分地区还需要增加铁路。由于跨省铁路通道需要省际协调且投资规模较大，因此需要中央政府层面支持和推动。

（六）航运服务业起步发展，综合服务能力有待提升

2019 年 12 月，北部湾国际门户港航运服务中心在钦州保税港区正式启

动运营，标志着北部湾国际门户港在航运服务建设中迈出实质性步伐。但与国内外航运先进地区相比，北部湾国际门户港现代航运服务业起步晚、发展慢，在航运与服务方面仍然存在不足，直接影响到北部湾区域经济的稳定与健康发展。

一是航运金融体系滞后，金融风险防范机制不健全。北部湾国际门户港的融资租赁业务和银行贷款业务缺少政策支持，导致北部湾国际门户港在基础设施租赁、船舶贷款业务方面缺乏国际竞争力，金融机构难以开拓更多金融与代理服务，港口企业仍需通过信用或资产担保向传统金融机构融资。此外，北部湾国际门户港物流金融行业在发展中出现了一系列有关金融衍生品、金融资信、风投评估、仓单操作等的风险，金融风险防范机制的不完善在很大程度上阻碍了港口航运金融的整体发展。

二是海洋环境保护法律不完善，海事航运法规服务有待加强。在海洋环境保护方面，已颁布实施了如《中华人民共和国海洋环境保护法》《防治船舶污染海洋环境管理条例》《广西壮族自治区海域使用权收回补偿办法》等一系列国家法律、地方性法规和政府规章制度，但针对北部湾海洋环境保护的法律、法规还存在诸多问题：在立法上，法律、法规以及政府规章制度关于某些涉海领域的立法还存在缺失；在执法上，由于涉海行政管理部门和海洋环境监管部门分工不明确和职能重复等，部分领域存在执法力度不大和交叉执法等现象，如北部湾国际门户港海域、北部湾海岸带生态环境保护等；而在海事航运法规方面，缺少专门针对北部湾国际门户港的海事法规；此外，专门服务于北部湾国际门户港的仲裁机构、律师事务所也较少，难以满足北部湾国际门户港海事服务的需求。

三是船运体系需进一步完善，航运经营企业竞争力不强。截至 2020 年 6 月底，进驻航运服务中心的港航物流贸易企业虽然达到 108 家，但是能正常开展业务的企业仅有 20 ~ 30 家，缺乏国内外知名度高的大型航运经营企业进驻，航运经营企业竞争力不强。

四是仓储服务发展缓慢，港口工程服务水平低。港口内集装箱堆场场地不足且质量不高，港口内仓储设施成本偏高，港口集装箱设备的配备与装

卸、搬运、储存环节的标准化程度低且科技水平不高等均为仓储服务发展面临的问题。

六 围绕北部湾国际门户港的发展定位，推动北部湾国际门户港发展的对策

结合国家“十三五”发展规划纲要、《西部陆海新通道总体规划》、《关于新时代推进西部大开发形成新格局的指导意见》，以及广西及北部湾经济区发展战略部署、政策文件和北部湾港建设国际门户港的实情，北部湾国际门户港的发展定位是到2035年，建设成为具有国际市场、国际地位和国际标准的国际门户港，建设成为区域性航运服务中心、物流中心、贸易中心，成为西南、中南地区对外开放的重要门户和经济发展的重要支撑，为西南、中南地区全面实现现代化的百年目标提供坚实保障。因此，根据北部湾国际门户港的发展定位、发展基础、外部环境和存在的问题，本报告提出以下对策建议。

（一）加强港口基础设施建设，优化港口吞吐结构，完善综合物流体系

首先，优化港口吞吐结构，改善港口吞吐质量。北部湾国际门户港要结合广西北部湾经济区临港工业发展实际、特点，充分利用腹地物流空间布局，建设包含多种功能的综合性港口，进一步加强港口对于腹地经济的促进作用；加强与我国内陆和沿海港口、东盟国家港口以及欧美国家港口的联合，积极开辟新的内外贸航线和集装箱运输线路；拓展货源渠道，改善以大宗物资为主的货物结构，配合腹地经济产业结构的调整与升级，以港口发展促进腹地经济发展。

其次，加强港口基础设施建设，完善集疏运体系。在北部湾国际门户港独特区位的基础上，建设国际门户港，在现有基础设施条件下，高标准、严要求，继续加大基础设施建设投入，不断完善集疏运体系，巩固北部湾港在

“一带一路”中的重要地位。这就要求北部湾国际门户港要充分集聚资源和要素，增加集装箱货运量，实施港口扩能工程，如在深水泊位、深水航道、集装箱泊位和机械设备套数等方面加大建设与投入力度，在综合性大型化的码头、码头仓储面积、码头堆场面积等方面升级扩能。完善集疏运体系，加快港口城市间公路网的形成；加速推进铁路网的建设，扩大其运输能力，加快建设直通港口的铁路专用道，进一步提高连接西南、中南地区的铁路运力，降低海铁联运的成本；加强对三港之间穿梭巴士（集装箱内支线）的建设，实现货物在三港间的快速流通；进一步拓宽融资渠道，从根本上改善港口融资环境。

再次，建设完善综合物流体系，降低物流成本。在时间成本上，简化通港手续，逐步压缩集装箱进口边界合规时间等时间成本。在费用成本上，出台统一的补贴扶持政策，降低航运公司、进出口企业海运费用和集装箱陆路运输费用，降低北部湾港的单证合规费用和边界合规费用。此外，对集装箱码头、散杂货码头资源进行整合，提高港口仓储、装卸等作业效率和服务质量，推行“散改集、杂改集”运输，提高货物装箱率，大力发展港口服务业，以箱量的增加来维持和增加航线。

最后，建立高效完善的口岸服务体系，提升港口物流服务水平。完善报关、检验检疫、边检边防、船舶代理、船舶供应、通信、金融等服务体系。通过开通网上纳税、网上付费等快捷服务，简化货物进出关手续，缩短通关时间，树立以客户为中心、提供优质服务的经营理念。此外，推进通关体制机制改革，真正实现通关便利化。推行电子口岸，重点建设口岸电子政务平台、区域通关数据平台、北部湾港航公共信息服务平台三大平台，完善相关网络基础设施和硬件设施，覆盖北部湾经济区内主要海港、空港、陆路口岸和海关特殊监管区，尽快实现企业一次通关、一次申报数据。进一步推行和落实“单一窗口、一站式服务”通关模式。实行集海关、检验检疫、海事、边检、报关企业、货代、船代企业于一体的“一门式服务、一站式联检”，实行“一次查验、一次报关、一次放行”的“三个一”模式。

（二）加强腹地工业化建设，扩大腹地对外开放，优化腹地产业结构

腹地工业发展水平一直都是北部湾港发展的重要影响因素。因此要加强本地区工业化建设、扩大本地区对外开放、优化本地区产业结构。

首先，广西区内应继续坚持以发展特色工业经济为目标和路线，增加对产业的资金投入，吸引和引导资金流入资本配置效率高、技术含量高的产业，促进劳动密集型产业向资本密集型和技术密集型产业转型升级，最终促使地区产业结构优化升级。

其次，积极参与国际产业分工，加强对国际产业的承接，吸引更多的国际资本与国外先进技术的进入，进一步提高对外开放水平，从而提高北部湾区域的经济外向程度。依托中国—东盟博览会、泛北部湾论坛、中国—东盟港口城市合作网络等对外交流合作平台，加强国际交流合作，以项目带动地区间的投资合作和货物贸易，积极主动融入泛珠三角和粤港澳大湾区合作，拓展新型区域合作模式，加强区际联系。

最后，优化地区产业结构。解决产业结构不合理问题的根本办法是增加经济发展的流量、存量并提升质量。因此，要在产业流量、存量和质量上下功夫。针对当前产业结构特点，广西应利用自身的比较优势，大力发展集约型经济，积极发展现代物流等现代服务业，强化政府引导和扶持，建立与省内重点项目、重大工程的对接机制。

（三）夯实临港配套产业基础，构建向海产业带，打造临港工业集群

无论是从经济总量、产业结构抑或是工业发展水平来看，广西的产业基础都是十分薄弱的。如果港口经济的配套产业发展跟不上，港口与腹地的互动水平则很难提高。因此，除了腹地要调整产业结构、港口要改善基础设施之外，加快配套产业发展、构建临港工业集群也是十分必要的。首先，夯实临港配套产业基础。加快发展与港口相配套的船舶修

造、零件制造行业，积极推动城市的金融业、信息服务业、旅游业以及现代物流业等第三产业与港口经济进行有机结合。大力支持物流企业的发展，积极开拓市场特别是周边市场。加大政府的扶持力度，引导配套产业的发展方向，为配套产业的发展提供良好的环境。其次，构建三大向海产业带——临港优势产业带、临港新兴产业带以及旅游康养产业带。最后，打造七大临港工业集群。推动优势工业升级发展，打造电子信息、石油化工、冶金及有色金属等 3 个 3000 亿级产业集群，食品加工、林浆纸等 2 个 2000 亿级产业集群，能源、先进装备制造等 2 个 1000 亿级产业集群。加快发展现代物流、金融服务、电子商务、软件信息、滨海旅游、健康养生等现代服务业。

（四）用好用足现有政策，请求给予更多政策支持

整体来看，北部湾国际门户港建设取得了一定的成效，但与国内上海港、深圳港、宁波港等港口相比，依然存在较大差距。且随着港口的发展，北部湾国际门户港建设将面临新的挑战。

首先，请求国家设立北部湾自由贸易港。自由贸易港是新时代改革开放的新高地。在国家设立钦州—北海—防城港港口型国家物流枢纽的基础上，建议北部湾港借鉴海南建设自由贸易港的先进经验，请求国家批准设立北部湾自由贸易港，进一步为北部湾国际门户港建设开拓更广阔的空间。

其次，推进海事、交通等大学、科研院所发展规划的制定，提升港口物流人才质量。人才是推进北部湾国际门户港建设的核心要素。为此，可制定多方面的政策：一是制定支持广西相关高校、科研院所做大做强海洋、港口、物流等相关专业的政策措施；二是请求国家支持国内海事、物流相关院校与广西区内院校合作；三是前瞻性制定创建海事大学、国际航运研究中心的相关政策，为北部湾国际门户港建设提供智库平台。

再次，制定促进北部湾高端航运服务业集聚发展的政策，助力国际门户港转型升级。高端航运服务业是建设北部湾国际门户港的题中之义。建议制

定“北部湾港高端航运服务业发展实施方案”。可从以下两个方面制定具体的政策措施：一是制定推动航运金融业发展的具体措施；二是制定推动港航信息咨询业发展的若干政策措施。

最后，争取国家支持加快北部湾国际航运服务中心建设和北部湾港对接粤港澳大湾区步伐。请求国家支持推进北部湾国际航运服务中心建设，为加强北部湾国际门户港竞争力提供更大的政策支持。在自治区出台全面对接粤港澳大湾区政策的基础上，积极争取国家层面的相关政策支持，为北部湾港对接粤港澳大湾区提供顶层制度支撑，以进一步加快深度融合进程。完善广西联系西部陆海新通道沿线省、自治区和直辖市物流协同发展的具体举措，完善通关一体化政策体系及促进港口物流企业集聚的具体措施。

（五）深化北部湾港口管理体制改革，加强港口物流发展的制度支撑

学习、借鉴国际发达地区先进港口的物流管理经验，结合实际将其融入到广西北部湾港的发展中，深化北部湾港口管理体制改革。要加强对体制的维护、对秩序的管理，并开创新的发展思路。

建立健全开放创新的体制机制，深入挖掘改革创新的动力，突破以往存在的体制机制障碍，逐步探索优化港口物流监管制度、完善物流体系的政策实施方案以及相关行政管理效能提升政策、贸易和投资的便利化政策等。

在广西北部湾经济区和泛珠江三角洲经济区之间建立宏观协调机制，对两区内的物流网络进行规划、对产业合作进行分工、对经济资源进行整合，整体推进区域经济发展的协调和统一。建立跨区域协调机制，有效整合港口群，如建立跨区域政府规划与战略实施协调机制，多元化的对话（包括功能性对话、战略对话、双边对话、多边对话等）机制。

参考文献

毕斗斗、方远平：《世界先进海港城市的发展经验及启示》，《国际经贸探索》2009年第5期。

陈振龙、樊凡：《提升北部湾港物流通关速度的对策建议》，《大众科技》2020年第12期。

崔忠亮：《北部湾港：我国西部最大港口一体化发展成效与问题》，《对外经贸实务》2016年第9期。

黄葆源：《北部湾港：加速一体化　打造升级版》，《中国远洋航务》2015年第5期。

黄建英：《建设千万标箱北部湾港路径和对策选择》，《学术论坛》2014年第5期。

李崇蓉：《"一带一路"背景下北部湾港集装箱运输发展策略》，《广西民族大学学报》（哲学社会科学版）2015年第6期。

李崇蓉：《广西北部湾港集装箱运输发展研究》，《创新》2016年第4期。

农丽薇、梁荣冰、林泽华：《广西北部湾港绿色港口建设浅析》，《西部交通科技》2016年第6期。

王柏玲、朱芳阳、于婷婷：《我国新一轮港口资源整合的特点、问题和应对》，《改革与战略》2018年第2期。

王景敏：《广西北部湾港区域性国际航运中心建设研究》，《钦州学院学报》2013年第11期。

王雅山：《港口企业资源整合发展的路径选择》，《企业管理》2015年第8期。

吴良：《钦州港集装箱业务发展对策与建议》，《中国港口》2015年第2期。

吴小康：《打造西南出海大通道　北部湾港建设规划出台》，《大陆桥视野》2010年第5期。

真虹：《第四代港口的概念及其推行方式》，《交通运输工程学报》2005年第4期。

真虹：《港口企业内部物流及其合理化原则》，《上海海运学院学报》2004年第2期。

周鑫、季建华、沙梅：《双垄断港口企业差别定价动因研究》，《管理工程学报》2011年第1期。

周延：《加速打造国际门户港》，《当代广西》2020年第20期。

朱芳阳：《钦州港口集装箱运输发展研究》，《山东农业工程学院学报》2014年第3期。

Athanasios A. Pallis, Thedore Syriopoulos, "Port Governance Models: Financial Evaluation of Greek Port Restructuring," *Transport Policy* 14, 3 (2007).

Cullinane K. et al., "An Application of DEA Windows Analysis to Container Port Production Efficiency," *Review of Network Economics* 2 (2004).

Di Giovanni et al. , "Power Law in Firm Size and Openness to Trade: Measurement and Implications," *Journal of International Economics* 85 (2011).

James J. Wang et al. , "Port Governance in China: A Review of Policies in an Era of Internationalizing Port Management Practices," *Transport Policy* 11, 3 (2004).

Regine Adele Ngono Fouda, "Port Logistics in West and Central Africa: A Strategic Development under Globalization," *Open Journal of Applied Sciences* 2 (2014).

分报告

Topical Reports

B.2
北部湾港产城联动发展路径报告（2020～2021）

王柏玲　李 燕*

摘 要：大力发展港口，形成产业集聚，促进城市经济发展，形成港产城联动已成为大势所趋。本报告基于全球与中国经济发展走向分析，论述全球化与国际分工中的港产城联动发展趋势，并借鉴国际化港口城市和国内港产城联动发展的成功经验，分析北部湾国际门户港港产城联动发展现状，提出北部湾国际门户港港产城联动发展路径：做好港产城联动发展的顶层设计；筑牢港产城联动发展根基；强化联动发展的内生机制；保持联动发展的可持续性；加强产业衔接，推动港口

* 王柏玲，博士，北部湾大学经济管理学院教授、副院长，硕士生导师，主要研究方向为宏微观经济理论、区域经济学、航运经济学、产业经济学等；李燕，北部湾大学经济管理学院教授，硕士生导师，北部湾海洋发展研究中心和陆海新通道北部湾研究院办公室主任，主要研究方向为农业经济管理与海洋经济。

建设与城市发展，深化联动发展的内涵。

关键词： 北部湾 港产城联动 产业结构

随着全球经济一体化、国家（或地区）经济合作与交流、贸易全球化进程的加快，港口已经逐渐成为国家（或地区）重要的工业活动基地、综合物流中心和城市经济增长的重要增长极，并在促进全球贸易与经济增长、优化国家与区域战略性资源等资源要素配置、提高国家（或地区）辐射竞争力方面具有不可替代的作用。

基于此，世界上主要国家（或地区）或依托区位优势、历史条件和自然禀赋，或借助产业发展和国家政策等多重因素，大力发展港口，以点带面，形成各相关产业集聚，促进腹地城市经济发展，如鹿特丹港、釜山港、伦敦港、新加坡港等。发展并壮大港口，形成港产城联动已成为大势所趋。北部湾国际门户港作为我国西南沿海主要港口，2019 年港口货物吞吐量和集装箱吞吐量在我国沿海港口排名中均位列第 12 名，排名虽有所上升，但与东部沿海港口相比，还存在较大差距。可喜的是，近年来北部湾国际门户港不断加大港口基础设施投入力度，积极拓展航线，大力发展海铁联运，优化港口营商环境，培育和发展临港产业。依托国家、自治区级重要平台和给予的政策支持，港口发展取得了较大成效，综合竞争力逐步增强。2019 年北部湾港口货物吞吐量和集装箱吞吐量增长率分别达 14.7% 和 34.6%，位居各港口前列。本报告基于全球与中国经济发展走向分析，论述全球化与国际分工中的港产城联动发展趋势，借鉴国际港产城联动发展实践，从港口建设、产业发展、城市联动等方面展开分析，提出具体措施，并以此为北部湾国际门户港的建设提供决策参考依据。

一 全球与中国经济发展走向

当前的世界是一个全球化的世界，任何一个国家（或地区）都不能孤立地存在，国家（或地区）的发展已经与世界其他国家（或地区）同命运共呼吸。经济全球化与经济一体化进程的加快，促进了全球贸易与航运业的发展，港口逐渐由海陆中转发展为促进经济发展和服务于全球贸易的综合物流中心和全球综合运输网络的神经中枢。可以说，港口因产业的发展而兴起，离不开国家（或地区）乃至全球经济与贸易的支撑。产业是港口发展的支撑，应优化产业布局，突出陆海统筹、港产联动，培育临港物流、高端装备制造、人工智能、冷链物流等重大产业，完善现代化港口产业集群。经济是港口与产业发展的依托。因此，分析北部湾港产城联动发展，首先需要对全球与中国经济贸易发展概况进行精准把握。

（一）全球经济增速放缓，中国经济增速仍然领跑

在对全球经济进行分析时，本报告首先拟采用采购经理指数（Purchasing Managers' Index，PMI）和经济增长率来进行分析。PMI 是一套按月度发布的综合性经济先行指标体系，是目前国际上通用的宏观经济监测指标体系之一，对某个国家（或地区）经济运行的效率与效果具有重要的监督与预测作用。因此，PMI 已成为监测实时经济活动高效、准确的先行指标，获得政府、商界与学界中知名经济学家、预测专家的普遍认可。

PMI 指数 50 为荣枯分水线，当 PMI > 50 时，表明经济处于扩张状态；当 PMI < 50 时，表明经济处于下行态势；当 PMI 接近 40 时，表明经济有萧条的趋势。从 2017 ~ 2019 年的全球制造业 PMI 和中国制造业 PMI 来看，近三年制造业 PMI 指数整体呈现下降趋势（见图 1）。这表明无论是中国还是全球范围，经济发展均处于下行态势。尤其是 2019 年全球制造业 PMI 值下降明显，从 2018 年的 54.50 下降到 50.10，同期回落 4.40。从全球经济增长率来看，近三年全球经济平均增长率持续放缓，中国经济由于内外部各种因素的影响，其增长率也趋于放缓。从中国制造业 PMI 变化来看，中国制造业 PMI 数值由 2017 年的 51.60 下行至 2019 年的 49.73，处于 PMI 荣枯分水线以下，表明中国经济增长下行压力持续加大。

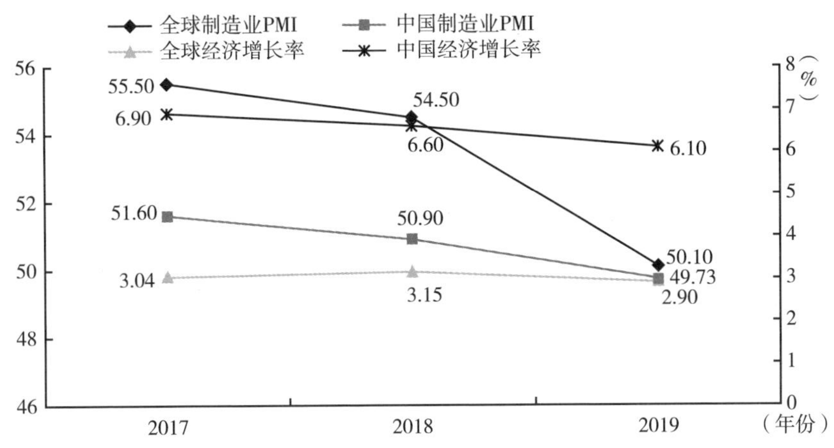

图 1　全球与中国制造业 PMI 指数和经济增长率

资料来源：根据中国物流信息中心网、中国物流与采购网、国家统计局网站资料整理。

但从全球主要国家的 GDP 增长率来看，2019 年中国和印度 GDP 增长率分别为 6. 1% 和 5. 3%，而美国、德国、英国、加拿大等欧美国家的 GDP 增长率则在 3% 以下（见表 1）。这表明当前世界经济发展的主舞台已发生较大

表 1　2019 年全球前 10 位国家 GDP、GDP 增长率及人均 GDP

排名	国家	GDP(万亿美元)①	GDP 全球占比(%)	GDP 实际增长率(%)	人均 GDP（美元）	2019 年人口(亿人)
1	美国	21. 43	24. 75	2. 3	64865	3. 29
2	中国	14. 64	16. 59	6. 1	9915	14. 33
3	日本	5. 09	5. 87	0. 7	40802	1. 26
4	德国	3. 85	4. 45	0. 6	47462	0. 83
5	印度	2. 85	3. 92	5. 3	2175	13. 66
6	英国	2. 83	3. 27	1. 4	41895	0. 67
7	法国	2. 71	3. 13	1. 3	42402	0. 65
8	意大利	2. 00	2. 31	0. 3	33458	0. 61
9	巴西	1. 84	2. 12	1. 1	9288	2. 11
10	加拿大	1. 74	2. 00	1. 6	46487	0. 37

资料来源：国家统计局网站、中国产业信息网。

① 该数据为国际货币基金组织（IMF）于 2019 年发布的核算数据。

转变，由欧美等发达国家逐步转向中国、印度等发展中国家。发展中国家经济发展已成为推动全球经济增长的重要力量之一。然而，从国际货币基金组织公布的 GDP 数据来看，美国 2019 年 GDP 仍然排名第一，达 21.43 万亿美元，牢牢稳坐世界经济的第一把交椅。中国紧随其后，GDP 为 14.64 万亿美元，排名第二，为世界第二大经济体。且中美经济总量遥遥领先于日本、德国、印度、英国、法国、意大利等国家。从人均 GDP 来看，2019 年中国的人均 GDP 为 9915 美元，即将突破 1 万美元大关。与其他国家相比，虽然经济总量较大，但人均 GDP 还处于劣势地位，有较大的提升空间。

（二）全球价值链分工体系不断深入，中国产业升级步伐逐步加快

对外经贸大学全球价值链研究院研究指出，21 世纪以来，随着全球价值链产业分工和贸易结构的深刻变化，全球供应链逐步形成“发达经济体—中国—全球”的“双循环”供应链体系。随着该体系的发展，以美国、德国与中国为局部核心的“三中心”格局逐渐形成。美国、德国以高新技术产业和高科技创新为主要特征；中国则以制造业和消费市场为主要特征，并逐步向高新技术产业方向转型，成为全球供应链、产业链和价值链的“压舱石”。外在表现即是，全球价值链国际分工开始呈现发达国家和发展中国家共同参与的情况，且价值链分工体系不断向产品设计、技术开发、智能制造、经营销售、高端消费与售后服务等环节纵深发展；中国出口产品逐渐迈向多元化，参与全球贸易体系的深度不断提升。

长期以来，中国在全球价值链的国际分工中都是负责制造和装配环节，虽然中国经济总量已经跃居世界第二，成为拉动世界经济增长的重要引擎，但是中国经济大而不强，相比欧美、日本等发达国家，在全球价值网络中还处于弱势地位，依旧处于全球产业价值链的低端。相关研究显示，虽然中国制造业在全球价值链的分工地位上总体有提升趋势，但是与日美相比，中国的全球价值链牵引力指数（TFI）均值依然小于 0（见表 2），说明日本与美国两个国家国内直接出口行业对国内中间品出口的拉动作用要显著高于国外

的引力作用，参与全球制造业分工所获利润远高于中国，制造业分工地位保持高位。随着我国人口红利的消失和海外需求的消退，中国制造业的转型升级势在必行。

表 2　中日美不同制造业全球价值链牵引力指数（TFI）比较

行业	中国			日本			美国		
	2007 年	2011 年	2016 年	2007 年	2011 年	2016 年	2007 年	2011 年	2016 年
电气器材	0. 254	0. 328	0. 475	1. 233	1. 249	1. 318	0. 332	0. 266	0. 161
运输设备	0. 309	0. 399	0. 577	1. 130	1. 126	1. 155	0. 386	0. 317	0. 209
设备制造	0. 781	0. 931	1. 239	1. 036	0. 993	0. 948	0. 861	0. 870	0. 927
食品烟草	-0. 100	0. 005	0. 193	0. 635	0. 522	0. 335	0. 610	0. 542	0. 446
纺织	-0. 060	-0. 070	-0. 100	0. 896	0. 849	0. 792	0. 583	0. 553	0. 525
造纸印刷	0. 663	0. 788	1. 045	1. 315	1. 249	1. 116	1. 382	1. 464	1. 679
化学与矿产	0. 572	0. 635	0. 775	0. 504	0. 399	0. 223	0. 736	0. 757	0. 830
化学与矿产	-0. 160	-0. 050	0. 150	1. 261	1. 146	0. 976	1. 202	1. 249	1. 392
其他工业和回收	0. 282	0. 399	0. 625	0. 420	0. 276	0. 026	0. 493	0. 379	0. 193
均值	-0. 070	-0. 060	-0. 030	0. 896	0. 849	0. 792	0. 583	0. 553	0. 525

资料来源：温怀玉等：《中国制造业全球价值链分工国际比较与提升》，《河南社会科学》2018 年第 1 期。

为此，中国需要加速产业转型升级，尽快完成价值链的攀升和产业升级。同时，也要把握好中国产业升级在推动中国参与乃至引领全球价值链分工的作用。因为产业升级本质上就是追求产业集约性发展，外在表现即是少投入、高回报。产业升级之后能够帮助中国以更少的资源参与投入全球价值链分工，并能够获得更多的价值回报。不仅如此，产业升级后，低投入、高产出的集约性发展模式将吸引更多高水平企业集聚中国，与国内众多企业共同开发国内、国外两个市场。可以预见，国内、国外不同类型和能力的企业，为了追逐高额回报而进行分工合作，其结果必然是在国内催生一批具有国际视野和国际竞争力的企业，由此也将加速更大范围的产业升级和获得更多的价值回报。

（三）贸易不确定性、不稳定性因素增加，中国乃至全球贸易增长下滑明显

贸易是全球经济增长的主要驱动力量，但从2011年以来，全球贸易增长率持续低于GDP增长率，商品经济贸易占GDP的比重不断下降，导致全球经济增速放缓。近年来，由于制造业和投资低迷、中美贸易摩擦、产业格局和金融稳定受到冲击等多重因素，全球贸易受到了不小的影响。尤其是近年来国际贸易保护主义抬头，中国经济发展进入新常态，全球贸易增长率明显放缓。

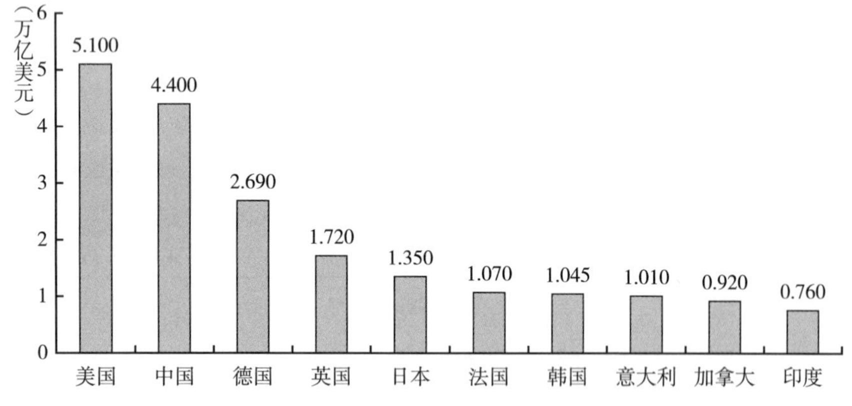

图2　2019年全球前10位国家对外贸易总额

资料来源：希财网。

根据世界贸易组织（WTO）的数据，2019年全球商品贸易增长率仅为1.2%，远低于2018年3%的增长率。2019年在中美贸易摩擦加剧的背景下，中国的对外贸易依然表现亮眼。根据国家统计局公布的《2019年国民经济和社会发展统计公报》数据，2019年我国货物进出口总额达315504亿元，比2018年增长3.4%。其中，出口总额为172342亿元，比2018年增长5.0%；进口总额为143162亿元，比2018年增长1.6%；进出口顺差总额达29180亿元（见图3）。一般贸易进出口额占进出口总额的59.0%，比2018年提升1.2个百分点。机电产品出口增长4.4%，占出口总额的58.4%。我

国对欧盟、东盟进出口总额分别增长 8.0% 与 14.1%，保持在高位增长阶段；我国和共建“一带一路”国家贸易态势良好，对共建“一带一路”国家进出口总额增长 10.8%，比货物进出口总额增长高 7.4 个百分点。

然而，从近三年的中国货物进出口总额增长率来看，中国货物进出口总额增长速度下滑明显，从 2017 年的 14.3% 下降至 2019 年的 3.4%。究其原因，是全球经济不景气以及中美贸易摩擦等不确定性、不稳定性因素增加。

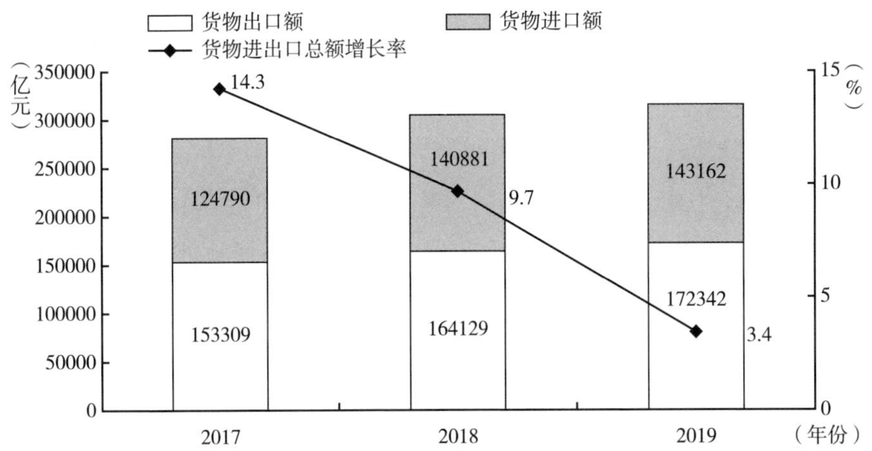

图 3　2017 ~ 2019 年中国货物进出口额及进出口总额增长率

资料来源：《2019 年国民经济和社会发展统计公报》。

二　全球化与国际分工中的港产城联动发展

（一）港产城联动发展是港口城市在全球化与国际分工中的共同选择

港口、产业、城市三者之间存在千丝万缕的复杂互动关系，是一个相互支撑、相互影响、相互促进的联动系统。“港产城联动”主要指港口所在腹地区域凭借具有比较优势的港口资源与区位条件，以培育具有竞争优势的临港产业集群为重点，发展现代化的“港口—产业—城市”体系，同时充分利用产业与城市的需求互补优势及腹地支撑进一步提高港口发展水平，从而实现港口、产业、城市三大子系统供需互补、相互支撑的战略模式。其中，港口作为区域交通运输枢纽，属于客观区位因素，对上下游产业链和城市发展的空间布局及增长效应将产生深刻影响；产业作为经济活动的集合体，则凭借其自身的财富创造功能，提供三者联动发展的物质基础和内在动力，影响港口业务与城市经济的发展；城市是人类生产与生活的重要载体，集聚了联动发展所必需的要素支撑与禀赋保障，通过城市需求聚合功能与供给释放效应，引导港口与产业未来朝正确的方向发展。

综观全球各国港口经济发展实践，“建港兴城、以港兴产、港为城用，港产城相长联动，衰荣共济”是世界上所有知名港口城市发展的普遍规律。大多数经济发达城市都要依托港口而建或者本就属于港口城市，其50%～70%的经济产值在距海岸线100公里以内的沿海、沿河地带聚集。“港产城联动”发展已经成为现代港口城市发展的共性经验。“港产城联动”是港口城市突破发展瓶颈、实现经济跨越式发展与高水平对外开放的有效路径，美国东北部大西洋沿岸都市带、日本东海道太平洋沿岸都市带都是“港产城联动”的成功典范。伦敦、汉堡、鹿特丹、新加坡、香港等这些经济贸易发达的国际都市，都属于港口经济型城市或都是依托“港产城联动”发展起来的。

港口和腹地城市的产业发展、城镇化水平提升相互影响、相辅相成。港产城高效联动、融合发展使这些港口型国际大都市发生了一系列显著的变化。

第一，港口城市普遍经济实力雄厚，临港特色产业鲜明，各类制造业协同发展，创新驱动发展作用明显，具有显著的竞争优势与比较优势。第二，港口城市的区位条件一般都比较优越，港口基础设施先进，港口代际升级较快，资源配置和利用水平处于世界领先地位。第三，港口经济国际化程度较高，经济开放程度较高，城市人文活动较为活跃，在全球范围内具有较大影响力和号召力。第四，港口经济开放程度高，城市化进程迅速，城市蕴含丰富的文化底蕴和历史内涵，服务体系和设施完善，具有较高的世界知名度和美誉度。

（二）国际化港口城市港产城联动发展的成功经验

1. 加强港口建设带动产业和城市发展

世界知名的国际化大港口一般都是凭借完备的现代化港口基础设施与物流集疏运体系，在实现交通便利化的基础上带动临港产业的发展，进而推动城市经济的持续增长。以德国汉堡港为例，其不仅拥有多条直通欧洲内陆的高速公路与多条往返于世界各国的港口货运航班，同时享有“欧洲最大的铁路输运港口”的美誉，具备极高的交通集疏运便利化水平。又如荷兰鹿特丹港，该港口具有非常完备的腹地城市运输网络服务体系和港口内部的运输服务体系。鹿特丹港的港区以新航道为主轴，集疏运系统由城市交通系统、港口、海运、公路、铁路、内河和运输管理组成，空间布局由上游向下游、由北向向南向、由东向向西向、由市区区域向沿海区域延伸。

基于发达的港口基础设施和集疏运体系，临港产业日益发展壮大，有效推进了大型物流园区与产业园区的建设，进一步提升了腹地的集聚水平与服务能力。以荷兰鹿特丹港为例，多个大型物流园区或产业园区集中建设于港口腹地或联运设施附近，通过引导并鼓励到港货物进入物流园区，有利于提高进出口贸易中大宗货物的交易效率，有利于延长到港货物产业链、增加货物价值，避免简单的快速转运离港。另外，新加坡港积极规划临港区域“三中心一平台”模式，即高水平建设集装箱配送中心、散货分拨中心与汽车转运中心，高质量建设电子信息平台。“三中心一平台”各司其职、集约经营，有力地推动了相关服务业的发展，极大地提高了物流运转效率并有效降低了成本。

2. 发展临港产业为港口城市经济发展提供物质支撑

临港产业是港口型城市经济发展的重要支柱产业。荷兰鹿特丹港积极发挥工业重镇优势，加强船舶制造、石油化工、港航物流及机械加工等临港工业建设，吸引大批世界知名大型企业入驻，如皇家荷兰壳牌集团、科威特石油公司等。荷兰鹿特丹港逐渐构建起由港口向城市延伸的临港产业链与工业体系，进一步推进鹿特丹成为全球三大炼油中心之一。

发展港口现代服务业是实现临港产业转型升级的重要一环。新加坡以知识创新战略为发展政策导向，大力发展新型港口服务业，如国际贸易、港航物流、港口金融、国际旅游等行业，并在世界范围内形成“虹吸效应”。中国香港是国际集装箱枢纽港口，主力打造国际化、信息化的高端服务业，推动香港地区逐步成为国际金融中心和亚洲国际都会。

3. 港产城融合发展提升了城市竞争力和知名度

通过高水平港口建设与港产城联动，荷兰鹿特丹极大地提升了客流量与品牌效益，凭借高端国际旅游业打造欧洲港口文化都市名片，极大地创造了城市经济效益和社会效益。韩国釜山为打造国际航运旅游枢纽，以老港区改造升级为突破口，紧扣“滨海旅游”与“港口物流”两大主线，积极促进釜山传统港区向历史文化旅游港区转型，并协同新港区建设航运枢纽，目前已发展为国际知名集装箱枢纽港口。同时，德国汉堡以打造“港口宜居城”为主线，聚焦文化生活、零售餐饮、文明城市、时尚商圈、休闲购物等生活性服务业，并联同港航物流、港口运输、船舶制造、软件传媒等生产性服务业，推动生产与生活服务业的有机衔接，实现滨水区域中心城市向空间核心转型升级，有利于提高居民生活质量，提升生活幸福指数。不仅如此，港口城市依托港口品牌与特色资源开展形式丰富的国际合作与国际交流，也是港产城融合发展的重要体现，有利于扩大影响力和提升知名度。如荷兰鹿特丹每年 9 月举办的“世界港口节”活动，内容涵盖科研性质的海洋科学研讨会、展览性质的港口博览会、娱乐性质的碧海旅游活动，以及政商合作与产学研相关的专业国际会议。一定程度上提升了城市的知名度，为鹿特丹带来了可观的经济收益与社会效益。同时，德国汉堡以客户个性化需求为导向，定期举办面向消费者的贸易博览会、面向制造厂商的海事生产商会以及面向海事局等政府机构的政府会议，有力地提升了汉堡的港口竞争力。另外，韩国釜山主推电影节文化名片，“釜山国际电影节”享誉全球，如今的釜山港已经成为海洋港口电影的拍摄首选地。同时，“亚运会”“世界杯”“APEC领导人非正式会议”在釜山的顺利举行，使城市影响力度持续提升。

4. 腹地城市高质量建设为港口开拓更大空间

港口作为腹地城市特殊的区位资源禀赋，在城市经济发展过程中担任着重要的角色。世界范围内发达的港口城市充分实践了“依港而生、因港而兴”的发展道路这一战略选择，发挥港城密切联动在经济结构转型和提升中的重要作用。一方面，依托港口进出口货运服务与生产服务，保障了城市经济稳定发展；另一方面，城市经济高质量发展不仅为港口提供了巨大的生产消费市场，也为港口发展提供了更大的技术创新与科技集聚空间，延长了港口生产制造产业链，提高了港口现代服务业生产价值，推进了港口企业生产装备升级与配套产业的高质量发展。如新加坡在其 2019 年的总体规划中提出，合理规划腹地城市住宅用地、商业用地与公园用地，妥善处理好港口码头闲置土地，积极转移市中心溢出的经济职能与社会职能到滨海新城，重构一个具备未来都市概念的南部滨海新城，进一步为港口发展提供更强有力的要素集聚和需求支持。

（三）国际港产城联动发展实践对北部湾港的启示

前述国际知名港口的实践充分证明，随着全球经济向全球化、区域化与一体化发展，港口规模迭代升级，港口发展与城市进步相辅相成、互为补充，高水平的港产城联动建设既是港口的发展需求，也是城市现代化建设的大势所趋。目前，广西北部湾港口群港产城联动正处于建设的起步阶段，临港产业集群初具规模，集疏运体系已具雏形，如何通过港产城协同联动引领港口转型升级，实现高水平对外开放成为重大研究命题。为此，北部湾国际门户港必须把握时代发展潮流，借鉴学习国际港口城市发展的一般规律，积极落实并推动港产城联动发展理念，通过创新实践加快推进港产城融合发展进程。

1. 增强港口功能，拓展各类增值服务，提升港口竞争力

首先，在加强各类港口基础设施建设的基础上，规划和打造高质量的大型物流园区，引导进港到港货物流入园区，鼓励开展如冷链加工、仓储服务、检验检疫等形式多样的增值服务，避免单一的转运低附加值货物离

港。其次，高水平建设集装箱配送中心、散货分拨中心和货物转运中心，保证每个中心各司其职、集约经营，推动相关服务业的建设与发展。最后，通过建设先进的电子信息服务平台，极大地提高了物流运转效率，有力地降低了服务成本。通过各类细分的高效增值服务，增加港口收益，提升港口实力和竞争力。

2. 因地制宜大力发展临港产业，提升临港产业向城市延伸发展的能力和空间

基于港口区位和资源禀赋，大力发展体现自身比较优势的各类临港产业，如通过设备升级和技术创新，不断促使临港产业链条加长和加密，不断向城市辐射和延伸，吸引和集聚各类城市生产要素融入产业成长过程，实现以港口产业发展带动城市产业体系完善。

3. 以港口现代服务业发展引领城市经济品质提升

国际上成功的港口发展实践表明，现代服务业是推进经济高质量发展的重要动力，只有基于先进知识要素和信息要素大力发展贸易、物流、资讯、金融、旅游等现代服务业，吸引各类海内外著名机构、跨国企业与国际组织总部集聚，成为高端要素资源集聚的目的地，才能不断提升城市竞争力和城市品质。此外，规划打造集文化生活、零售供应、餐饮服务、时尚商圈、休闲购物等于一体的生活性服务场所，举办各种高水平旅游活动、会展活动以及各类国际赛事等，塑造城市名片、带动城市转型，不断增加城市就业机会、改善城市居住环境、提升城市知名度和影响力。

4. 超前规划，优化城市与港口空间布局

在船舶大型化发展趋势的背景下，新加坡港超前规划、提前布局，主动拓展港口空间辐射范围，谋划港口深水岸线转移空间功能，对腹地临港产业发展具有显著的优化成效。为此，腹地城市在制定土地规划或管理土地用地时，应更加注重深水区域海洋环境保护与深水海岸线的科学规划，为港口未来的空间布局谋划更多的优质深水岸线，避免因“短平快”的低效经济活动占用深水岸线资源。另外，港口空间应避免粗放式低效利用土地资源，提高土地、岸线资源的集约利用率，实现港口循环式发展；减少各种类型的港

口经济活动对土地和岸线资源的浪费，节省溢出的空间资源重复利用，投入技术创新等重要生产要素，实现土地与海岸线资源的价值增值。为提高资源的集约化程度，一方面需要通过港口合理规划实现资源再造与重复利用；另一方面需要借鉴国内外先进的空间资源利用技术与管理经验，提高港口的流通效率与阶段性通关速度，优化城市与港口的空间布局。

三　中国沿海港口港产城联动发展现状

中国大陆海岸线长度为 18000 公里，港口数量高达 400 多个，平均每 500 公里就有 1 个千万吨港口，初步形成了环渤海、长江三角洲、东南沿海、珠江三角洲与西南沿海 5 个规模化、集约化、现代化的港口集群。沿海地区港口的高速发展有效地带动了腹地城市经济的全方位增长，同时腹地城市经济的快速增长又为港口产业群的发展提供了强有力的支撑。本报告选取港产城联动效果比较突出的几个国内港口加以现状阐述。

（一）天津港产城联动的发展现状

天津港的腹地范围不仅包括京津冀城市群与环渤海经济圈，同时涵盖了中西部十余个省市，腹地面积已超过全国一半的面积。一方面，天津港是拉动天津腹地城市发展的重要力量，天津港的发展和建设在很大程度上推动了城市的进步，四通八达的航线网络、成本低廉的水路运输等因素间接提升了天津市制造类企业的市场竞争力；同时，港航业务还带动了物流、航运金融、保险、经纪等第三产业的迅速崛起。另一方面，城市发展对天津港也有显著的促进作用，天津市非常注重天津港的发展，在政策与投入等方面积极帮扶。近年来，天津港和天津市发展态势良好，受到国家层面的重点关注，承载了多项国家级战略。2011 年《天津北方国际航运中心核心功能区建设方案》获批，2015 年中国（天津）自由贸易试验区的正式挂牌，为天津航运、贸易、物流等港口上下游产业提供了更宽松的政策环境，为天津港产城协同发展带来新的机遇。另外，国家“一带一路”倡议、京津冀协同发展战略在为天津港与天津市带来新机遇的同时，也对二者以优质服务配合国家战略提出了更高的内在要求。在推动港产城联动方面，天津港重点加强了以下方面的工作。

1. 做好“开放”大文章，全面提升城市国际化水平

对外开放是实现天津港港产城联动的重要路径，提升对外开放水平是实现港产城联动的重要指标。天津市基于完备的产业集群与集疏运体系，进一步推动开放型经济建设。在经贸开放方面，天津市着力加强与共建“一带一路”国家在进出口贸易、国际金融等领域的合作，实现中欧产业园、中欧贸易中心、友城精品博览馆等大型项目落地；在文化开放方面，天津市主打“海博会”国际博览会品牌，举办形式丰富的国际会议与投资促进会，主推港口邮轮旅游新业态，打造环渤海滨海旅游度假目的地；在科技开放方面，天津港协同国内外先进港口，以港口生产制造技术创新与高新信息技术助力港产城联动，以“一带一路”国际港口城市联盟探索港产城联动新模式。经济、贸易、文化、科技等全方位对外开放，有利于提升天津的国际化程度与城市综合竞争力。

2. 推动京津冀港口群协调发展，构建区域港口城市群

推动京津冀港口群协调发展是促进天津港产城联动的重要方式。其中最主要的是构建各司其职、优势互补、内外联动的港口群布局体系。作为服务京津冀地区协同发展的主要平台，天津港主动融入中国（天津）自由贸易试验区，充分发挥自由贸易试验区港口的竞争优势，建设环渤海区域的港航物流中心和贸易商品分拨中心，促进港口资源要素跨区域整合，有力地带动京津冀地区经济水平发展。

3. 发展高效完善的集疏运体系

集疏运体系是连通港口与腹地城市的“主动脉”，是港口高质量发展的必要硬件、基础条件，高效完善的集疏运体系是天津港港产城良性联动发展的关键，同时联系京津冀地区及山西、内蒙古等重要经济腹地。为此，天津加强跨省级行政区域合作，全方位发展集疏运体系，包括高速公路网、海上支线交通、铁路集装箱运输等多种运输方式，解决了港城交通瓶颈问题，打

通了环渤海港口群与西部地区和中亚地区的贸易通道，降低了物流运输成本。

（二）宁波港产城联动发展现状

宁波港地理位置优越，是我国知名的远洋干线港与深水枢纽港。1992年，宁波市首次提出“以港兴市、以市促港”的发展思路，经过近30年的发展，临港工业发展迅速，沿海临港产业带形成，临港工业占全市工业贡献比超过60%，临港工业的产业带动能力增强，城市综合实力显著提升。

1. 突出发展重心

宁波市在港产城联动发展战略中突出以下发展重心：一是以宁波港—舟山港为发展中心，打造经济共同体，将经济发展、社会文明、文化技术等要素有机结合，增加关联性、协调性、联动性；二是建设互联互通的江海陆联运服务中心，加强港口基础设施建设，积极推进海港、空港、内陆无水港的建设，促进“三位一体”港口运作模式的形成；三是优化产业结构与产业层次，推进产业间的中高端合作，进一步释放临港产业生产潜力。

2. 建立联动发展新渠道

一是构建港产城联动新平台，提升港产城联动发展绩效。港区参与港产城联动的关键是促进保税区与港口良性互动发展。二是调整城市规划，优化城市空间结构。借助港区发展和产业布局的动力，调整城市的交通、绿化、公共服务等规划，不断优化城市的空间布局。三是注入协同发展新动能。加快各类开发区、保税区和保税物流园区建设，使之成为宁波吸收外资、促进经济发展的新动能。四是缩短港口与城市的距离，促进港产城新一轮联动发展。

3. 利用港口优势，加强与上海、杭州、舟山等周边城市的合作

宁波市不断加强与周边城市的合作，发挥联动发展通道的作用，充分对接周边经济发展示范特区，加强与上海、杭州、舟山等周边城市的全方位合作，协同开展并落实区域生态建设与环境保护等措施，有助于进一步拓展港口腹地范围，加强港口综合实力。

（三）珠三角港口群港产城发展现状

珠三角港口群位于“21 世纪海上丝绸之路”重要的节点地区——广东省。2018 年，珠三角港口群港口发展现状如下：深圳港 2574 万标准箱，全球排名第 4；广州港 2192 万标准箱，全球排名第 5；香港港 1959 万标准箱，全球排名第 7。在临港物流产业发展方面，珠三角港口群物流链较为完善，依托现代化港口作业业务，不断扩大物流公司的业务范围，从港口现场作业到市场经营管理再到地区分售配送，作业流程非常规范专业。广州港最大限度地提升了物流中转效率、精简了物流环节、缩短了物流时间，并且引入了众融资租赁企业，全面拓展和发展单船、单机融资租赁的业务体系。珠三角港口群在港产城联动方面采取了以下举措。

1. 完善港口群与周边城市的合作分工和管理

珠三角港口群周边城市政府将“港口一体化”发展的概念植入粤港澳大湾区发展，建立完善的磋商机制，如湾区内城市与城市间的政府磋商机制、政府与企业间的磋商机制、企业与企业间的磋商机制等。同时建立完善的港口物流及其相关产业的监管评估体系，提升港口群对外开放的建设成效。

2. 提升港口设施和功能，打造国际化港口群

随着船舶行业发展趋势走向大型化、联盟化，珠三角港口群也开始向大型化、专业化、深水化发展。广州港和深圳港的多功能要素水平还未发展到与国际航运市场相匹配的程度，也仍在尽力构建现代化的航运服务体系和物流金融服务体系。珠江三角洲港口群不断学习先进大湾区和先进港口群的发展经验，努力创建层次分明、功能分明的港口群，大力推动“港口群一体化”发展。

3. 重点打造国际邮轮产业

港口的作用是多样化的，承载游客、发展旅游也是港口的重要作用之一。珠三角港口群的发展定位明确提出要推进大湾区旅游产业发展，将粤港澳大湾区建设成世界级旅游目的地，探索研究简化邮轮、游艇及

旅客出入境手续，促进旅游业的发展，与港口国际化、城市国际化发展程度相匹配。

四　北部湾国际门户港港产城联动发展现状

（一）北部湾地区港产城发展现状

1. 北部湾港定位国际门户港

根据《广西北部湾经济区发展规划》，北部湾港口布局正朝着“一港、三域、八区、多港点”的战略方向发展，致力于建设成为功能多样的大型综合性现代化港口群。2019 年 11 月 4 日，广西北部湾国际港务集团与中远海运集团签署战略合作框架协议，建立全面战略合作伙伴关系。根据协议，双方将充分发挥各自优势，在南向通道建设、区域航运中心建设、物流设施建设和港口服务等领域开展合作，以物流畅通吸引产业集聚，服务地区经济快速发展。作为西部陆海新通道的排头兵和主力军，班列自 2017 年 4 月 28 日始发，目前常态化运营 6 条海铁联运班列和香港、新加坡班轮航线。铁路主通道基本形成并与中欧班列有效衔接，通道物流运输规模明显扩大、效率明显提升，通道营商环境持续优化，中铝、柳钢、华谊钦州、正威等一批重大产业项目落户通道沿线。

2. 港口产业快速发展

2008 年《广西北部湾经济区发展规划》实施，10 余年后，北部湾经济区已经成为西南地区经济发展的重要增长极。北部湾港连接着西南地区与国际市场，是西南地区出海大通道的重要口岸，也是我国重要储运中转物流基地，促进西南地区发展外向型经济，不断发展壮大港口产业。

钦州积极发展石化、造纸、能源、冶金、粮油加工和现代物流等六大产业体系，千亿临港产业集群正在形成。钦州中马产业园区经过 8 年的开发建设，已经从以基础设施投资为主转向基础设施和产业项目建设并重的发展新阶段，重大项目建设取得新进展，城市配套日益完善，产业项目陆续竣工投产。截至2020年4月，园区开发建设面积已达23平方公里，10多个具有规模和发展前景的高技术项目相继实现投产，燕窝加工等国际产能合作产业项目从无到有逐渐发展起来，总投资100亿元的泰嘉超薄玻璃基板深加工等一批战略性新兴产业项目相继开工建设。

北海积极发展滨海旅游、电子信息技术、石油化工精细化加工、临港工业新材料等临港产业，城市产业发展正成为北海港口成长发展的坚实支撑。

防城港开始了1000万吨钢铁、648万千瓦核电、71万吨镍铜等三大“天字号”工程。柳钢防城港基地等钢铁企业落地防城港，金属材料已经成为防城港的支柱产业。随着防城港国际医学开放试验区的建设，生物医疗也成为防城港重点的产业规划之一。此外，防城港还将培育高端家具家居材料产业集群。

（二）北部湾港产城联动发展现状

1. “以港兴城”的驱动效应有待加强

随着中国—东盟自由贸易区建设进程的加快和“一带一路”倡议的不断推进，北部湾经济区对外开放程度不断加深，港口、城市与产业之间的互动关系得到巩固。临港产业的发展，聚集了众多腹地区域的资金、技术和人才等要素，规模效应递增，极大限度地促进了北部湾地区经济的发展，带动了北部湾城市群的崛起，“以港兴城”的驱动效应日益显著。

但是我们也必须看到，虽然近年来北部湾经济区被惠及诸多政策红利，经济发展日益加速，但该地区经济发展水平总体仍较低。临港产业园区建设处于初级阶段，创新驱动能力相对较弱，港口发展对腹地城市发展的辐射带动作用不强，钦州港、防城港、北海港三个港口缺乏交流与合作。钦北防三市产业布局未形成体系，港口的集聚效应尚未充分发挥，虽然“三港合一”的整合效应日益显著，但各港口之间分工明确、优势互补、内外联通、畅通高效从而提升整体竞争力的局面尚未形成。作为服务陆海联动、协同发展的重要平台，北部湾港口优势尚不显著，信息化、集约化、智能化、高效化的水平与国内发达港口尚有较大差距，对西南区域的服务辐射能力有限，缺乏对粤港澳大湾区产业

转移的有效承接。未来北部湾港口应更好地对接和服务西部内陆地区经济发展建设，努力成为西南中南地区重要的物流中心和进出口商品分拨基地。

2. 北部湾港口城市一体化程度较低

虽然钦州港、防城港和北海港实现了“三港合一”的有效整合，但各港口分别辐射的城市钦州、防城港、北海在一体化发展上依然没有实现深度对接，还需要根据一体化空间格局的部署，在港口建设、产业发展、城镇布局、生态环保、海洋等领域加强规划，从而深度融入北部湾向海经济走廊。围绕打造临港经济发达、边贸活跃、港产城共荣的钦州湾—防城湾片区，加强发展战略、规划对接，加快推动钦北防三市深度融合发展。此外，北部湾港口城市与北部湾城市群重要节点城市的对接发展不足，在推进城市功能、产业布局、旅游互动、社会治理等方面还有很大的协作空间有待挖掘。

3. 北部湾产业体系对港城发展支撑不足

（1）软硬件基础设施建设尚存诸多短板，制约着产业体系的快速发展

广西北部湾港被定位为“国际门户港”，在西部陆海新通道建设过程中发挥着重要的对外连接和辐射作用，是服务西南、中南和西北的国际陆海联运基地。但与区域经济社会发展和扩大对外开放要求相比，北部湾港口对外连接国际国内市场的航运资源不够丰富，港口优化产业结构布局和对接腹地产业发展的引领作用还很有限，利用国际国内两个市场、两种资源还不充分，与全球知名国际门户港的差距依然很大。其中最主要的原因在于港口多式联运基础设施和航运物流服务体系建设的滞后，进而导致了港口功能单一、物流成本偏高、竞争能力不强、临港产业支撑不足等一系列问题。

（2）产业发展急需的高级生产要素相对匮乏，缺乏促进要素流动和集聚的平台

区域产业结构和产业质量内生于生产要素的结构和质量，生产要素结构和质量的变化决定产业结构和产业质量的变化。北部湾经济区作为北部湾港发展的后方支撑区域，城市经济体量总体较小，工业基础较弱，难以成为北部湾港口群快速发展的后方动力。这意味着区域内生产要素相对匮乏，尤其是各类高级生产要素是促进产业结构升级和质量提升的关键。要改变这种现

状，只有要求政府搭建有效平台促进各类高质量生产要素的流入和集聚，才能不断提升区域经济的综合实力。

（3）与沿线区域产业协同发展不足，产业链跨区域整合不够深入

由于资源禀赋和历史的原因，西部陆海新通道沿线区域的经济发展水平差异性很大，重庆、四川等地经济发展较快，在电子信息技术产业、机械制造产业、轨道交通产业等方面处于国内领先地位，而云南、广西、贵州等地经济发展虽较慢，但其农林牧业、制酒业、石化炼化行业、港口旅游业较为发达。虽然产业发展各有优势，但是西部陆海新通道沿线区域的产业关联度不高，资源没有优势互补，通道各地经济联系较为疏散。北部湾经济区临港产业发展起步较晚，对港口经济发展的支撑作用有限。北部湾经济区临港产业存在产业结构单一、产品同质化严重、科技创新能力不足、产业协调性不强等众多问题，本地自有品牌较少，产业集群单薄。

（4）数字化条件下的产业生态体系和新型制造模式刚刚起步

数字经济是社会经济发展的大势所趋，它的发展将深刻改变社会生产方式和生活方式。互联网数字鸿沟是作用于地区间产业结构差异的重要原因之一。必须认识到，大数据作为全新的生产要素驱动产业发展必然是不均衡的，一定是从大数据条件较好的局部链条向全产业链渐进实现的过程，也必然是从大数据发达地区逐渐向其他区域扩散的过程。受历史发展和资源禀赋所限，北部湾经济区数字化条件下的产业生态体系和新型制造模式都刚刚起步，各类数据平台数量少、规模小，与区外平台之间互联互通不足，在实现数据标准统一、促进数据标准体系的建立和利用方面与发达地区有很大差距。

4. 港产城子系统实力基础薄弱，制约联动绩效层次

北部湾港口城市港城综合服务功能体系不健全、中心城市规模小、区域发展带动能力弱，城市功能很难满足港口建设的功能需求，也很难满足港口功能的扩展需求，港产城一体化建设支撑力不足。

三个港口城市中，钦州市的建设速度较快，港口功能逐步健全，产业结构不断优化，但钦州城市化水平整体较低，港口基础设施建设比较落后，在

短期内难以达到能为临港产业发展提供强有力保障的水平。北海市城市功能较为完善，但其旅游产业的发达程度远高于工业发展水平，工业发展基础薄弱，难以支撑临港产业的长远发展。

在港口资源方面，钦北防三市港口资源丰富，港口生产的贡献率较高，但与湛江港等港口相比，港口生产能力的差距还比较大，港口货物吞吐量远低于湛江的货物吞吐量，而且除钦州港外，集装箱吞吐量也有着较大差距（见表3）。2019 年，湛江集装箱吞吐量分别是北海和防城港的 2.95 倍和 2.67 倍。在产业方面，2019 年三市经济总量对广西全区的贡献率之和仅为 15.81%，其中钦州人均 GDP 为 40922 元，低于全区平均水平 42964 元。同湛江相比，钦北防三市的差距更大，其中湛江地区的生产总值分别是沿海三市的 2.25 倍、2.35 倍和 4.37 倍。在城镇化方面，2019 年钦州市的城镇化率为 41.04%，远低于全区城镇化率的平均水平 51.09%，差距达到 10.05 个百分点；同时，三市的城镇化率普遍低于发达港口城市。

表 3　2019 年沿海港产城指标的横向比较

地区指标	广西	钦州	北海	防城港	南宁	湛江
货物吞吐量(万吨)	25569	11931	3496	10141	796	21570
集装箱吞吐量(万标准箱)	383.2	302.0	38.0	42.0	1.2	112.0
地区生产总值(亿元)	21237.40	1356.10	1300.80	701.23	4506.23	3064.70
第三产业所占比重(%)	64.0	41.2	36.2	39.6	61.1	55.7
城镇化率(%)	51.3	42.6	60.3	60.1	65.3	45.8
人均地区生产总值(元)	42964	41665	76532	73521	62358	42178
城镇居民可支配收入(元)	34528	34256	34117	36524	36732	29346

资料来源：中国交通运输部网站、2019 年各市《国民经济和社会发展统计公报》。

综上，北部湾港在港口资源、产业、城市发展等 3 个子系统方面的相对实力都比较弱，难以使港产城联动系统持续运行，且容易使联动系统落入低水平陷阱。经济腹地很难给港口充分支撑，同国内高水平、现代化综合大港口的差距较大。

5. 三市港口管理体制有待进一步规范化

我国东部沿海港口能实现跨越式发展，港口管理体制改革起到了关键作用。湛江市、深圳市及厦门市是非常典型的例子，三市均出台了相应的港口发展和建设的扶持政策，建设现代化的网络办公系统，实现全过程的电子化运营，提高了港口的办公效率，促进了港口的科学发展。北部湾沿海三市港口规划比较落后，管理体制不健全，未建立能联网的电子化办公系统，港口管理的网络信息平台和港口行政网上审批程序都有待完善。

6. 三市产业结构不合理、海陆产业关联性差

从整体来看，北部湾沿海三市均存在产业结构不合理、产业空间布局规划不科学的问题。三产比例失衡，第一产业和第二产业比例过重，第三产业比例偏轻，产业布局规划与城市建设规划的关联性较弱。

一方面，在北部湾沿海地区，传统的重工业仍然是支柱产业，而临港经济的主要依靠力量，如金融行业、商贸服务业、信息服务业、临港物流业及生产性服务业等产业发展速度较慢。

另一方面，“大物流”是推进港产城联动发展的突破口，是港产城建设的重要媒介。北部湾三市港口尚未形成布局合理、功能齐全、安全有序的港口物流产业体系，港口物流的信息化建设水平较低，物流行业规范化管理不到位，难以充分发挥物流行业对港产城经济的促进作用。

此外，作为支柱产业的工业大多数都呈散点分布，近年来北部湾港实施的各重大项目之间并未形成能够互补发展的产业链条，下游产业不配套，临港产业链条普遍较短，产业之间的专业化协作分工能力差，要素集聚效应体现不明显。另外，海陆产业关联度较低，制约了港口功能的拓展，减弱了其对沿海城市经济的整体拉动作用。

五　北部湾港港产城联动发展路径分析

北部湾港港产城联动发展是完善北部湾港口建设、打造国际门户港的重要途径，本报告提出以下北部湾港港产城联动发展路径。

（一）做好港产城联动发展的顶层设计

从本质上看，“港产城联动”是一种由政府主导的强制性制度变迁。目前北部湾沿海地区的民众和各种社会组织对港产城联动建设的参与度较低，必须充分发挥政府的主导作用，合理规划联动发展，开展自上而下的顶层设计。

第一，制定“港产城联动”专项发展规划。明确界定“港产城联动”的科学内涵，并阐述实施路径、保障措施的具体范围。在北部湾发展总体规划、钦州市发展总体规划、北海市发展总体规划等文件中体现“港产城联动”的发展理念，突出“港产城联动”在北部湾经济区社会经济跨越式发展过程中的重要作用。

第二，整体布局，统一规划。紧密结合北部湾经济区发展战略和规划，明确钦州港、北海港、防城港的港口功能定位、产业发展定位以及城市建设定位，对整个北部湾经济区和三市的港口、产业、城市发展规划进行整体布局，明确钦北防三市“港产城联动”的主导力量、战略框架以及目标体系。

第三，定期评估，及时反馈。制定北部湾“港产城联动”评估指标体系，及时组织对北部湾沿海地区“港产城联动”阶段性目标的完成情况进行评估，并根据内外环境变化对联动规划的执行计划做出调整，保证“港产城联动”发展规划的科学性。

（二）筑牢港产城联动发展根基

联动发展并不否定独立发展，而是强调遵循联动发展的逻辑要求，分别补强，为“港产城联动”打下坚实基础。北部湾港应强调演化共生、外溢共享、合作创新的集群发展模式与“港产城联动”的内在机理高度耦合。

一是完善港口基础设施建设。促进港口生产运营配套设施和服务体系的改善，强化港口的专业化功能，加强港口的软硬件建设，提供港口的生产服务能力，打造定位明确、布局合理、配套齐全、优势显著的港口群。

二是推动人口城市化进程。明确北部湾港三个港口城市功能定位，优化城市空间布局，建设经济繁荣、幸福指数高、生态文明良好的现代化、国际化的城市群。钦北防三市应采取协同开发模式进行城市化建设，既加快了城市化建设进程，又优化了城市功能定位和空间布局。

（三）强化联动发展的内生机制

“港产城联动”需要政府、企业、群众、协会等多方力量的配合参与，但各个群体之间存在差异性，导致利益冲突，弱化联动发展的动力。因此，深入分析各利益群体在“港产城联动”中的利益格局，创新多方合作机制，强化联动发展的内生路径非常有必要。

一是协调合作机制。“港产城联动”涉及范围和维度均较复杂，包括多个不同的行政区域和行业系统，本位利益和区域竞争会降低各区域联动的积极性，尤其是当联动决策要调整某个区域或部门的利益时，很有可能招致部门群体的抵触。因此，建立灵活多样的协调合作机制，包括跨区域的协调合作机制、跨行业的协调合作机制、跨组织的协调合作机制等。

二是评价反馈机制。“港产城联动”的实施是一个漫长的过程。由于多种原因，不同时期、不同项目的效果存在显著差异，地区、单位、群体从联动发展中获益也存在很大不确定性。因此，建立科学的评价反馈机制很有必要，对不同项目的联动效果做出科学客观的评价，并且将评价结果及时反馈给相关主体，进一步提升新一轮的联动发展效果。

（四）保持联动发展的可持续性

“港产城联动”的顺利开展需要一系列要素的支撑。北部湾经济区的“港产城联动”发展面临诸多约束条件，亟待从以下几个方面进行突破，使联动发展具有可持续性。

一是拓宽发展融资渠道，突破资金瓶颈。力争加大各级财政对“港产城联动”重点项目的资金投入力度；地方政府积极为“港产城联动”项目融资提供贷款贴息和信用担保；建立“港产城联动”专项发展引导基金，有效引导民间资本参与港口、产业、城市领域的重大项目建设。

二是不断加强自主创新能力，突破技术瓶颈。加强北部湾区域创新体系建设，确立企业的创新主体地位，落实国家创新型城市的要求，提高北部湾沿海三市研发经费占 GDP 比重；围绕港口、产业、城市发展等领域的重大技术难题，组织专家开展专项攻关活动，争取在关键技术领域取得突破，形成一批具有自主知识产权的高水平科技成果；不断完善科技成果转化机制，缩短先进技术与市场的距离。

三是提高人才综合素质，突破人才发展瓶颈。加大人力资本投入力度，围绕“港产城联动”培养大批专业人才；完善人才引进办法，突出优秀人才的功能性使用，取消户籍限制，增强沿海三市对优秀人才的吸引力。

（五）加强产业衔接，推动港口建设与城市发展，深化联动发展的内涵

临港优势产业集群的快速发展既是港口发展的重要保障，也是对接城市要素供给、提供城市就业支持的重要依托，是港产城联动发展的中间载体和桥梁。只有发展壮大临港优势产业集群，加快发展临港新兴产业集群，大力发展临港现代服务业，才能为前端的港口发展和后端的城市提升发挥重要的产业平台作用。

北部湾国际门户港的建设离不开临港优势产业集群的打造。为此，围绕发展面向东盟的临港绿色石化产业、打造世界级高端绿色化工新材料基地的目标，重点建设华谊化工新材料一体化基地、桐昆北部湾绿色石化一体化产业基地、恒逸高端绿色化工化纤一体化、中国石油钦州炼化一体化转型升级等龙头项目，积极引进大型炼化一体化及国内外知名企业投资建设下游高端化工产业集群，重点构建大型炼化、烯烃及芳烃产业链，延伸发展化工新材料、高端精细化工及专用特种化学品。围绕石化产业末端精细化延伸，探索区域间产业协同发展，进一步优化中马钦州产业园区及县域园区产业布局，承接钦州石化产业园下游产业和关联产业、石化领域生产性服务业，推动园区向大型化、规模化和集群化发展，形成全国独有的“油、煤、气、盐”齐头并进石化产业体系，打造世界级高端绿色化工新材料基地，到 2025 年

石化产业产值超2000亿元，远期形成万亿级产业集群。依托金桂林浆纸一体化工程，发展以高档纸板为主的林浆纸产业。加快推动粮油食品、能源、冶金等产业转型升级。

要加快发展临港新兴产业集群。依托中马钦州产业园区、钦州港区、钦州高新区等园区，建设中船修造船基地、新能源汽车及配套零部件制造、大型海上风电装备产业基地、大型海洋工程装备制造基地等项目，打造面向东盟的先进制造基地。加快建设中国—东盟信息港副中心，依托钦州华为数字小镇、中马钦州产业园区互联网安全产业基地等项目，聚焦大数据、云计算、人工智能、物联网、车联网等前沿领域，培育做大华为等一批具有较强竞争力的龙头企业，发展与东盟的数字经济合作，构建数字经济产业集群。

要大力发展临港现代服务业。以服务临港制造业、国际贸易为重点，促进现代物流、港航服务、金融、跨境电子商务等临港服务业向专业化、高端化升级发展，重点建设钦州保税港区跨境电商产业园、国际快件海运监管中心、北部湾国际门户港航运服务中心等临港现代服务业集聚区，逐步建设油品、化工品、红酒、船舶、煤炭、矿产品、木制品等国际贸易平台和现货交易中心、交易市场。以中马钦州产业园区、钦州高新区、滨海新城为重点，建设金融、研发设计、科技服务、医疗、教育、文化创意等高端服务业集聚区，重点建设金融商务区、坭兴陶文化创意产业园、中国—东盟（钦州）游戏动漫产业谷等项目。依托海洋、生态优势，发展养老、医疗、医药、运动、旅游、食品等相结合的康养产业，培育度假旅游、健康旅游、医养旅游、体育旅游、生态旅游、自驾游、邮轮游艇旅游、低空旅游等旅游新业态，重点打造钦州三娘湾旅游区、“候鸟型”养老养生基地等集聚区。

参考文献

安小刚：《临港经济发展路径的国际经验借鉴与启示》，《广州城市职业学院学报》2008第8期。

蔡云楠、李冬凌：《空港经济区“港—产—城”协同发展的策略研究》，《城市发展研究》2017 年第 7 期。

曹允春：《临空经济发展的关键要素、模式及演进机制分析》，《城市观察》2013 年第 2 期。

常玉苗：《沿海欠发达地区经济联动开发模式研究——以江苏沿海开发为例》，《技术经济与管理研究》2010 年第 4 期。

陈洪波等：《港口与产业互动关系实证研究》，浙江大学出版社，2013。

冯树民：《交通运输工程》，知识产权出版社，2004。

李晓江、王缉宪：《航空港地区经济发展特征》，《国外城市规划》2001 年第 2 期。

李南：《沿海地区城镇化发展的对策研究》，《经济纵横》2011 年第 7 期。

临空经济发展战略研究课题组：《临空经济理论与实践探索》，中国经济出版社，2006。

梁帅：《临港产业发展规律研究》，《合作经济与科技》2011 年第 10 期。

刘曙华：《产业群、城市群和港口群协同发展的国际经验》，《创新》2012 年第 3 期。

吕斌、彭立维：《我国空港都市区的形成条件与趋势研究》，《地域研究与开发》2007 年第 2 期。

欧阳杰、苏千：《航空城空间结构演进过程及其动力机制分析》，《现代城市研究》2017 年第 2 期。

欧阳杰、李旭宏：《航空城发展的动力机制及其综合开发模式》，《规划师》2009 年第 25 期。

庞瑞芝：《我国主要沿海港口的动态效率评价》，《经济研究》2008 年第 6 期。

邵贞、战炤磊：《“港产城联动”的绩效评价与优化路径——基于耦合系统模型的分析》，《技术经济与管理研究》2018 年第 7 期。

汪长江：《港口现代物流：概念诠释、效率测评与增进对策——绿色理念背景下基于宁波—舟山港一体化建设的研讨》，《管理世界》2008 年第 6 期。

战炤磊、李芸：《江苏沿海开发中的港产城联动：动因、问题与路径》，《科技进步与对策》2014 年第 8 期。

战炤磊：《人力资源开发与产业结构调整的互动关系研究》，江苏人民出版社，2016。

张国华、李凌岚：《产业、空间与交通一体化的临空经济区发展规划技术体系》，《规划师》2014 年第 11 期。

宗刚、胡蓓蓓、韩建飞：《中国沿海港口网络空间结构的复杂性研究》，《中国软科学》2012 年第 12 期。

J. R. Diez，M. Berger，“ The Role of Multinational Corporations in Metropolitan Innovation Systems：Empirical Evidence from Europeand Southeast Asia，” *Environment and Planning A-*

Economy and Space 37，10 (2005).

G. Gereffi, J. Lee, "Economic and Social Upgrading in 11 Global Value Chains and Industrial Clusters: Why Governance Matters," *Journal of Business Ethics* 133，1 (2016).

G. Gereffi, "Global Value Chains in a Post-Washington Consensus World," *Review of International Political Economy* 21，1 (2014).

Y. C. Li, N. Phelps, "Megalopolis Unbound: Knowledge Collaboration and Functional Polycentricity within and beyond the Yangtze River Delta Region in China, 2014," *Urban Studies* 55，2 (2018).

Manning, Stephan, "New Silicon Valleys or a New Species? Commoditization of Knowledge Work and the Rise of Knowledge Services Clusters," *Research Policy* 42，2 (2013).

B.3
北部湾港港口资源优化配置报告（2020～2021）

郭建科　梁木新　秦娅风　吴莎莎　郭　姝*

摘　要：北部湾港是西部仅有的沿海口岸，也是最便利的海上门户，在各项政策的支持下，发展迅速、设施能力提升快、服务功能升级优化，成为西南地区综合运输系统的重要载体，在我国外贸经济发展过程中，特别是对东盟的贸易联系起着重要作用。自“四统一”管理模式实现后，北部湾港整体优势开始显现，港口货物吞吐量、集装箱吞吐量、内外贸航线数量以及内外贸发展的各项经济指标均呈现较大幅度的增长趋势，形成的北钦防“1+1+1＞3”的集群效应越发明显。本报告通过港产城耦合协调度分析，对北部湾港港口资源配置效率与关联因素进行测定，并选取其他11个港口作为港口资源配置效率及关联因素分析的比较对象，发现北部湾港存在基础设施建设不足、三港整合的体制机制有待深化、港航服务水平较低以及港产城系统发育不足等问题。基于此，提出创新体制机制、畅通腹地联系、培育区域利益共同体、优化

* 郭建科，博士，辽宁师范大学教授，博士生导师，海洋可持续发展研究院副院长，教育部人文社会科学重点研究基地海洋经济与可持续发展研究中心副主任，兼任海洋学会理事、自然资源学会世界资源分会常务理事，主要研究方向为交通地理与港口航运经济、区域海洋经济、海洋地缘经济；梁木新，辽宁师范大学海洋经济与可持续发展研究中心硕士研究生，主要研究方向为经济地理；秦娅风，辽宁师范大学地理科学学院博士研究生，主要研究方向为经济地理；吴莎莎，辽宁师范大学海洋经济与可持续发展研究中心硕士研究生，主要研究方向为港口经济；郭姝，辽宁师范大学海洋经济与可持续发展研究中心硕士研究生，主要研究方向为港口经济。

港口营商环境等北部湾港港口资源配置优化政策建议。

关键词：港口资源配置效率　耦合协调度　港产城系统　北部湾港

一　北部湾港发展现状

基于数据的可获得性与易获取性考虑，本报告选取了丹东港、大连港、营口港、锦州港、威海港、连云港港、上海港、宁波港、广州港、湛江港、海口港等 11 个港口作为北部湾港港口发展现状的比较对象，数据主要来源于相应年份的《中国交通年鉴》、《中国港口年鉴》和各市统计年鉴及统计公报。

（一）资源禀赋

1. 港口资源

港口资源是指符合一定规格船舶航行与停泊条件，且具有可提供港口建设与开发的天然资源，包括港口及其周边的海岸、海湾、岛屿及可供某类标准港口修建和使用的驻港与陆域条件等。由于地理位置与自然环境的不同，港口资源的类型也不同。按地理位置，港口资源可分为海岸、岛屿、河口和内河等类型。而港口资源整合是指港区间通过某种纽带，实现资源共享。港口资源的整合有利于港口群集约化、一体化以及可持续发展。

广西北部湾港地处我国西南沿海，南邻北部湾，面向东盟，是我国西部唯一的沿海口岸和西南地区最为便捷的海上门户。广西地区岸线总长 1629 公里，其中，北部湾大陆岸线 1595 公里，约占岸线总长的 98%，直线距离为 185 公里，岸线曲直比为 8.6∶1，其中规划港口岸线 228 公里，占 14.29%，深水岸线 164 公里，约占规划港口岸线的 72%。截至 2019 年末，港口岸线仅开发不到 20%。

广西北部湾共拥有岛屿 624 个，面积达 45.8 平方公里，海岛岸线长达

354.5公里，浅海滩涂面积为7500平方公里。其海岸迂回曲折，溺谷与港湾分布广而多，港口资源丰富，北仑河口海湾、珍珠湾、防城港湾、钦州湾、三娘湾、大风江口、廉州湾、北海东海域、铁山港、丹兜海、英罗港等自西向东自成10多个大中型天然港湾，其中具备十分优越的建港条件的港湾较多，沿海港口最终开发潜力每年可达2亿吨吞吐量以上。

广西北部湾被陆地与海南岛环抱，是天然的半封闭浅水港湾，分布有防城江、北仑河、钦江、茅岭江、大风江、南流江等主要入海河流；滨海湿地类型复杂，分别有浅海水域、红树林沼泽、珊瑚礁、岩石性海岸、潮间砂质及淤泥质海岸、海岸性咸水湖和三角洲湿地；拥有共47科140种（以贝类为主）丰富的海滩涂生物资源，是我国著名的四大热带渔场之一。其次，浅海生物资源也十分丰富，海洋生物多达1155种，包括50余种主要经济鱼类、10余种经济虾类、3种经济头足类等。

北部湾港具有兴建年吞吐能力3亿吨以上的深水码头的资源，地势从西北向东南倾斜坡度仅3‰，海底地形平坦。平均水深-38米，最大水深-80米，大部分海域水深-60~-20米，深水岸线与海岸线大致平行。拥有最深航道19米，可分别满足30万吨级散货船舶、20万吨级集装箱船舶的进港需求。

2. 陆域空间

作为服务我国西南地区以及连接我国与东盟的物流大平台，北部湾港位于东盟经济圈、粤港澳大湾区和西南经济圈的交汇处，是西部陆海新通道的重要出海口。北部湾港所在的北部湾经济区区域面积广，其中沿海一体化地区（北海、钦州、防城港三市）面积为2.1万平方公里，四市（北钦防+南宁）面积为4.25万平方公里，六市（北钦防南+崇左、玉林）面积为7.34万平方公里。根据《北部湾城市群发展规划》，北部湾城市群包括北部湾经济区（六市）及广东湛江、茂名、阳江及海南的海口、儋州、东方等市，规划陆域面积共11.66万平方公里。广西北部湾港服务的西南腹地面积辽阔，资源丰富，重点包括四川、云南、重庆、西藏、贵州等西南五省（区、市），面积可达127万平方公里，经济总量可达100912.5亿元。

（二）基础设施建设

1. 港口设施

截至2019年末，北部湾港已建成268个生产用泊位、95个万吨级以上深水泊位。从时间维度来看，2009~2019年北部湾港生产用泊位数由211个增加到268个，增加了57个（见表1）。

表1　2009~2019年北部湾港生产用泊位数及万吨级以上深水泊位数

单位：个

	2009年	2010年	2011年	2012年	2013年	2014年	2015年	2016年	2017年	2018年	2019年
生产用泊位	211	217	227	240	241	249	256	260	272	265	268
万吨级以上深水泊位	46	49	56	65	66	74	79	83	87	88	95

资料来源：历年《广西统计年鉴》《中国交通年鉴》《中国港口年鉴》。

从全国主要沿海港口生产用泊位数及增长率来看（见图1），截至2018年北部湾港生产用泊位数处于所选样本的第4位，总体上处于平稳发展水平；与宁波港、上海港、广州港等发展较好的港口仍存在一定的差距；但与同处西南地区的湛江港与海口港来说，其泊位建设较为超前。

从万吨级以上深水泊位数来看（见图2），从2013年开始，北部湾港逐步超越广州港，成为仅次于上海港、宁波港、大连港的港口，同时与湛江港、海口港等主要西南地区港口的差距在拉大。

自北部湾港整合以来，其基础设施发展迅速，码头能力大幅提升，港口货运规模显著增长，在服务腹地经济发展中发挥了重要作用。到2019年末，北部湾港已建成码头长度达3.85万米，设计通过能力达2.6亿吨（集装箱425万标准箱），通过能力是整合前（2007年）的3倍。10万~20万吨级航道和矿石、LNG、集装箱等一批大型专业化码头相继投入使用，港口面貌焕然一新。

从时序变化来看（见图3），2010~2018年，北部湾港码头长度处于平稳增加时期，从2.49万米增加至3.86万米，增幅为55.02%；与全国主要沿海港口建成码头长度相比，北部湾港处于第5位，仅次于上海、宁波、

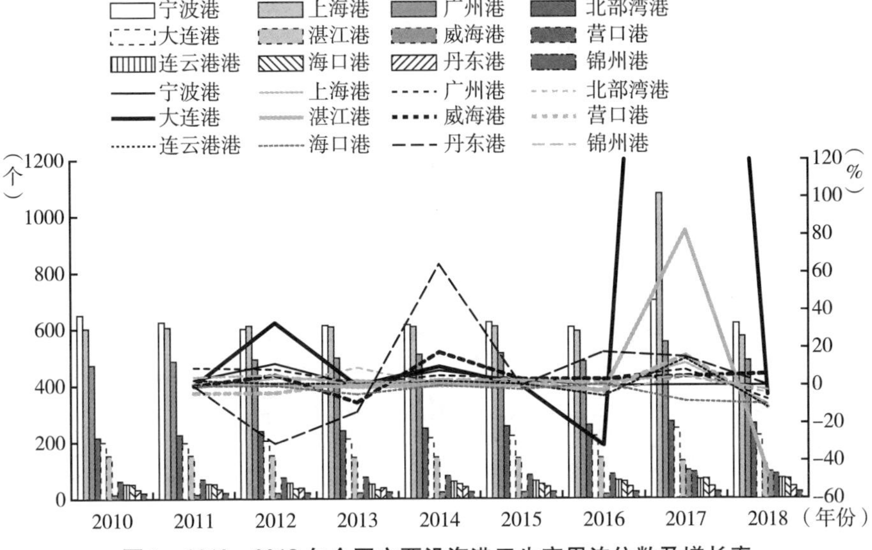

图 1　2010～2018 年全国主要沿海港口生产用泊位数及增长率

资料来源：历年《中国交通年鉴》、《中国港口年鉴》、各地统计年鉴、各地国民经济和社会发展统计公报。

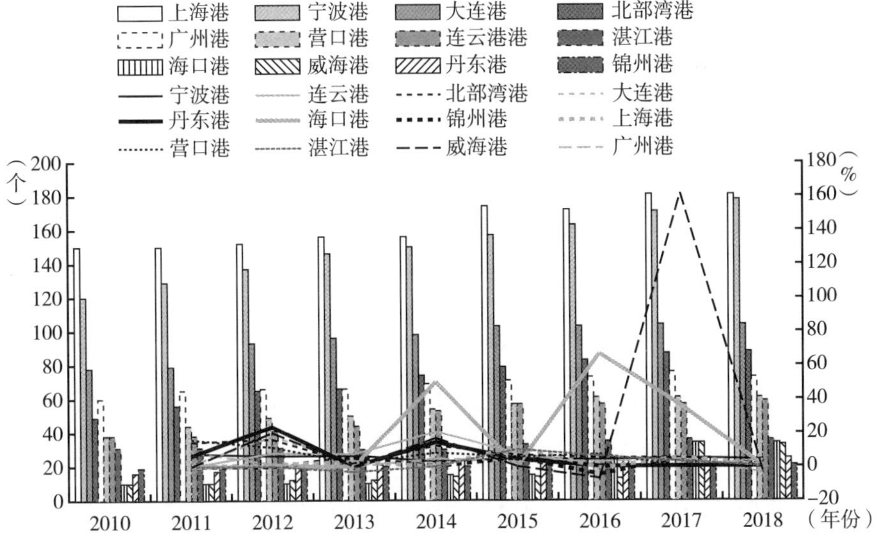

图 2　2010～2018 年全国主要沿海港口万吨级以上深水泊位数及增长率

资料来源：历年《中国统计年鉴》、各地统计年鉴、各地国民经济和社会发展统计公报。

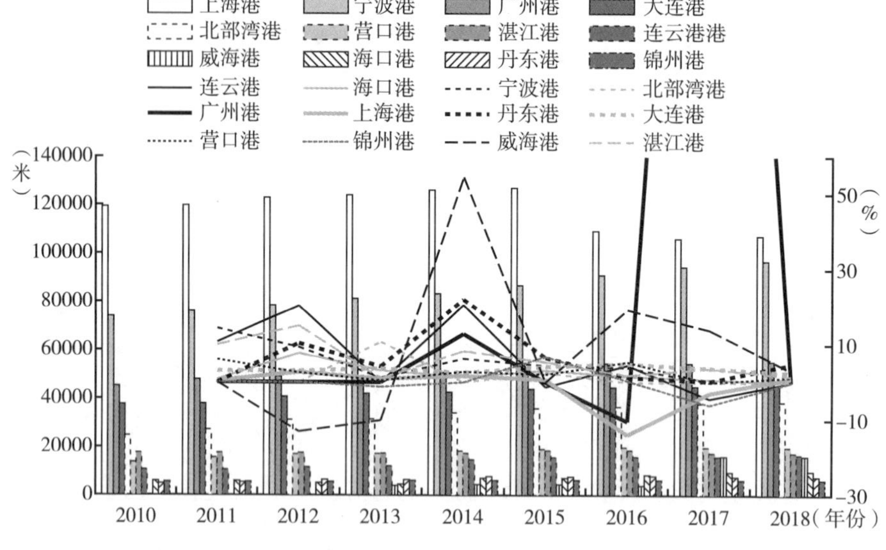

图3　2010～2018年全国主要沿海港口码头长度及增长率

资料来源：历年《中国统计年鉴》、各地统计年鉴、各地国民经济和社会发展统计公报。

广州、大连等较为发达地区的港口，高于与其同处西南地区的湛江港（第7位）与海口港（第10位），远高于同为边陲地区的丹东港与锦州港（分别为第11位与第12位）。

总体上看，整合后的北部湾港的基础建设水平逐渐追赶上全国主要沿海港口，相较于大部分码头长度在缩减的港口而言，其发展劲头强劲、整合效果显著。

2. 物流体系

近年来，广西北部湾经济区的交通运输体系相关建设逐渐完整（见表2），海陆多式联运发展快速提升，沿海港口与西南经济腹地能够全面对接，货物运载量也逐年增加。截至2020年12月，广西共有17个国家一类口岸，其中包括由6个海路口岸与3个河路口岸组成的9个水路口岸、由4个公路口岸和1个铁路口岸组成的5个陆路口岸、3个空路口岸。海路口岸主要为北海港口岸、钦州港口岸、防城港口岸、江山港口岸、企沙港口岸以及石头埠口岸。在北部湾港港口物流体系中，铁路、公路、水运等交通运输方式占据主要地位。

表2　广西交通运输系统

运输系统	名称
公路	昆明—百色—南宁、贵阳—河池—南宁、广州—梧州—南宁
铁路	南宁—防城港铁路
	湘桂铁路、南昆铁路、焦柳铁路、洛湛铁路
	南柳城际铁路、南宁—越南河内铁路
高铁	南广线、南昆线、贵广线、衡柳柳南线（衡柳线及柳南客专）
	钦北线及南钦线
水路	北部湾港（北钦防）
	广西钦州保税港区、凭祥综合保税区、南宁保税物流中心
	南宁港、梧州港、贵港港、来宾港
航空	南宁、桂林国际机场
	北海、柳州、梧州、百色、河池机场

资料来源：广西壮族自治区交通运输厅。

截至2019年末，广西公路总里程为12.78万公里，其中，高速公路里程为6026公里，同比增加了463公里；运营铁路总里程为5206公里，同比增加4公里，其中高铁总里程为1792公里；开通内外贸航线共52条，内外贸比为6∶7。具备提供港口装卸、仓储、贸易、海运、铁运、公运、配送等综合性服务能力。

（1）铁路交通

木材、金属矿石、原油、煤炭、食糖等大宗工业材料、散货和集装箱等作为北部湾港铁路运输系统的主要承载货物，途经柳州、百色、桂林等重要工业用地和交通枢纽，并跨省运往贵州、云南、四川等西南腹地省（区、市）。在北部湾经济区内，从区中心城市南宁到北钦防三个港口的铁路基础线已经开通运营，逐步建立起各港区铁路运输体系，使三个港口与外部铁路网基本能够直接相连。除北钦防三市外，通过南宁站与柳州站的对接，也基本实现港口铁路与云南（滇桂线）、四川（川桂线）、重庆（渝桂线）、贵州（黔桂线）等国家干线的对接。

（2）公路运输

目前，北部湾港口公路运输系统实现了便捷的门到门派送服务和高物流效率。道路运输系统运输的货物种类呈现多样化特点，不仅包括沥青、原油、煤炭、化肥、水泥、集装箱等工业原料，还包括生鲜农产品、海产品等冷链运输货物。目前，开通的高速公路不仅经过南宁至北钦防，而且涵盖通往东盟腹地和西南腹地的线路：南宁—凭祥、南宁—百色—昆明、南宁—河池—贵阳等。防城港—东兴段连接越南芒街—海防—河内高速公路，是北部湾港陆运外贸主要干线，形成了以南宁为中心，外延北部湾港三大港区，东接广东，西接东盟，北接中国西南地区的公路集疏运体系。

（3）海运

北部湾港作为西部唯一且便捷的出海通道，是大陆距离马六甲海峡最近的港口。截至2020年末，已与上百个国家和地区250多个港口建立了共90余条航线贸易联系，形成了以煤炭其制品、石油天然气制品、金属矿山、粮食等大宗散杂货运输、集装箱水路集疏运为亮点的新发展模式。开通内、外贸集装箱航线52条，其中内、外贸集装箱航线分别为24条、28条，可达12个国家和地区，基本实现了东盟国家全覆盖，新增了与东北亚、南非及南美等国家的联系；24条集装箱内贸航线实现了对全国沿海主要港口的基本辐射，可直达18个港口，通过多式联运，辐射范围可延伸至西南、新疆、内蒙古、东北及长三角等地区。

区内保税物流体系基本建成，形成了由南宁综合保税区、钦州保税港区、北海出口加工区和凭祥综合保税区等四大海关特殊监管区构成的保税物流体系，推动了面向华南、西南、中南以及东南亚的北部湾供应链服务平台的成形，其中北海出口加工区扩建B区已获国务院正式批准。

尽管起步较晚，但随着西部陆海新通道海铁联运线路和规模不断拓展，北部湾港集疏运服务体系已由起步发展阶段过渡到加速发展阶段。北部湾港海铁联运班列自2017年4月至2020年5月已开行将近5000列。2017~2019年，港口海铁联运班列开行量由178列增加到2243列，增加了2065列，其中集装箱由9024标准箱增加至120000标准箱。

目前，港口出海、出省、出边综合交通网络基本成形，交通基础设施逐步完善。北部湾港作为西部陆海新通道建设的主要推动者、建设者和运营者，主要承担北部湾港—重庆、北部湾港—香港、北部湾港—新加坡3个方向公共班列、班轮的运营，同时积极推动西部陆海新通道沿线海铁联运班列的常态化开行。截至2020年末，已开通至西部6个省（区、市）的班列，将货物快速便捷地运抵渝、滇、川、黔、陇等西部内陆省（区、市）；海路可以通过北部湾港—香港、北部湾港—新加坡方向的班轮中转实现与远洋航线母船的接驳，最终实现全球航线主要网点全覆盖的目的。未来南向通道北接“渝新欧”国际铁路联运大通道，南经贵州至北部湾港转海运到香港、东盟，将成为纵贯中国西部南北的货运大通道和完整的国际海陆贸易环线。南向通道的建设必将改写西部地区，尤其是广西北部湾经济区的传统物流格局，极大地缩减与降低通往东盟的物流时间和成本。

与2013年相比，2018年北部湾三市公路运输量有所下降（见图4），从39198万吨下降到34735万吨，下降了4000多万吨，与全国主要沿海港口城市相比，仅次于广州与上海，排第3位，高于宁波、大连、锦州，且远高于湛江、海口等城市。其中公路运输周转量为仅次于广州、营口、宁波、大连，排第5位，高于湛江的351.66亿吨公里和海口的42.97亿吨公里（见图5）。

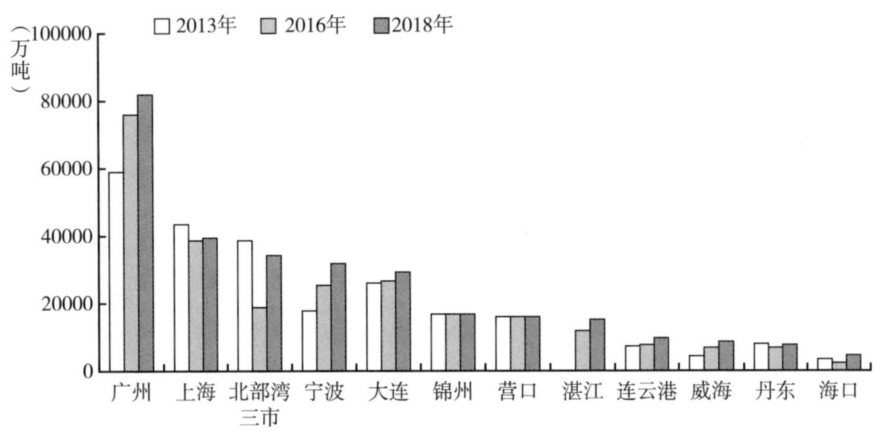

图4　2013年、2016年和2018年全国主要沿海港口城市公路运输量

资料来源：历年《中国统计年鉴》、各地统计年鉴、各地国民经济和社会发展统计公报。

与公路运输量相反，与2013年相比，2018年北部湾三市水路运输量有所上升（见图6），总体上升了1833万吨，成为仅次于上海、广州、宁波、

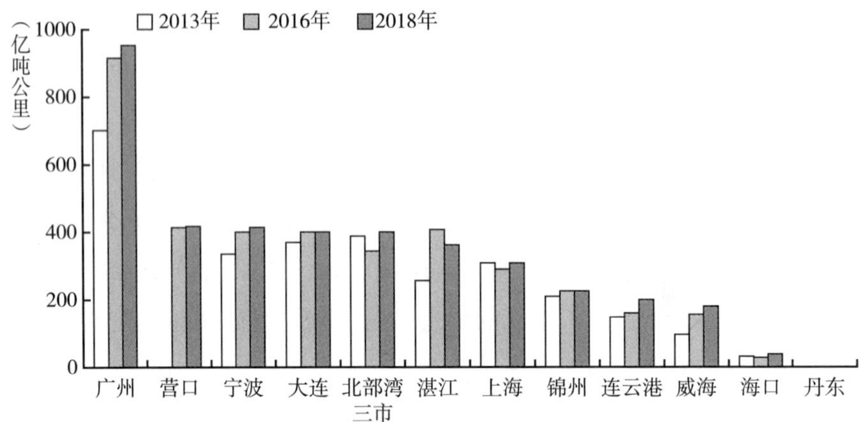

图5　2013 年、2016 年和 2018 年全国主要沿海港口城市公路运输周转量

资料来源：历年《中国统计年鉴》、各地统计年鉴、各地国民经济和社会发展统计公报。

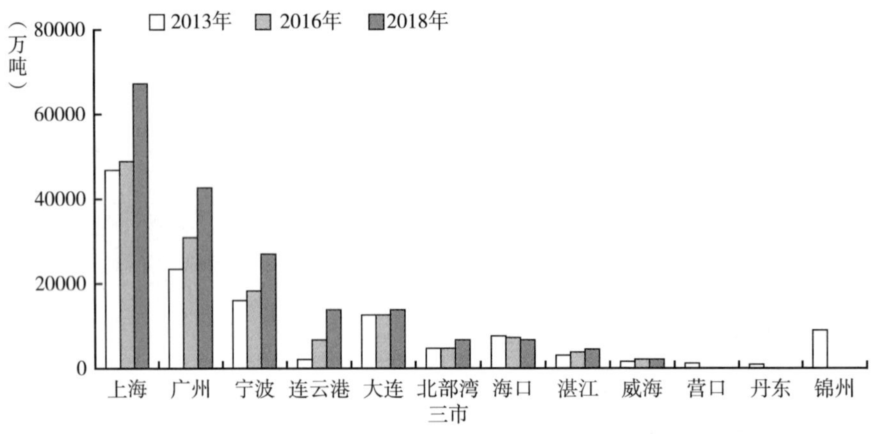

图6　2013 年、2016 年和 2018 年全国主要沿海港口城市水路运输量

资料来源：历年《中国统计年鉴》、各地统计年鉴、各地国民经济和社会发展统计公报。

连云港、大连的第 6 位，但与海口与湛江的体量相比，差距不大。其中水路运输周转量变化较小，总体上仅次于上海、广州、大连、宁波，但总体差距仍较大（见图 7）。

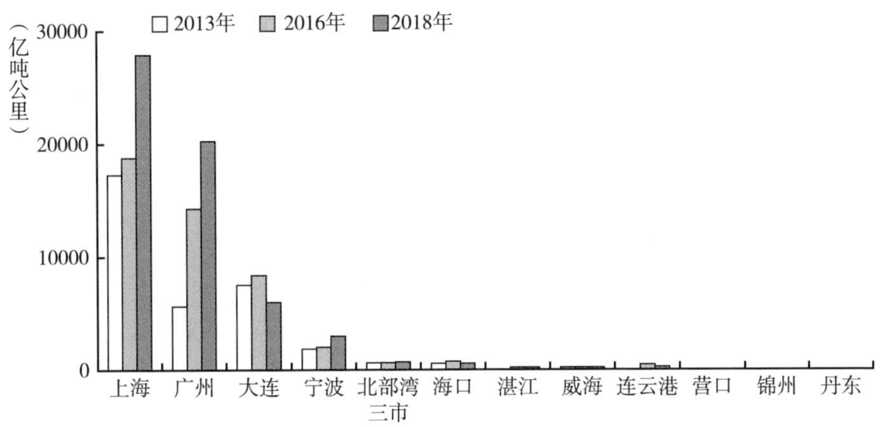

图 7　2013 年、2016 年和 2018 年全国主要沿海港口城市水路运输周转量

资料来源：历年《中国统计年鉴》、各地统计年鉴、各地国民经济和社会发展统计公报。

（三）管理机制

广西主要有三大沿海港口，分别是北海港、钦州港和防城港，一直以来，广西北部湾的港口之间缺少统一规划、整合，各自为政的管理体系造成了资源的浪费，使得三港的发展不尽如人意。为此，广西壮族自治区党委、政府于 2007 年 2 月决定实施北部湾港口整合重大战略，对北海港股份有限公司、钦州市港口（集团）有限责任公司、防城港务集团有限公司和广西沿海铁路股份有限公司进行国有资产重组，组建成立北部湾国际港务集团有限公司（简称“北港集团”），作为三港的整合主体，对北部湾港口进行港统一建设及经营管理。北部湾三港整合推动了管理体制改革。

2008 年 1 月，国务院正式批准实施《广西北部湾经济区发展规划》，广西北部湾经济区建设正式上升为国家战略。

2009 年 3 月，经交通运输部同意，广西壮族自治区政府正式批准广西沿海北海、钦州、防城三港统一使用“广西北部湾港”名称。至此，北部湾港整体竞争力和抵御市场风险的能力得到大幅度提高，成为经济区开放、开发的龙头。

2016 年 1 月，广西壮族自治区交通运输厅和钦州市人民政府签署《实施沿海港口管理体制改革框架协议》，确定钦州市港口管理局、钦州市港口调度中心、钦州港引航站上收整合并入自治区北部湾港口管理局，钦州市人民政府承担的港口行政管理职责调整为由自治区北部湾港口管理局承担。该协议的签署标志着北钦防三港实现了在规划、建设、管理和运营四个方面的一体化（简称“四统一”）管理模式。

2018 年 9 月，经广西壮族自治区政府同意，广西新发展交通集团有限公司与广西北部湾投资集团有限公司整体合并，成立全新的广西北部湾投资集团有限公司；广西西江开发投资集团有限公司与广西北部湾国际港务集团有限公司整体合并，成立全新的广西北部湾国际港务集团有限公司。两个集团的战略性重组，依托北部湾城市群和西江经济带建设，对于加快建设北部湾港系统、西江水运系统、江海联运系统、集散系统，进行开放合作和制度创新，促进港口经济体系、通道经济体系和服务保障体系发展，推进东盟物流枢纽建设、西部陆海新通道建设和中国—东盟区域国际航运中心建设具有重要的意义。

自“四统一”管理模式实现后，北部湾港整体优势开始显现，市场竞争力逐渐增强，港口知名度、影响力不断提高和扩大，形成的“1 +1 +1 >3”的集群效应越发明显。

通过分析北部湾港的开发现状（港口资源、陆域空间、港口设施、物流体系及管理机制）等，结合基础的数据分析北部湾港整合前后的资源配置状况，可以看出整合后的北部湾港发展劲头强劲、整合效果显著，依托广阔的陆域空间及资源禀赋，其基础建设水平逐渐追赶上全国主要沿海港口。

二　港口规模、功能与腹地联系

本报告选取了丹东港、大连港、营口港、锦州港、威海港、连云港港、上海港、宁波港、广州港、湛江港、海口港等 11 个港口作为北部湾港港口规模、功能与腹地联系的比较对象，数据指标主要涉及港口货物吞吐量、外贸货物吞吐量、集装箱吞吐量等，数据主要来源于相应年份的《中国交通

年鉴》《中国港口年鉴》，省、市级统计年鉴及统计公报；考虑到散货没有规律性，且数据的获取难度大，而集装箱班轮数据较为固定，且相比而言获取较易，故本报告的航线数据研究仅考虑集装箱航线，各港集装箱班轮数据主要源于《中国航务周刊》及全球 Top20 航运企业的官网。

（一）规模与结构

1. 港口规模分布

随着“一带一路”“建设海洋强国”“引进来和走出去”一系列国家战略的推行和完善，我国实现了更大程度、更高水平的对外开放。海运作为国际贸易的核心载体，对我国经贸增长的支撑作用日益明显。北部湾港是西部仅有的沿海口岸，也是最便利的海上门户。在各项政策的支持下，其发展迅猛、设施建设逐渐升级、服务能力快速提高，成为西南地区综合运输体系的重要支撑。港口是水路交通的枢纽，其功能代际进化、聚集规模效益等对区域城市的发展产生了深远影响。

本报告首先采用位序规模法则对全国 2000～2019 年规模以上港口的吞吐量进行测度，对比北部湾港整合前后在全国规模以上港口货物吞吐量及集装箱吞吐量规模分布中的位序变化，其次从时间维度和部分主要港口对比角度，横纵向研究北部湾港的规模与结构变化，旨在直观展现北部湾港整合管理的成效与问题。

位序规模法则是研究等级体系最普遍、最科学的方法，目前罗特卡公式①在城市体系构建中被广泛使用，其基本形式和对数形式分别为：

$$P_i = P_1 \times K^{-q}$$
$$\ln P_i = \ln P_1 - q\ln I$$

式中：P_i 为第 i 位港口的规模；P_1 为首位港口的规模；I 代表港口 i 的位序；q 称为 Zipf 指数。

① 郭建科等：《多功能视角的沿海港口城市体系位序规模结构及耦合类型》，《地理科学》2020 年第 7 期。

如图 8 所示，从全国港口吞吐量位序规模分布来看，港口货物吞吐量和集装箱吞吐量体系均保持较为明显的位序－规模分布特征。① 其中，在港口数量大幅增加的基础上，港口货物吞吐量和集装箱吞吐量位序－规模分布的无标度区依然呈现单一分形结构，这表明区域内港口成长和规模分布的有序性和相对稳定性，处于明显分散化和融合发展阶段。

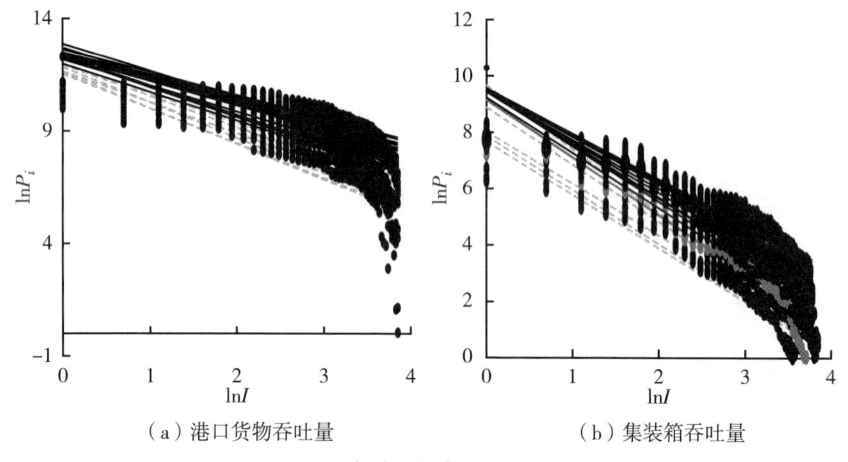

（a）港口货物吞吐量　（b）集装箱吞吐量

图 8　2000～2019 年全国规模以上港口吞吐量位序规模

资料来源：中华人民共和国交通运输部，历年《中国港口年鉴》《中国交通年鉴》。

由图 9、图 10 可知，从 2001～2019 年北部湾港货物吞吐量位序分布变化上看，北部湾港货物吞吐量规模的位序先降后升，可以看出自 2007 年北部湾港整合以来，其行政管理、航线管理等工作基本步入正轨，规模集聚效应凸显，港口整合具有明显成效；从集装箱吞吐量位序分布变化上看，北部湾港集装箱吞吐量位序由 2001 年的 30 上升到 2019 年的 12，变化较大，位序提升显著。在集装箱发展初期，各港口的集装箱规模的年增长速度差异微弱，运输规模仍偏小，但 2011 年“广西北部湾港”正式批准后，位序提升速度进一步加快。

① 郭建科等：《1985 年以来中国大陆沿海集装箱港口体系位序－规模分布及其网络联系》，《地理研究》2019 年第 4 期。

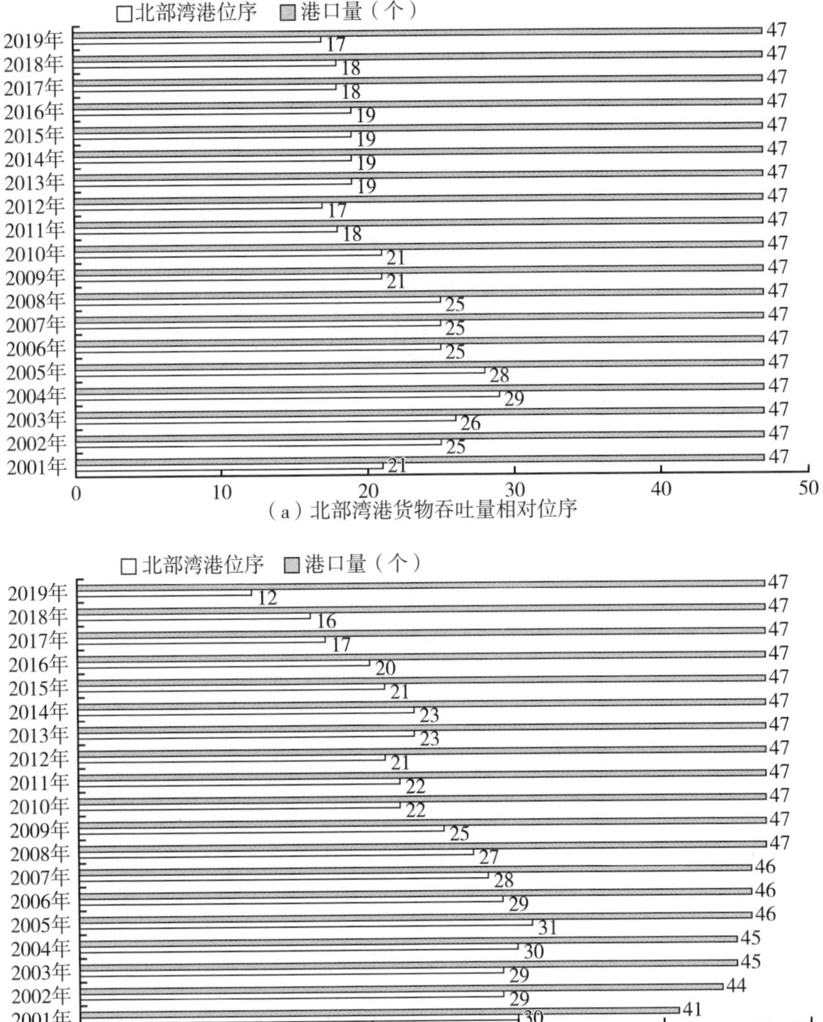

图 9　2001～2019 年北部湾港吞吐量相对位序变化

资料来源：中华人民共和国交通运输部，历年《中国港口年鉴》《中国交通年鉴》。

总的来看，北部湾港整合以后，港口货物吞吐量和集装箱吞吐量规模显著增长，码头吞吐能力大幅提升。截至 2019 年底，在国内沿海港口规模排名中北部湾港已经进入前 13 名，港口货物吞吐量和集装箱吞吐量的位序分别为 17 和 12。全年吞吐量较 2018 年增长 27.3%，达到 2.33 亿吨，集装箱吞吐量达到 382 万标准箱，与 2018 年相比增长了 31.7%。北部湾港整合成效显著，在服务腹地经济发展中发挥了重要作用。

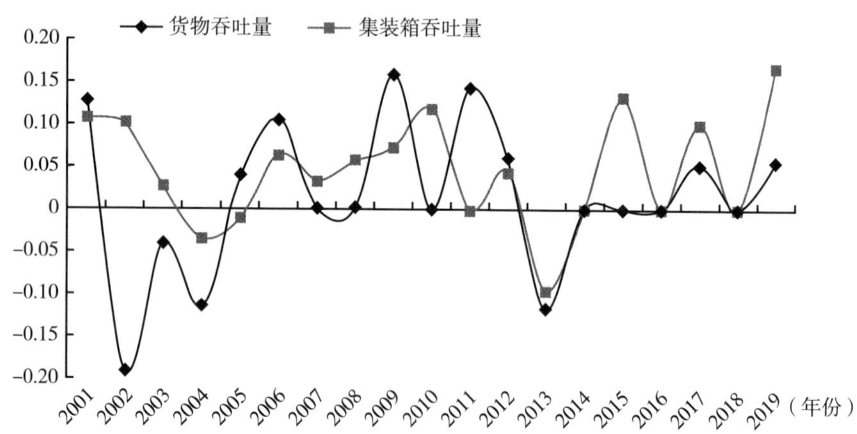

图 10　2001～2019 年北部湾港吞吐量相对位序变化趋势

资料来源：中华人民共和国交通运输部，历年《中国港口年鉴》《中国交通年鉴》。

从港口货物吞吐量来看，自 2007 年整合后，北部湾港货物吞吐量规模显著扩大（见图 11），尤其在 2009 年其货物吞吐量与同期相比增长了近一倍；2008～2013 年增速明显，2014 年货物吞吐量规模进入中低速增长阶段，港口发展进入新常态，其发展从追求高速度增长步入港口高质量增长过渡期。与全国主要沿海港口货物吞吐量相比（见图 12），经过多年的资源整合，2019 年北部湾港超越了营口港及湛江港，成为继上海港、广州港、宁波港、大连港等后的第 5 位，高于湛江港与海口港，成为西南地区货物吞吐量第一大港。

从外贸货物吞吐量来看（见图 13），2019 年北部湾港的排位与其货物吞吐量一样，处于第 5 位，与宁波港、上海港的差距较大，而与大连港、广州港的差距较小，同样高于湛江港与海口港。

从集装箱吞吐量来看，自资源整合后，北部湾港集装箱规模增长速度越来越快，尤其是 2010 年增长速度明显，2011～2014 年进入中低速增长阶段，到 2019 年其规模已接近 400 万标准箱（见图 14）。从全国主要沿海港

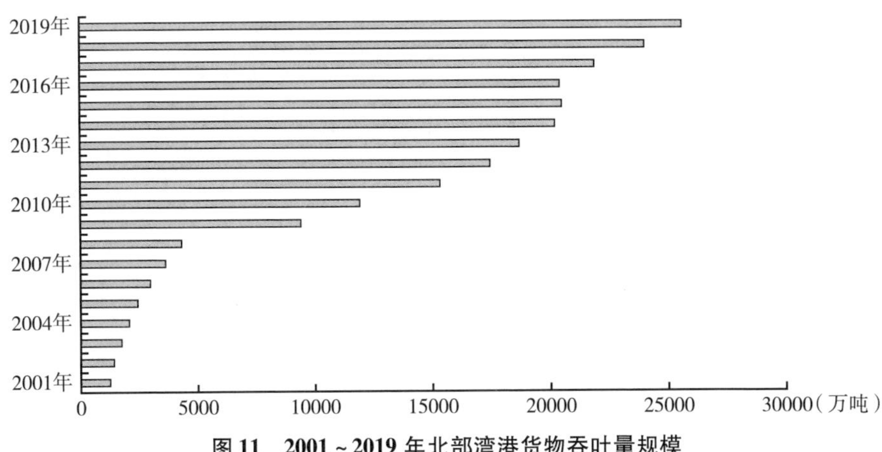

图 11　2001～2019 年北部湾港货物吞吐量规模

资料来源：历年《中国交通年鉴》、《中国港口年鉴》、各地统计年鉴、各地国民经济和社会发展统计公报。

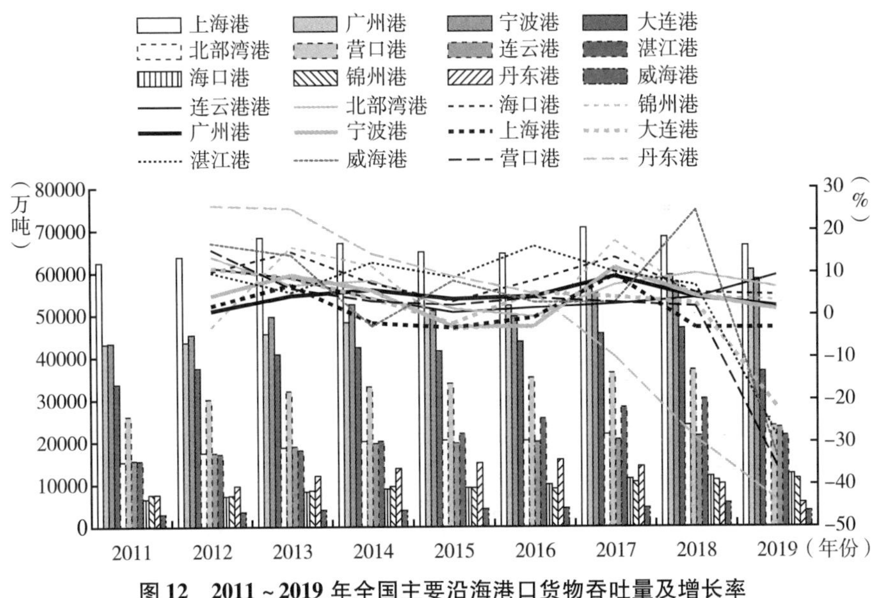

图 12　2011～2019 年全国主要沿海港口货物吞吐量及增长率

资料来源：历年《中国交通年鉴》、《中国港口年鉴》、各地统计年鉴、各地国民经济和社会发展统计公报。

口集装箱吞吐量来看，北部湾港 2011～2019 年集装箱吞吐量增速总体处于领先水平，但总体体量与上海港、宁波港、广州港、大连港、连云港港等港

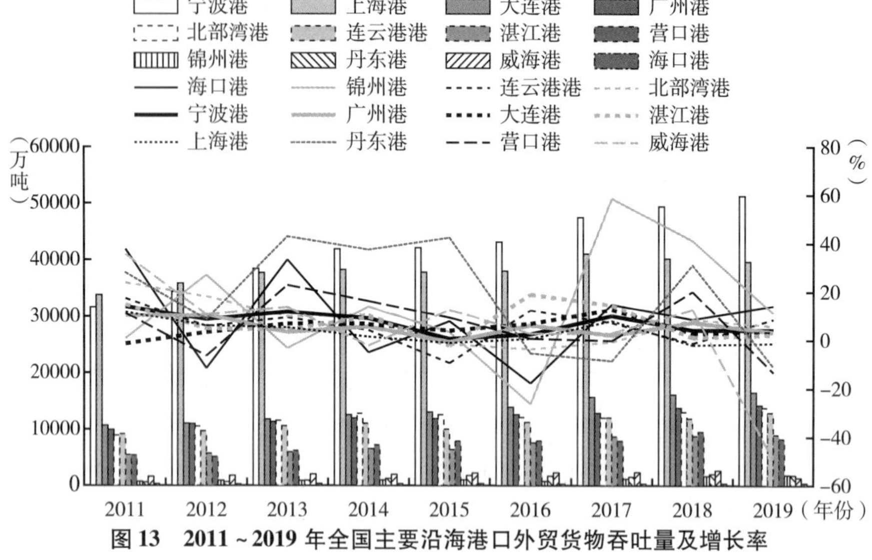

图 13　2011～2019 年全国主要沿海港口外贸货物吞吐量及增长率

资料来源：历年《中国交通年鉴》、《中国港口年鉴》、各地统计年鉴、各地国民经济和社会发展统计公报。

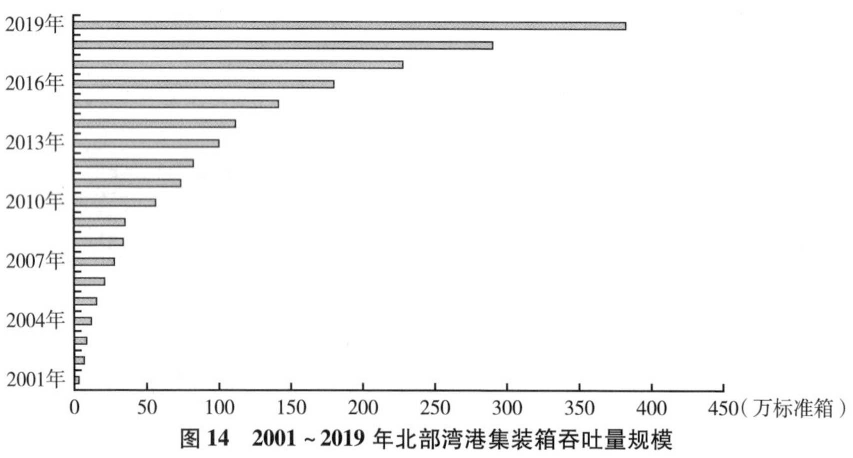

图 14　2001～2019 年北部湾港集装箱吞吐量规模

资料来源：历年《中国交通年鉴》、《中国港口年鉴》、各地统计年鉴、各地国民经济和社会发展统计公报。

口相比较而言，仍有一定的差距，尤其与上海港、宁波港、广州港、大连港等国际航运中心相比有很大的差距；而与营口港、湛江港等港口相比，总量相似。总体说明其集装箱吞吐量增长态势较好（见图 15）。

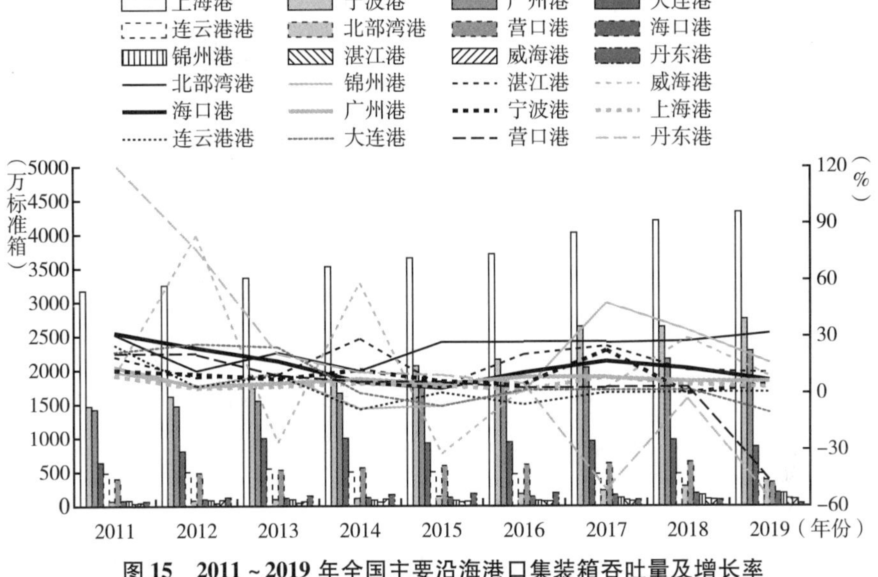

图 15　2011～2019 年全国主要沿海港口集装箱吞吐量及增长率

资料来源：历年《中国交通年鉴》、《中国港口年鉴》、各地统计年鉴、各地国民经济和社会发展统计公报。

2. 货种结构变化

北部湾港港口装卸货种类完备，包含交通运输部统计口径的全部 17 大货类，主要货物种类为金属矿石、煤炭及制品、能源化工品、粮食、非金属矿、硫黄、化肥、钢铁、木材等。2013～2019 年，北部湾港主要 4 大货类基本为煤炭及制品、金属矿石、石油天然气及制品、粮食。其中 2019 年金属矿石完成情况为 5537 万吨，其次为煤炭及制品 5428 万吨，石油天然气及制品与粮食分别以 2900 万吨、1872 万吨紧随其后。

从时间维度来看（见图 16），2013～2019 年北部湾港主要货物吞吐量结构分布呈现“金属矿石 > 煤炭及制品 > 石油天然气及制品 > 粮食”的特征。从变化幅度来看，粮食吞吐量增幅最明显，增加了 54.6%；其次为金属矿石吞吐量，从 2013 年的 3626 万吨增加至 2019 年的 5537 万吨，增幅为 52.7%；石油天然气及制品吞吐量也呈稳步上升趋势，增加了 29.0%；煤炭及制品吞吐量则总体下跌了 14%，其中 2013～2015 年跌幅最明显，2017

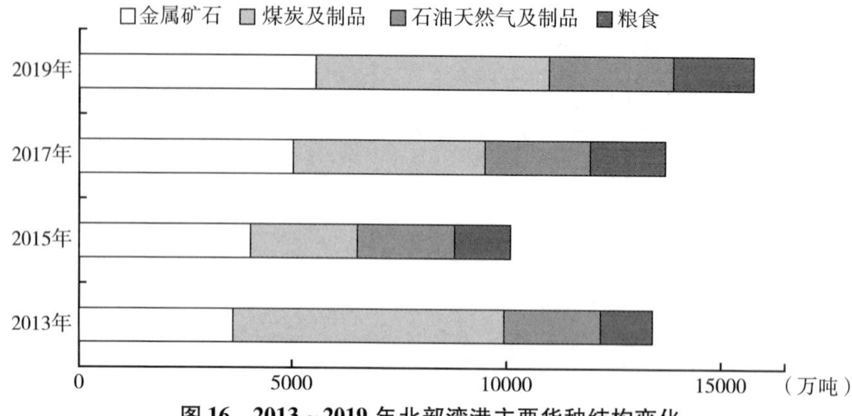

图 16　2013～2019 年北部湾港主要货种结构变化

资料来源：中华人民共和国交通运输部，历年《广西统计年鉴》。

年后有所回升。

从全国主要沿海港口金属矿石吞吐量来看（见图 17），与其他港口的金属矿石吞吐量不稳定的情况不同，北部湾港总体保持增长趋势，与宁波港、连云港港、上海港等吞吐量在亿吨以上的港口有较大差别，与湛江港相差不大，且存在较强的竞争。

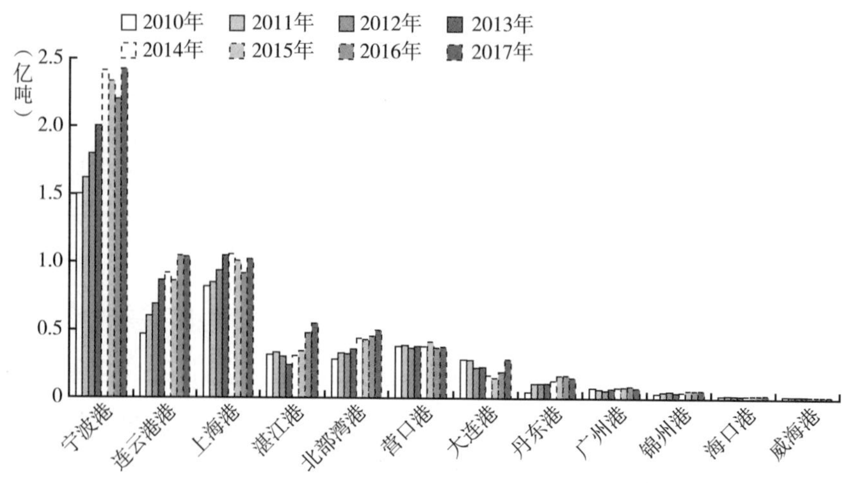

图 17　2010～2017 年全国主要沿海港口金属矿石吞吐量

资料来源：历年《中国交通年鉴》、《中国港口年鉴》、各地统计年鉴、各地国民经济和社会发展统计公报。

从全国主要沿海港口煤炭及制品吞吐量来看（见图 18），2010 ~ 2017 年北部湾港与宁波港、广州港、上海港等先涨后跌的情况类似，2017 年已与上海相差不到 0.3 亿吨，而湛江港、营口港、连云港港、海口港等则不及北部湾港吞吐量的一半，但与湛江港的增长趋势相比，北部湾港却稍有不足。

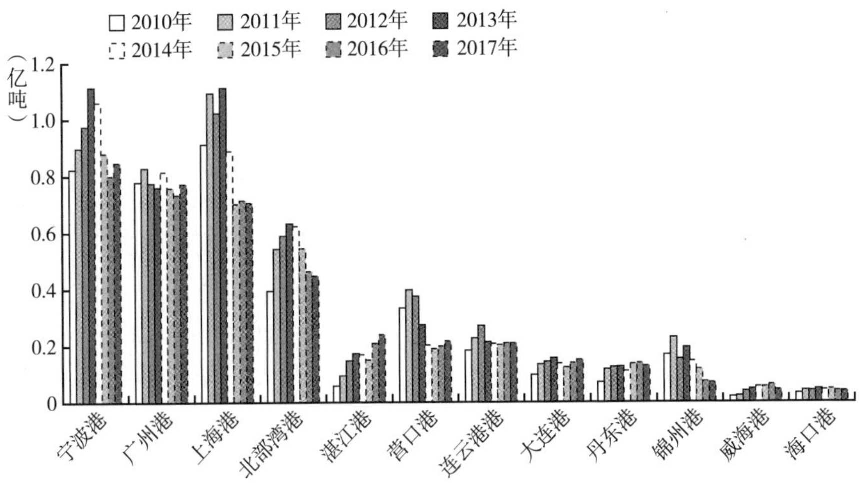

图 18　2010 ~ 2017 年全国主要沿海港口煤炭及制品吞吐量

资料来源：历年《中国交通年鉴》、《中国港口年鉴》、各地统计年鉴、各地国民经济和社会发展统计公报。

从全国主要沿海港口石油天然气及制品吞吐量来看（见图 19），2017 年末北部湾港与上海港、湛江港、广州港等均处于 2000 万 ~ 4000 万吨的吞吐量水平，与宁波港、大连港差距较大，与上海港、湛江港相差不大，稍微领先于广州港。

从全国主要沿海港口粮食吞吐量来看（见图 20），2017 年末北部湾港与领先的广州港相差约 850 万吨，与营口港、大连港等 1300 万 ~ 2000 万吨吞吐量港口处于同一梯度，与上海港相比，北部湾港粮食吞吐量要多 1500 万吨左右，同样远多于同处西南港口群的海口港与湛江港。

（二）航线联系与海向腹地

1. 从国际航运网络与海外腹地联系看

截至 2020 年末，北部湾港开辟集装箱航线 52 条，其中外贸 28 条（远

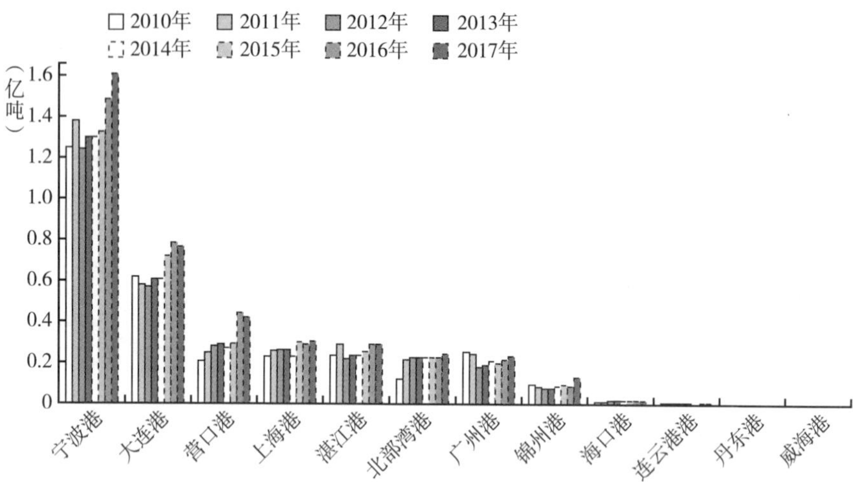

图 19　2010～2017 年全国主要沿海港口石油天然气及制品吞吐量

资料来源：历年《中国交通年鉴》、《中国港口年鉴》、各地统计年鉴、各地国民经济和社会发展统计公报。

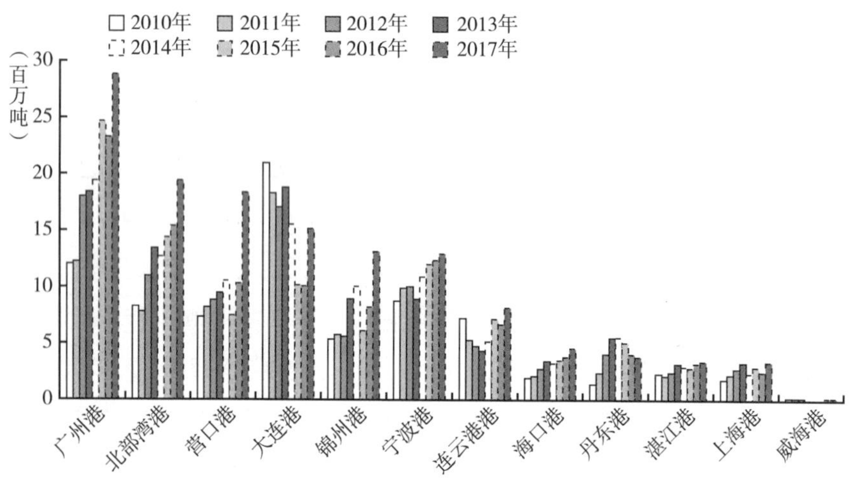

图 20　2010～2017 年全国主要沿海港口粮食吞吐量

资料来源：历年《中国交通年鉴》、《中国港口年鉴》、各地统计年鉴、各地国民经济和社会发展统计公报。

洋航线2条），内贸24条，其中挂靠钦州港42条（外贸22条、内贸20条），基本覆盖我国沿海地区及东南亚地区主要港口。至新加坡的班轮实现每周两班常态化运行，至香港的班轮实现“天天班”，年货物吞吐能力超过2亿吨。

北部湾港目前开通了与越南（海防、胡志明）、泰国（林查班、曼谷）、缅甸（西哈努克）、印尼（雅加达）、马来西亚（巴生）、新加坡（新加坡）等东南亚国家（港口）的航线并以此向北印度洋拓展，其中包括印度（孟买）、阿联酋（迪拜）等国家（港口），在东亚则与日本（东京、横滨、名古屋、大阪等）、韩国（仁川）有航运联系。

从2008年、2018年中国与“21世纪海上丝绸之路”主要方向的共建国家港口航运网络结构来看，北部湾港与欧亚非其他港口的联系度相比我国核心港口，如上海港、宁波港、深圳港、广州港等较低。北部湾港与东南亚国家联盟联系较多，成为我国南大陆沿海港口向东盟国家或地区开拓航运联系的重要起讫港之一。

进一步，本报告采用网络中心性分析法分析北部湾港与样本港口城市在“21世纪海上丝绸之路”国际航运网络中的地位。度中心性（DC_i）反映了节点的对外交流能力，体现局域中心性；邻近中心性（CC_i）反映节点对整个网络的控制能力，体现组织效率；介中心性（BC_k）反映控制网络交流的能力，对节点的整体中心性具有极化效应。[①] 计算公式为：

$$DC_i = \frac{1}{n-1}\sum_{j=1,j\neq i}^{n} a_{ij}$$

式中，a_{ij}表示节点v_i、v_j的连边，DC_i为节点v_i的度中心性，$DC_i \in (0,1)$，DC_i值越大，节点的度中心性越强，节点的对外交流与联系能力越强。

$$CC_i = \left(\frac{1}{n-1}\sum_{j=1,j\neq i}^{n} d_{ij}\right)^{-1}$$

① 莫辉辉等：《机场体系中心性的网络分析方法与实证》，《地理科学》2010年第2期。

式中，d_{ij}表示从节点 v_i 到 v_j 的最短距离，$n-1$ 表示网络规模。$CC_i \in (0, 1)$，CC_i 值越大，节点的邻近中心性越强，在网络中的组织效率越高。

$$BC_k = \frac{2}{n^2 - 3n + a} \sum_{j=1, j \neq k}^{n} \sum_{j>1, j \neq k}^{n} \frac{\xi^k}{\xi}$$

式中，ξ 表示节点 v_i 到 v_j 的最短距离 d_{ij}的总条数；ξ^k 表示在 ξ 条最短路径中，经过给定节点 v_k 的最短路径数。$BC_k \in (0, 1)$，BC_k 值越大，节点的介中心性越强，在网络中的控制与主导能力越强。

从 2019 年各港口挂靠航线数量来看（见图 21），上海港、宁波港、广州港等以绝对的优势远超北部湾港，位居前列。挂靠于上海港的航线数量为北部湾港口开辟航线数量的 24 倍，宁波港是 17 倍，广州港则是 6 倍有余。北部湾港航线数量也仅有大连港航线数量的 1/3，但与海口港、威海港、营口港、湛江港、锦州港、丹东港等港口所开辟的航线数量相比，具有明显的优势。其中，北部湾港开辟的航线基本覆盖了东南亚地区，特别是东盟各国的主要港口，同时与日韩地区的部分港口建立了新联系，延伸至南非、南美的航线有 3 条。

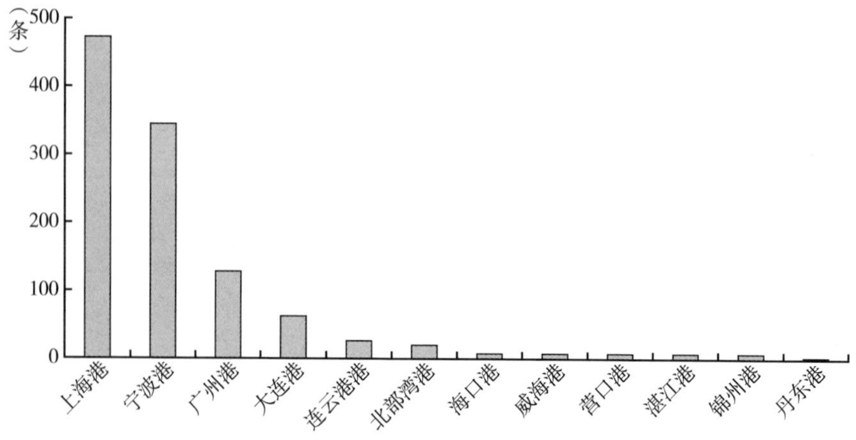

图 21　2019 年各港口挂靠航线数量

资料来源：2019 年全球 Top20 航运企业。

从全国范围来看（见表3），上海港、宁波港和广州港三港的对外交流能力、组织效率以及控制能力均名列前茅并保持稳定，北部湾港相比而言则处于中上游发展水平，并且远远超过处于同一区域内存在激烈竞争关系的海口港等港口。从全球范围来看，北部湾港对外交流能力排在全球港口的第94位，而其组织效率及控制能力均排在100位之后，对于处于前100位的集装箱吞吐量俱乐部的地位而言，其在整个航运联系格局中的地位不够突出，货物的组织效率低下，对网络的控制主导作用微弱。

表3　2019年北部湾港在全国、全球港口群中的排名情况

港口	航线数量	对外交流能力		组织效率		控制能力	
		全国	全球	全国	全球	全国	全球
上海港	1	1	2	1	5	1	3
宁波港	3	5	9	4	17	5	35
广州港	7	4	14	5	25	2	6
大连港	9	8	39	10	65	8	52
连云港港	13	15	195	16	129	17	196
北部湾港	15	13	94	11	110	12	136
海口港	20	23	111	40	356	22	319
威海港	23	22	242	41	360	30	421
营口港	24	25	340	18	228	26	364
湛江港	25	20	268	58	444	10	88
锦州港	29	28	221	19	236	25	358
丹东港	38	38	459	24	275	41	518

资料来源：笔者根据2019年全球Top20航运企业计算得出。

整体而言，北部湾港在航运联系格局中的地位与作用及影响力远比不上上海港、宁波港和广州港。从港口的发展阶段而言，北部湾港在一众区域竞争性港口中处于中上游阶段，尤其是对处于同一区域内的港口而言，具有明显的竞争优势。

2. 从港口功能类型看

北部湾港是“21世纪海上丝绸之路”和“丝绸之路经济带”有机衔接的重要门户港。从北部湾港航线布局来看，该港口处于国际主干线的首

（末）端，成为国际货物集散中心的条件不足，货物的大规模中转和疏散能力较弱。通过同国外、国内不同类型航运中心（纽约、伦敦、鹿特丹、新加坡、釜山以及上海、香港）的对比可知，北部湾港与鹿特丹同属一种类型，是典型的腹地货物型航运服务中心。

从鹿特丹的空间联系格局与覆盖范围来看（见图22），鹿特丹港形成了以自身为中心向外辐射的放射状海向腹地联系格局。2019 年全球集装箱吞吐量排名前 20 的船公司在鹿特丹港运营的航线量为 154 条；与鹿特丹港建立直接联系的港口数量为 54 个，是 2008 年港口数量的 2 倍；港口的主要覆盖范围为欧洲，其次为亚洲；港口的类型为区域内主要的货物集散中心或者枢纽中心；凭借发达的集疏运网络与欧洲各国连接，不断扩大经济腹地，保障了集聚效应和扩散效应；同时作为荷兰的国际门户港保持同世界主要港口以及主要航运市场的联系，成为欧洲地区名副其实的“中转站”。

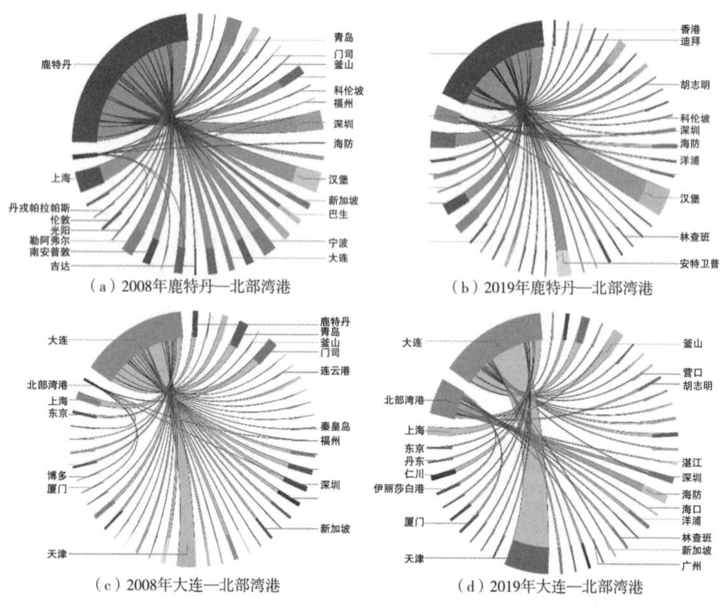

图 22　2008 年和 2019 年鹿特丹、大连与北部湾港海向联系空间格局

资料来源：2018 年《中国航务周刊》、2019 年全球 Top20 航运企业。

大连港与北部湾港南北相望，建设大连东北亚国际航运中心和北部湾国际门户港航运服务中心均是国家重要的发展战略与规划。截止到 2018 年底，大连港共有集装箱班轮航线 108 条，包括外贸航线 86 条（干线 13 条）、内贸航线 22 条。2018 年，大连港集装箱吞吐量为 976.74 万标准箱，较 2017 年增加了 1.95%；旅客吞吐量为 593 万人，较 2017 年增加了 2.24%；货物吞吐量总计 46784 万吨，较 2017 年增加了 2.78%。相比之下，北部湾港集装箱吞吐量为 290.14 万标准箱，较 2017 年增加了 27.38%；旅客吞吐量为 27.82 万人次，较 2017 年增加了 21.64%；货物吞吐量总计 23986 万吨，较 2017 年增加了 9.72%。

从航线开辟量与覆盖范围来看，2019 年全球集装箱吞吐量排名前 20 的船公司在北部湾开辟的航线仅有 20 条，约是大连港集装箱航线数量的 1/3、鹿特丹港集装箱航线数量的 1/7；建立联系的港口数量为 13 个，分别约是大连港连通港口数量的 1/2、鹿特丹港连通港口数量的 1/3，并主要分布在珠三角以及东盟国家。从港口的集装箱货物吞吐量来看，北部湾港的集装箱吞吐量增速迅猛，但总量小。整体而言，北部湾港和大连港、鹿特丹港的差距显著，主要体现在港口覆盖范围小，港口发展空间受到极大的限制。开辟的集装箱航线数量少且主要集中在内贸航线，西南腹地经济发展水平低且联系不够紧密，致使货源对港口的支撑作用不足。

3. 从国际贸易看

从广西整体对外贸易来看（见图 23、图 24），自 2015 年以来，广西对外贸易发展速度较快，2015 年广西进出口贸易总额为 3190 亿元，2019 年进出口贸易总额已达到 4694.70 亿元。其中其主要贸易对象集中在亚洲地区，东盟是广西的第一大贸易伙伴。

东盟作为广西的第一大贸易市场，是与广西北部湾地区联系最紧密的地区。2015 ~2019 年，广西与东盟的贸易额始终占广西对外贸易总额的 50% 左右，并且占比在 2016 年达到顶峰，为 58.1%（见图 25）。

从北部湾三市经济增长来看（见图 26），2004 ~2019 年，北钦防的经

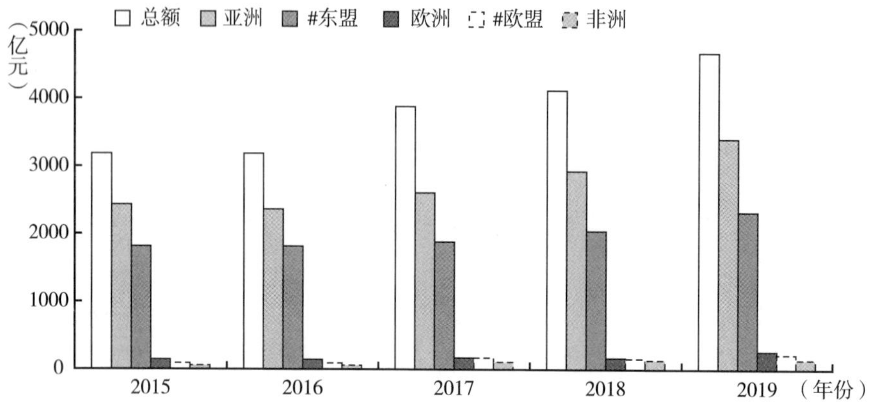

图 23　2015～2019 年广西对外贸易结构

资料来源：历年《广西统计年鉴》。

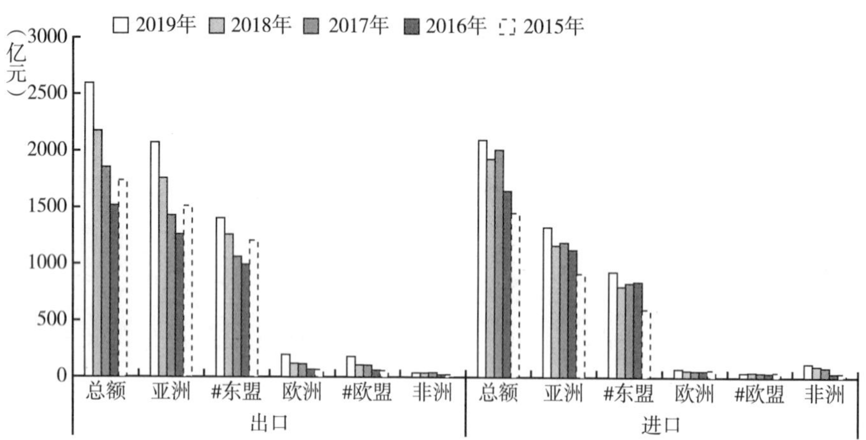

图 24　2015～2019 年广西对外进出口贸易额

资料来源：历年《广西统计年鉴》。

济体量一直处于快速增长阶段，但仍远落后于上海、广州、宁波和大连。2004～2013 年，其经济体量在一众沿海城市中的排名稳定在第七八名左右；2016 年以后有所上升，逐渐超越湛江，并远高于海口；2019 年其经济体量仅次于上海、广州、宁波和大连四市。从北钦防三市经济增长速度方面看，2007～2010 年增速达到峰值，高达 88.37%，2010～2013 年的增长速度明显快于 2013～2019 年，2013 年以后经济增速减缓。

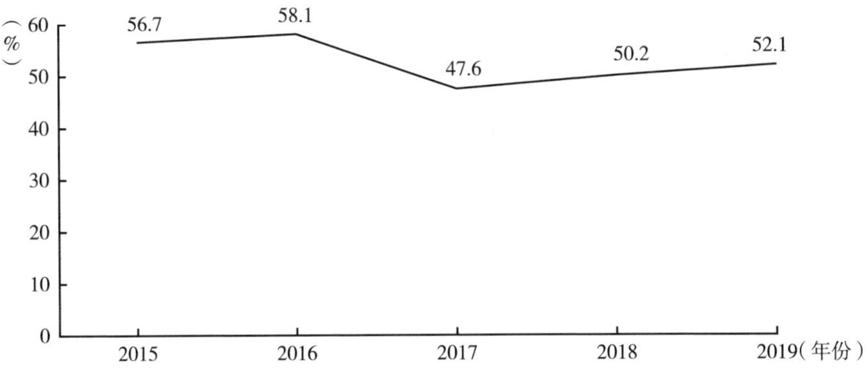

图 25　2015～2019 年广西与东盟的贸易额占比

资料来源：历年《广西统计年鉴》。

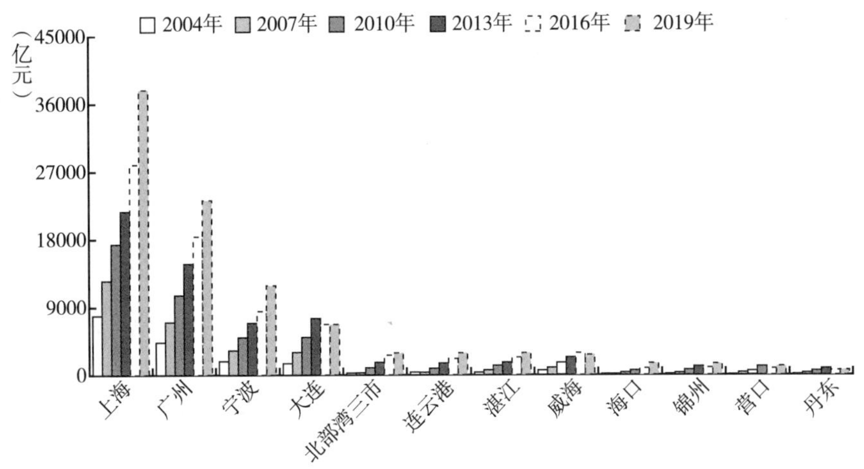

图 26　2004～2019 年全国主要沿海城市 GDP

资料来源：历年《中国统计年鉴》、各地统计年鉴。

从进出口贸易总额来看（见图 27），2004～2019 年，北钦防三市的进出口贸易总额增长明显，从 9.76 亿美元增加至 188.92 亿美元。从与其他城市的对比来看，北钦防三市与上海、广州、宁波、大连存在明显的差距，2004 年仅高于锦州，2007 年赶超湛江，但仍落后于海口，2010 之后以较大的增长幅度保持与威海相当的进出口贸易总额，同时不断拉大与湛江和海口间的差距。

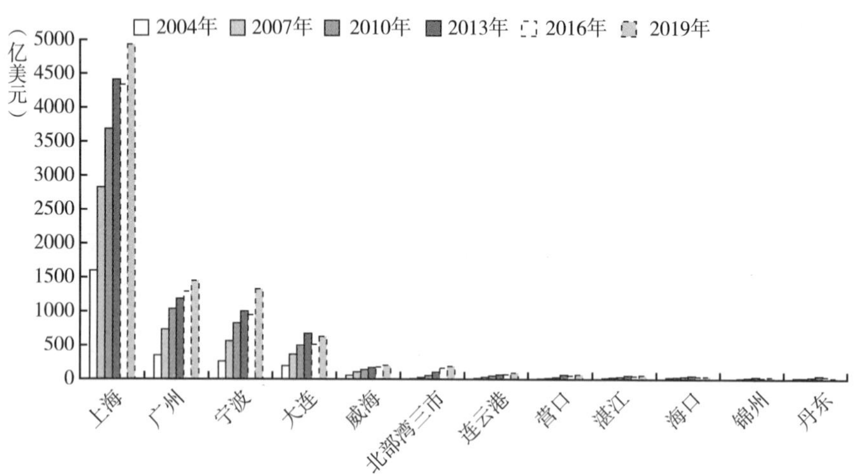

图 27　2004～2019 年全国主要沿海城市进出口贸易总额

资料来源：历年《中国统计年鉴》、各地统计年鉴。

2004～2019 年北钦防三市出口额在进出口贸易总额中的比重从 24.80% 增加到 34.55%（见图 28）。而上海、广州、宁波和大连的出口额占比均在 40% 以上，其中，广州和宁波的出口额占比最高达 82%。与对外贸易发达的城市相比，北钦防三市的差距明显。与湛江和海口相比，略高于海口，远低于湛江，反映了北钦防三市在不断扩大对外贸易总体规模的同时要更注重扩大出口规模。

4. 从对东盟经贸联系看

广西北部湾港所在的北部湾经济区作为我国唯一与东盟陆海相连的门户区域，是东盟国家进入我国的重要陆海通道，是我国南向开放的重要枢纽。

东盟十国中，越南是与广西经贸联系最密切的国家。2016～2018 年（见图 29），广西与越南商品进出口贸易分别占广西与东盟进出口贸易的 86.59%、85.87% 和 84.86%，以绝对高的占比稳居第一；文莱是与广西经

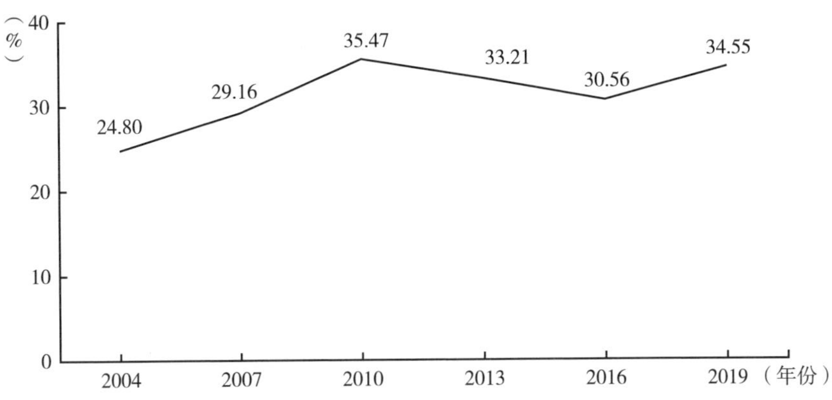

图 28　2004～2019 年北部湾三市出口额占比

资料来源：历年《广西统计年鉴》。

贸联系最薄弱的国家，始终居于末位。近年来，广西与东盟经贸联系发展态势迅猛，经贸出口额呈直线上升趋势，广西在保持与越南贸易合作的前提下，加强了与东盟其他国家的经贸联系。

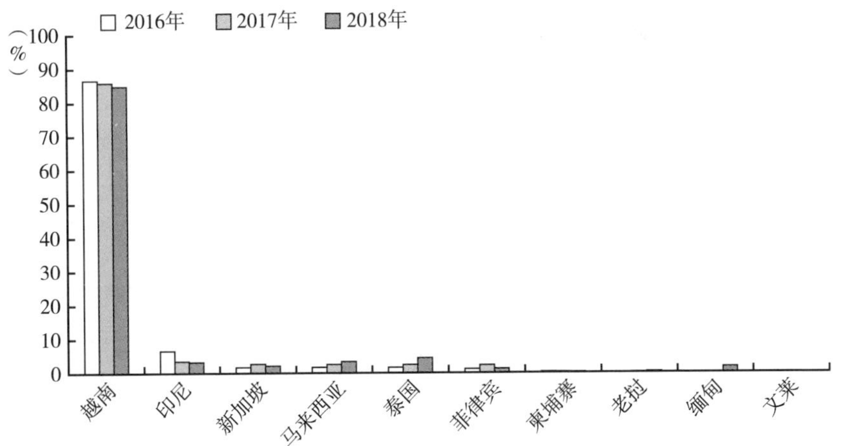

图 29　2016～2018 年广西与东盟各国贸易占比

资料来源：笔者根据历年《广西壮族自治区国民经济和社会发展统计公报》等资料整理。

（三）航线联系与陆向腹地

广西北部湾港地处我国大陆南端，背靠大西南，南邻北部湾，面向东南亚各国和地区，是我国西部唯一的沿海口岸和西南地区最为便捷的海上门户。其半径400公里基本可达广西所有城市，其中距南宁市99.4公里、距崇左市138.62公里、距贵港市163.15公里、距玉林市178.94公里、距来宾市206.21公里、距柳州市273.48公里、距百色市298.31公里、距河池市309.2公里、距梧州市325.01公里、距贺州市405.15公里、距桂林市406.33公里。

从国内航线与内陆腹地支撑来看，北部湾港是我国内陆城市南向开放的重要门户，与广东、海南、云南等经济发展较好的省份毗连，对云、贵、川、甘、陕等内陆地区具有较强的海洋经济辐射作用。

截至2019年末，北部湾港与长三角（上海、宁波）、东南沿海（厦门、福州、高雄）、珠三角（蛇口、南沙、香港）等开通了航线。截至2017年底，内贸线则开通了日照线、广州线、营口西南线（钦州—厦门—日照、钦州—广州、营口—锦州—湛江—钦州）等。其中陆向方面，已开通重庆、成都方向班列共112列。可通过多式联运，辐射至西南五省（区、市）、新疆、内蒙古、东三省及长三角等地区。

通过分析北部湾港整合前后港口规模、结构和功能的变化可以发现，北部湾港整体的发展速度较快，港口货物吞吐量、集装箱吞吐量、内外贸航线数量以及内外贸发展的各项经济指标均呈现较大幅度的增长趋势。

从港口规模与结构发展来看，北部湾港整合成效显著，港口规模集聚效应显现。表现在港口货物吞吐量和集装箱吞吐量规模增长显著，码头吞吐能力大幅提升，在全国沿海港口中的地位提升。

从腹地范围和港口地位来看，北部湾港与世界范围内1/3的国家和地区建立了航运联系，并成为我国与东盟国家（地区）海上互联互通的前沿阵地。全国范围内，北部湾港的实力远超具有竞争关系的海口港、湛江港等港口，总体上处于中上游发展水平；“21世纪海上丝绸之路”范围内，北部湾

港在航运网络中的地位不够突出，发挥的作用微弱，处于航运网络的非核心层。

从经济增长与贸易格局来看，北钦防三市的经济体量一直处于快速增长阶段，于2010年达到峰值，2013年之后经济增速有所放缓，但始终远超海口和湛江，并不断拉大差距。北部湾港的贸易对象主要集中在亚洲地区，东盟作为第一大贸易伙伴，是与广西地区保持联系最紧密的区域，其中，越南是与广西经贸联系最紧密的国家，文莱则是联系最薄弱的国家。

三　港口资源配置效率与关联因素测定

基于数据的可获得性及样本的可比性，本报告选取了丹东港、大连港、营口港、锦州港、威海港、连云港港、上海港、宁波港、广州港、湛江港、海口港等11个港口作为北部湾港港口资源配置效率与关联因素测定的比较对象，数据主要来源于相应年份的《中国交通年鉴》、《中国城市统计年鉴》、《中国港口年鉴》、各市统计年鉴及统计公报。

（一）基于DEA的资源配置效率测算

数据包络分析（Data Envelopment Analysis，DEA）是著名运筹学家A. Charnes等于1978年基于“相对效率评价”改造而成的系统分析新方法，即首个可以处理多投入、多产出指标的非参数DEA模型（CCR）分析方法。结合相关数学规划模型，基于CCR的DEA模型能解决具有多要素投入及产出的效率评价问题。

设n个决策单元DMU_j（$1 \leqslant j \leqslant n$），$DMU_j$的投入、产出指标向量分别为：

$$x_i = (x_{1j}, x_{2j}, \cdots, x_{mj})^T > 0, y_i = (y_{1j}, y_{2j}, \cdots, y_{sj})^T > 0$$

设加权投入、产出指标向量为：

$$v = (v_1, v_2, \cdots, v_m)^T, u = (u_1, u_2, \cdots, u_s)^T$$

建立 C2R 模型：

$$\max \frac{\sum_{k=1}^{s} u_k y_{kj0}}{\sum_{i=1}^{m} v_i x_{ij0}} = V_p$$

$$s.t. \frac{\sum_{k=1}^{s} u_r y_{rj}}{\sum_{i=1}^{m} v_i x_{ij}} \leqslant 1, j = 1, \cdots, n$$

$$u_r \geqslant 0, r = 1, \cdots, s$$

$$v_i \geqslant 0, i = 1, \cdots, m$$

得到一个分式规划问题，转换为一个线性规划问题：

$$\max\_^T y_0$$

$$s.t.\ k^T x_j \geqslant \_^T y_j, j = 1, \cdots, n$$

$$k^T x_0 = 1$$

$$k \geqslant 0$$

$$\_ \geqslant 0$$

线性规划问题的对偶问题如下：

$$\min \theta_0$$

$$s.t. \sum_{j=1}^{n} \lambda_i x_{ij} \leqslant \theta_{0x_{j0}}, i = 1, \cdots, m$$

$$\sum_{j=1}^{n} \lambda_i y_{rj} \leqslant y_{r0}, r = 1, \cdots, s$$

$$\lambda_j \geqslant 0, j = 1, \cdots, n$$

x_{i0}、y_{r0}分别表示决策单元 DMU_0 的第 i 个输入和第 r 个输出，λ_j、θ_0 是决策变量，如果决策单元是有效的，则 $\theta_0 = 1$。

在 DEA 模型中，若 *DMU* 不处于参考集中，那么该 DEA 模型则称为超效率（super efficiency）DEA 模型。基于 CCR 模型，可结合利用超效率模型来识别有效决策单元的效率差异。许多超效率模型，证明了超效率 CCR 模型能避免非可行解的出现。其模型如下：

$$\min \theta_0^{\sup} s.t. \sum_{\substack{i=1 \\ j \neq 0}}^{n} \lambda_j x_{ij} \leqslant \theta_0^{\sup} x_{i0}, i = 1, \cdots, m$$

$$\sum_{\substack{i=1 \\ j\neq 0}}^{n} \lambda_j x_{ij} \leqslant \theta_0^{\sup} x_{i0}, i = 1, \cdots, m$$

$$\sum_{\substack{i=1 \\ j\neq 0}}^{n} \lambda_j y_{rj} \leqslant y_{r0}, r = 1, \cdots, s$$

$$\lambda_j \geqslant 0, j \neq 0$$

本报告通过选取码头长度、泊位数、集装箱设计通过能力等 3 个投入指标，选取集装箱吞吐量作为产出指标，构建港口资源配置效率评价指标体系（见表 4），运用 DEAP2.1 软件，将各投入、产出指标的相关数据求解，得到 2016 ~2018 年各决策单元（即港口）的效率评价结果。表 5 ~ 表 7 分别为固定规模报酬（CRS）模式下港口资源配置的综合技术效率及可变规模报酬（VRS）模式下港口资源配置的纯技术效率与规模效率。

表 4　港口资源配置效率评价指标体系

	模型指标	单位
投入指标	码头长度	米
	泊位数	个
	集装箱设计通过能力	万标准箱
产出指标	集装箱吞吐量	万标准箱

资料来源：笔者整理。

（1）综合技术效率

CRS 模型计算的综合技术效率是技术与规模的综合效率，是在最大产出下港口资源最小要素投入的成本，可以由此衡量在投入导向下，港口资源是否存在投入要素的浪费。从表 5 可以看出，2016 年和 2018 年，北部湾港港口资源配置综合技术效率有所提高，由 0.320 升至 0.373，提升了 0.053，与全国主要港口平均水平相比，仍存在较大的进步空间，说明北部湾港港口资源投入要素的浪费程度与全国主要港口相比较为明显，资源的利用效率不高。

与沿海主要港口相比，北部湾港港口资源存在投入要素的过度浪费现象，港口资源配置综合技术效率平均值比湛江港（0.484）低 0.14 左右，与其余同地理位置的港口相比，浪费现象也较为严重。

表 5　2016 年和 2018 年沿海主要港口资源配置综合技术效率（CRS）

港口	所属港口群	2016 年	2018 年	平均值
威海港	环渤海	0.640	0.668	0.654
丹东港	环渤海	0.960	0.774	0.867
大连港	环渤海	0.748	0.721	0.735
营口港	环渤海	1.000	0.986	0.993
锦州港	环渤海	0.599	0.692	0.646
湛江港	西南	0.471	0.496	0.484
海口港	西南	0.669	0.709	0.689
北部湾港	**西南**	**0.320**	**0.373**	**0.347**
上海港	长三角	0.735	0.759	0.747
宁波港	长三角	0.543	0.598	0.571
连云港港	长三角	0.855	0.819	0.837
广州港	珠三角	0.961	1.000	0.981
平均值		0.708	0.716	0.712

（2）纯技术效率

纯技术效率表示在同一规模最大产出下，港口资源最小的要素投入成本，能够衡量投入导向下港口资源配置的纯粹技术无效率造成了多少技术的无效率。纯技术效率是企业受管理和技术等因素影响的生产效率，即反映相关制度运行的效率和管理水平。由表 6 可知，2016 年和 2018 年北部湾港港口资源配置的纯技术效率呈现上升趋势，效率值提高了 0.045，提升幅度高于全国主要沿海港口纯技术效率平均提升幅度（0.039），体制机制与管理水平仍需进一步改革与完善。

表 6　2016 年和 2018 年沿海主要港口资源配置纯技术效率（VRS）

港口	所属港口群	2016 年	2018 年	平均值
威海港	环渤海	0.657	0.788	0.723
丹东港	环渤海	1.000	1.000	1.000
大连港	环渤海	0.771	0.723	0.747
营口港	环渤海	1.000	1.000	1.000

续表

港口	所属港口群	2016 年	2018 年	平均值
锦州港	环渤海	0.610	0.779	0.695
湛江港	西南	0.472	0.514	0.493
海口港	西南	0.680	0.793	0.737
北部湾港	**西南**	**0.329**	**0.374**	**0.352**
上海港	长三角	1.000	1.000	1.000
宁波港	长三角	0.707	0.754	0.731
连云港港	长三角	0.855	0.831	0.843
广州港	珠三角	1.000	1.000	1.000
平均值		0.757	0.796	0.777

（3）规模效率

规模效率表示在最大产出下，资源技术效率生产边界下的投入量比最优规模下的投入量，是在优化配置后产业结构对产出单元所产生作用的大小，可以由此衡量在投入导向下港口资源是否处于最优规模。由表 7 可知，2016 年和 2018 年北部湾港港口资源配置的规模效率提升幅度较大且比较稳定，且其 2018 年的规模效率处于平均值之上，高于上海港、宁波港、湛江港、海口港等。说明其投入导向下的港口资源在不断接近最优规模，产业结构通过资源的优化配置对港口产出所产生的作用愈来愈接近最大、最优化。

表 7　2016 年和 2018 年沿海主要港口资源配置规模效率（VRS）

港口	所属港口群	2016 年	2018 年	平均值
威海港	环渤海	0.974	0.848	0.911
丹东港	环渤海	0.960	0.774	0.867
大连港	环渤海	0.971	0.997	0.984
营口港	环渤海	1.000	0.986	0.993
锦州港	环渤海	0.981	0.888	0.935
湛江港	西南	0.996	0.967	0.982
海口港	西南	0.982	0.894	0.938

续表

港口	所属港口群	2016 年	2018 年	平均值
北部湾港	**西南**	**0.972**	**0.996**	**0.984**
上海港	长三角	0.735	0.759	0.747
宁波港	长三角	0.768	0.793	0.781
连云港港	长三角	1.000	0.986	0.993
广州港	珠三角	0.961	1.000	0.981
平均值		0.942	0.907	0.925

（二）港口—腹地竞合格局分析

从本质上来讲，港口和腹地的关系可理解为腹地是港口生存与发展的前提和基础；港口是腹地经济发展的重要引擎，是区域产业结构转型的重要推动器。腹地经济越发达，资源越丰富，外向型工业和物流、仓储等相关产业越先进，越会给港口提供大量的货源，对港口的发展、地位的提升等具有重要推动作用。① 价格、服务质量等影响成本的因素在不同程度上影响港口的竞争与合作，进而改变港口的相对竞争力；码头吞吐能力也是港口竞争国际集装箱中转量的重要因素；腹地城市交通运输条件对港口的竞争力也会造成一定影响，城市综合交通越发达就越有利于当地港口的发展。综合来看，港口—腹地的竞争与合作可以通过港口与城市之间的交通可达性和货物运价来进行测量。

基于此，结合相关港口理论与方法，本报告从交通可达性和货物运价方面，将北部湾港与广东沿海港口作为竞争西南腹地货源的主要港口。一方面，采用全国 2017 年道路交通网路并参照中国高速铁路网中长期（2030）规划图来测算可达性。另一方面，以港口与城市之间的运价为基础数据考察港口城市间的运价优势情况。若存在一城多个火车站的现象，则以更具货运

① 刘琳、尹凤：《港口对腹地城市经济增长的空间溢出效应研究》，《交通运输系统工程与信息》2020 年第 3 期；李振福、汤晓雯：《港口腹地划分的腹地烟羽模型研究》，《地理科学》2014 年第 10 期。

代表性的火车站为主，如广州北、广州西、广州站等，选择广州站。

1. 交通可达性

基于 GIS 网络分析技术的最短路径模型是交通可达性研究最常用、最便捷的方法之一，本报告采用平均最短通行时间对北部湾港及广东沿海港口地区的交通可达性进行评价。计算公式为：

$$A_i = (1/n)\sum_{j=1}^{n} T_{ij}$$

式中，A_i 表示最短通行时间的平均值，T_{ij} 为 i 点与 j 点之间最短路程所对应的最短时长，n 为节点数。

近年来，随着广西北部湾经济区的开放开发，其交通运输基础设施建设逐步完善，多式联运得到一定发展，以水运、铁路、公路等交通运输方式为主的北部湾港口物流交通集疏运体系也得到长足发展，基本实现了广西沿海港口与西南经济腹地的全面对接，货物运输量逐年增加。目前，以北部湾港为中心的 3 小时交通圈可覆盖广西其他城市及广东省的湛江市与茂名市，6 小时交通圈可覆盖广东省其他城市，8 小时交通圈可覆盖贵州省各城市，10 小时交通圈可覆盖四川省各城市及重庆市。基于高铁的主要功能为客运，与航运的货运功能相关性不高，此处交通可达性分析暂不考虑高铁的影响。

北部湾港已开通至川、渝、云、贵、甘等的 5 条常态化班列线路，其中重庆实现双向天天班，川、云实现双向周 4～6 班。正在测试开行桂北、陕西西安、云南塘子、贵州安龙等班列，不断扩大班列覆盖范围。2019 年，北部湾港集装箱海铁联运班列运行 2243 列，箱量达到 11 万标准箱，同比增长 94%，增幅位居全国沿海港口前列。北部湾港已与世界上百个国家（地区）250 余个港口通航，成为我国与东盟国家（地区）海上互联互通、开发合作的前沿。截至 2020 年末，开辟集装箱航线 52 条，其中外贸 28 条（远洋航线 2 条），内贸 24 条。已实现与我国香港地区和新加坡班轮运作常态化。

从图 30 可见，从广西北部湾经济区出发，货物运输 12 小时可至南宁、

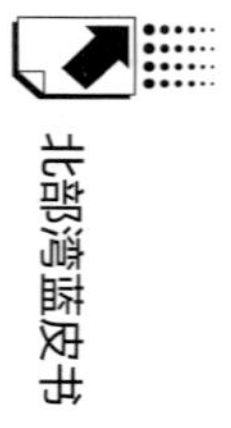

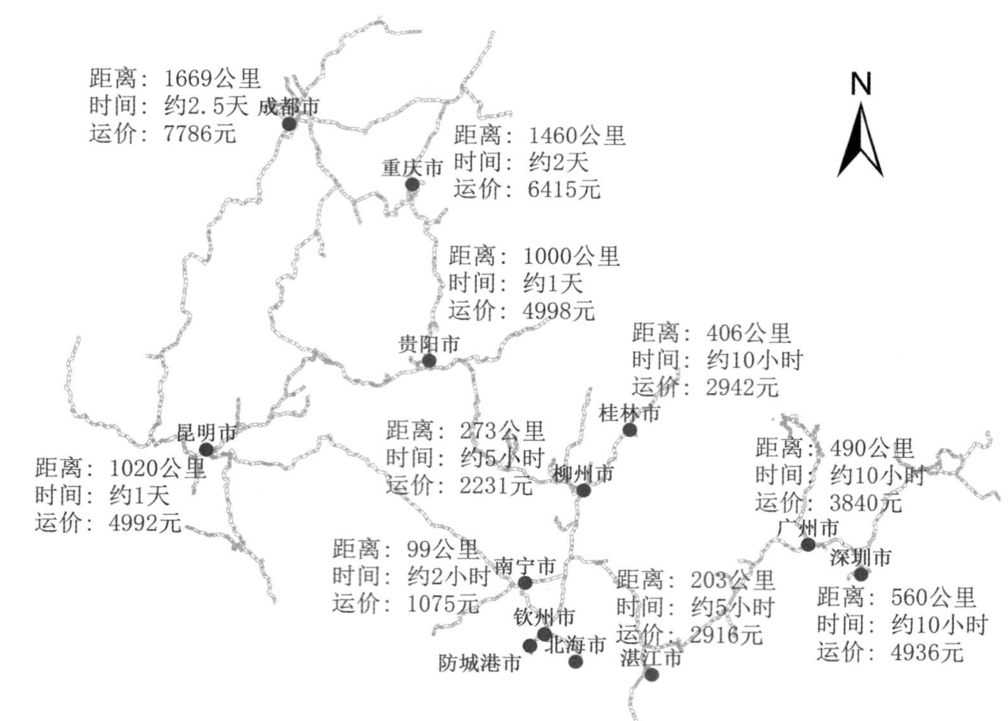

图 30　北部湾港腹地铁运距离、时间和运价分布

资料来源：《中国物流年鉴》、广西壮族自治区交通运输厅、中国铁路 95306 网、广西北部湾国际港务集团。

柳州、湛江、广州、深圳等地，1 天可至昆明、贵阳等地，2.5 天可至成都、重庆等地。北部湾港物流服务范围十分广阔，东接华南地区的同时也向北辐射至西南地区。在国内，拥有约 136 万平方公里经济腹地面积的北部湾港，经济增长稳定、货源充足。据资料统计，北部湾港的货源约有 57% 来自广西本地，其余 43% 来自西南五省（区、市）。因此向西南经济腹地拓展货源空间，对北部湾港的物流发展具有重要意义。从腹地资源来看，四川攀枝花拥有丰富的钒钛磁铁矿源，拥有全国 87% 和 94.3% 的钒、钛储量，同时攀枝花的钒、钛储量也位居世界前茅，且其出口对象主要为东盟。与周边湛江港、广州港等港口的交通可达性相比，北部湾港的优势主要集中在广西及西南其他地区，广东省港口的优势主要集中在省内及广西部分城市。

2. 运价体系

港口到各城市的运价受距离的影响较大，比较来看，北部湾港运价优势主要集中在广西及部分广东的城市（见图 31）。广东省沿海港口的运价优势集中在广东省内部，受距离影响较大。此外，北部湾港与湛江港相距不远，虽然二者距西南腹地的距离相差 150 ~ 300 公里，但由于湛江港建港时间长、设施完善、规模较大，在管理、技术、相关服务等方面具有明显优势，较突出的产业服务效应是其货源广且多的重要因素。北部湾港在上述方面的欠缺也是其竞争力不足的重要原因。同样，作为世界级核心枢纽港，广州港、深圳港以高度发达的物流业、庞大的城市经济体量、高度的国际化水平吸引了大量货源，形成了非常庞大的国际消费市场，广西本地货物及西南地区大部分货物由铁路转河路运至广东地区，在一定程度上造成了北部湾港货源的大量流失。

总体而言，北部湾港资源整合成效显著，自整合以来，港口基础设施日趋完善，码头能力大幅提升，港口货运规模显著增长，交通和运价的优势提升明显，促使海铁联运竞争力提升，在服务腹地经济发展中发挥了重要作用。但目前，北部湾港发展也面临交通网络建设速度滞后于经济发展的问题，例如现有的各种交通运输方式覆盖范围有限，不能很好地衔接起来。因此，还需进一步开发区内交通运输网络，扩大交通网络覆盖范围。同时，交通直达网络开发的滞后使北部湾港与多个地区的经贸往来受到制约，尤其限制了其与东盟十国的经贸往来，影响了北部湾城市群的发展格局。

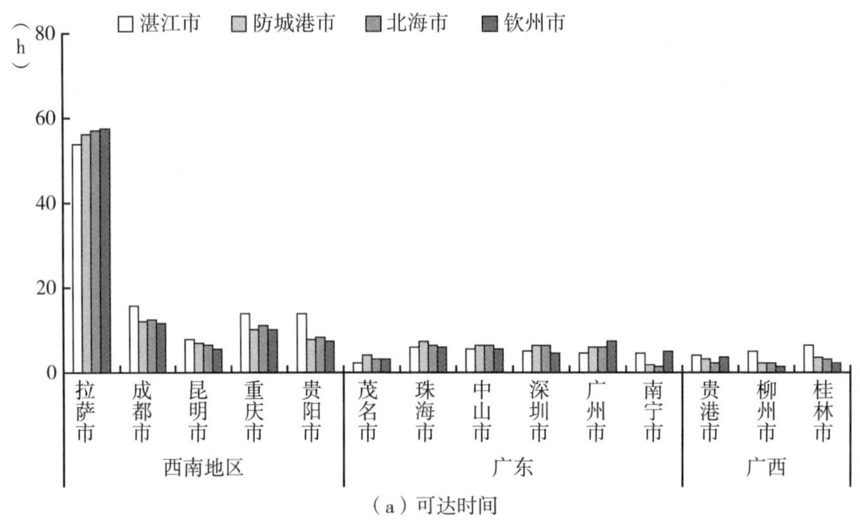

（a）可达时间

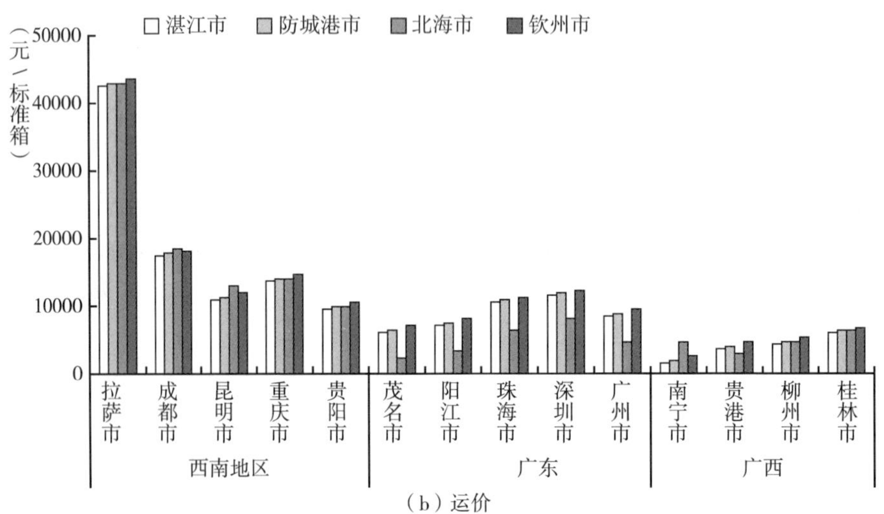

（b）运价

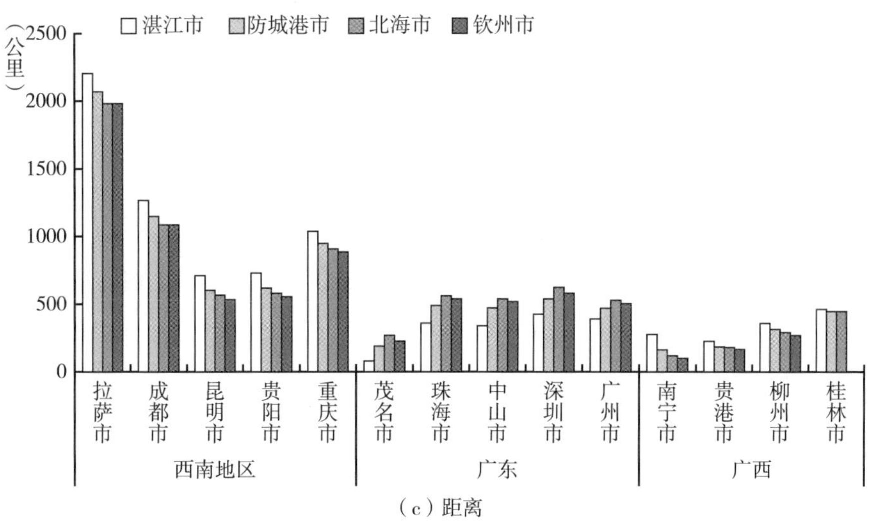

（c）距离

图 31　北钦防湛时间、运价、距离对比

资料来源：中华人民共和国交通运输部、中国铁路 95306、广西壮族自治区交通运输厅、广西北部湾国际港务集团。

（三）港产城耦合协调度分析

港产城是三个高度关联的复杂系统，任意系统的改变都会影响其他两个系统的发展，从该意义上讲，港产城的内在规律和客观特征的联动，也即一体化发展。港产城一体化是指在一定区域内，港产城分别作为依托、基础及核心，通过建立协调机制，科学配置区域资源，理顺三者的内在关系，将三者整合为利益共同体，从而增强其互补共生关系的一种发展模式。具体包括港口与临港产业一体化、港口与城市一体化、临港产业与城市一体化等。①

“以港促产，以港兴城，港以城兴，港城共荣”是当今世界港口城市转型的普遍规律，它既是港产城三者关系的变迁过程的反映，也对三者相互作

① 赵玉娟等：《时空耦合视角下港产城融合发展的策略研究——以陕西省西咸新区空港新城为例》，《城市发展研究》2019 年第 A1 期。

用的机理的揭示。[①] 本报告将广西北部湾区域港口—产业—城市看成一个结构复杂且具有明显相互作用的开放性系统，正确认识和处理三者关系是区域可持续发展的前提与基础。首先，构建港产城耦合协调评价体系，以全国11个主要沿海港口为对比样本，运用熵权法对不同地区三大系统的综合发展水平进行评价；其次，基于耦合协调度模型，从时空维度对各港口城市的港产城耦合协调演化关系进行比较分析，从而得出北部湾港区域的港产城协调水平。

1. 港产城耦合协调度分析

耦合是指两个及以上系统经各种相互作用而彼此影响的现象港产城，耦合协调度能有效测算系统间的协调程度。本报告借鉴已有研究[②]，构建港产城耦合协调评价体系（见表8），通过极差标准化消除数据由于变量间不同量纲所产生的影响，并运用熵值法对港产城各系统发展水平进行综合测度，最后结合耦合协调度模型探讨港口城市港产城的耦合协调机制。

$$C = 3[\mu_1 \times \mu_2 \times \mu_3/(\mu_1 + \mu_2 + \mu_3)^3]^{1/3}$$
$$T = a\mu_1 + b\mu_2 + c\mu_1, D = (C \times T)^{1/2}$$

式中，μ_1、μ_2 和 μ_3 分别表示港、产、城发展水平指数；C 为耦合度指数，该值越大说明两者作用越强，T 为三系统综合调和指数；a、b、c 为待定系数，一般均取1/3。D 为协调度指数（0≤D≤1），D 值越大说明双方发展越协调，反之则越失调。借鉴已有研究[③]，划分港产城的耦合协调等级（见表9）。

---

① 何丹、高鹏：《长江中游港口腹地演变及港口－腹地经济协调发展研究》，《地理科学》2016年第12期。

② 邵贞、战炤磊：《“港产城联动”的绩效评价与优化路径——基于耦合系统模型的分析》，《技术经济与管理研究》2018年第7期；王艳利：《烟台市“港产城”协调发展的评价研究》，硕士学位论文，浙江大学，2016。

③ 张国俊等：《中国三大城市群经济与环境协调度时空特征及影响因素》，《地理研究》2020年第2期；熊建新等：《洞庭湖区生态承载力系统耦合协调度时空分异》，《地理科学》2014年第9期。

表 8　港产城耦合协调评价指标

<table>
<tr><th></th><th>子系统</th><th>一级指标</th><th>二级指标</th><th>单位</th></tr>
<tr><td rowspan="10">港产城耦合系统</td><td rowspan="2">港口系统</td><td>港口规模</td><td>货物吞吐量</td><td>亿吨</td></tr>
<tr><td>港口结构</td><td>集装箱吞吐量</td><td>万标准箱</td></tr>
<tr><td rowspan="3">产业系统</td><td rowspan="2">产业规模</td><td>GDP</td><td>亿元</td></tr>
<tr><td>二产增加指数</td><td></td></tr>
<tr><td>产业结构</td><td>三产占比</td><td>%</td></tr>
<tr><td rowspan="5">城市系统</td><td rowspan="3">城镇规模</td><td>建成区面积</td><td>平方公里</td></tr>
<tr><td>常住人口</td><td>万人</td></tr>
<tr><td>城镇化率</td><td>%</td></tr>
<tr><td rowspan="2">经济实力</td><td>人均 GDP</td><td>元</td></tr>
<tr><td>城镇居民可支配收入</td><td>元</td></tr>
</table>

表 9　耦合协调评价等级划分

耦合协调度	耦合协调等级
[0 - 0.2)	严重失调
[0.2,0.4)	中度失调
[0.4,0.5)	基本协调
[0.5,0.8)	中度协调
[0.8,1]	高度协调

数据标准化处理：通过选用极差标准化方法处理原始数据，以消除指标量纲、数量级和指标性质差异的影响，进而解决不同指标的同质化问题。其中，正向指标标准化的公式为：

$$S_{ij} = (x_{ij} - x_{j\min})/(x_{j\max} - x_{j\min})$$

负向指标标准化的公式为：

$$S_{ij} = (x_{j\max} - x_{ij})/(x_{j\max} - x_{j\min})$$

式中，x_{ij}、$x_{ij\max}$、$x_{ij\min}$与S_{ij}分别为第i研究对象第j指标的原始值、最大值、最小值和标准化值。当指标与适应性成正比关系时，采用正向公式计算处理；当指标与适应性成反比关系时，采用负向公式计算处理。

权重确定：

$$x_{ij}' = x_{ij} + 0.01$$

$$P_{ij} = \frac{x_{ij}^{'}}{\sum_{i=1}^{n} x_{ij}^{'}} (i = 1,2,\cdots,n, j = 1,2,\cdots,m)$$

$$C_j = 1 - E_j$$

$$w_j = \frac{C_j}{\sum_{j=1}^{n} C_j} (1 \leqslant j \leqslant n)$$

$$B_j = \sum_{j=1}^{n} w_j P_{ij} (i = 1,2,\cdots,n)$$

由图 32 ~ 33 可知，全国沿海港口城市港产城系统发展具有较强的相似性，2013 年、2015 年和 2018 年港、产、城三大系统发展前 4 位均为上海、广州、宁波、大连。总体来看，北部湾港港口发展水平较产业及城市发展水平来说要好，属于港口驱动产业与城市发展的地区。2018 年，其港口系统在同规模的港口城市中，处于较高的发展水平，仅次于营口与连云港，高于另外两个西南港口湛江港与海口港；在产业系统发展中，北部湾港则低于海口港（第 5 位）与湛江港（第 6 位），与营口港的发展水平较为接近；在城市系统发展中，威海港与连云港港则处于第 5 位与第 6 位，而海口港略高于北部湾港，但北部湾港与海口港的差距总体在不断缩小。说明北部湾港港产城各要素相对发展水平均较为稳定。

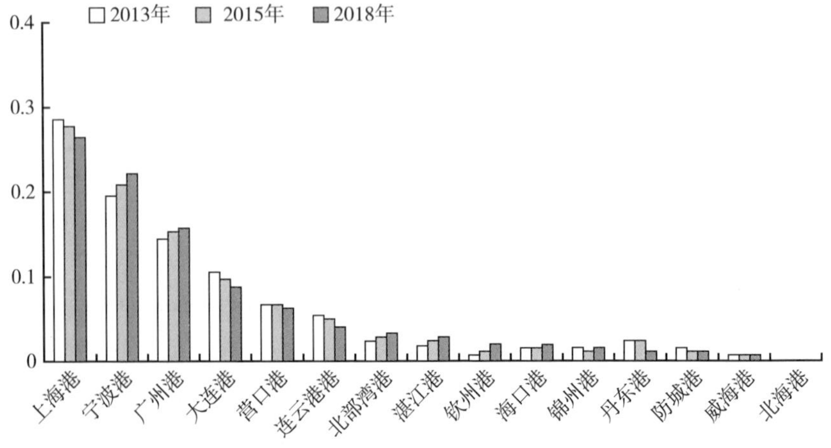

图 32　2013 年、2015 年和 2018 年全国主要沿海港口腹地港口系统发展指数

资料来源：笔者根据历年各地统计年鉴整理。

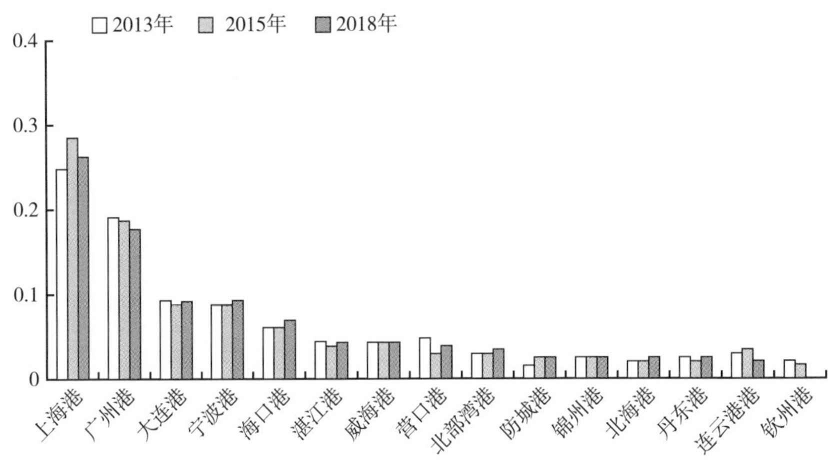

图 33　2013 年、2015 年和 2018 年全国主要沿海港口腹地产业系统发展指数

资料来源：笔者根据历年各地统计年鉴整理。

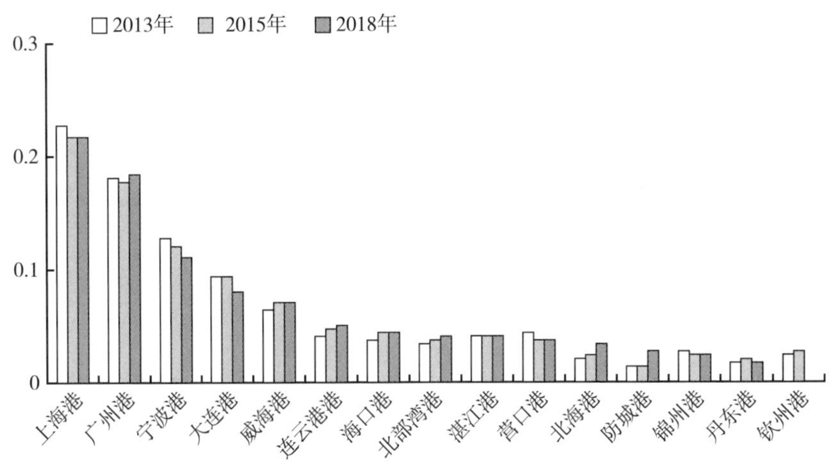

图 34　2013 年、2015 年和 2018 年全国主要沿海港口腹地城市系统发展指数

资料来源：笔者根据历年各地统计年鉴整理。

从港产城耦合协调情况来看（见表 10），2013 年、2015 年和 2018 年北部湾港的港产城耦合类型为高度耦合趋近于共振状态，但其协调水平较低，均值为 0.18，为严重失调，尽管港产城各系统间具有较强的相互作用，但各系统发展水平不高，具体表现为以港口经济驱动产业及城市发展的类型，而产业及城市目前的发展水平又未能充分支撑其港口系统的发展，港口系统对产业、城市的支撑作用同样未能充分发挥，导致三者严重失调。总体来看，北部湾港港产城耦合协调情况趋近于海口与湛江两市，但与上海、广州等发展水平较高的地区来说，其港产城各要素的发展仍需较大的调整力度，以实现各要素的全面协调发展。

表 10　2013 年、2015 年和 2018 年全国主要沿海港口城市港产城耦合协调情况

城市	2013 年			2015 年			2018 年		
	C	*D*	协调等级	*C*	*D*	协调等级	*C*	*D*	协调等级
上海	0.996	0.51	中度协调	0.993	0.51	中度协调	0.996	0.50	中度协调
广州	0.993	0.42	基本协调	0.996	0.42	基本协调	0.998	0.42	基本协调
宁波	0.950	0.36	中度失调	0.940	0.36	中度失调	0.927	0.36	中度失调
大连	0.998	0.31	中度失调	0.999	0.31	中度失调	0.998	0.30	中度失调
营口	0.982	0.23	中度失调	0.941	0.21	中度失调	0.969	0.21	中度失调
海口	0.867	0.18	严重失调	0.872	0.19	严重失调	0.873	0.20	中度失调
湛江	0.949	0.18	严重失调	0.975	0.18	严重失调	0.988	0.19	严重失调
北部湾港	0.994	0.17	严重失调	0.995	0.18	严重失调	0.997	0.19	严重失调
连云港	0.969	0.20	中度失调	0.994	0.21	中度失调	0.901	0.18	严重失调
威海	0.745	0.17	严重失调	0.716	0.17	严重失调	0.731	0.17	严重失调
锦州	0.966	0.15	严重失调	0.966	0.14	严重失调	0.984	0.15	严重失调
丹东	0.991	0.15	严重失调	0.992	0.15	严重失调	0.964	0.13	严重失调

资料来源：笔者根据历年各地统计年鉴整理。

2. 基于 DCI 的港城系统演化分析

近年来，广西沿海港口经济发展十分迅速，数据显示，三港一体化取得良好成效，港口和城市发展虽与上海港、广州港、宁波港和大连港等相比存在差距，但较同类型港口海口港、湛江港和丹东港等有所提升。然而，随着北部湾港发展进程的加快，出现了硬件结构不平衡、软件不协调、网络不通达等问题，均在不同程度上制约了北部湾港的发展。因此，本报告依据相关研究①，运用

① Jianke Guo, Yafeng Qin, Xiaofei Du, et al, "Dynamic Measurements and Mechanisms of Coastal Port-city Relationships based on the DCI Model: Empirical Evidence from China," *Cities* 96 (2020)；赵亚洲、覃凤练：《基于相对集中指数的北部湾港城关系发展研究》，《对外经贸》2020 年第 8 期。

DCI 模型对北部湾港的港城关系进行测算，以揭示其变化特征。

从整体上看（见图35～36），2010～2018 年北部湾港 DCI 值均低于1.25，说明北部湾港发展水平低于城市发展水平。从时序变化来看，除 2012 年外，2010～2015 年，北部湾港的 DCI 值变化幅度不大，DCI 值整体处于0.33～0.42，表明城市的发展水平明显超过港口。2016～2018 年 DCI 值突飞猛进，达到0.86，城市发展水平虽然依旧高于港口发展水平，但是港口发展水平已经得到了飞跃。仅对比分析北部湾港 2018 年和 2010 年的数据，可以看出其 DCI 值稍有提升。这表明近 10 年来，尽管其港口经济活动有明显的增幅，但从长远发展角度来看，由于缺乏长远的统一性战略规划，北部湾港的基础设施仍有待提高，港口规模较小，港口对区域经济发展的带动作用在一定程度上被忽视。另外，由于北部湾港仍停留在装卸、仓储、运输等基础功能方面，未能提高物流规划、物流产业布局和精细组织管理能力。与多式联运发展的有关部门合作不够，联动不足。① 依据海港城市港城空间系统演化理论，北部湾港港城空间系统目前处在第Ⅲ阶段，逐渐形成由钢铁、石化、能源等重化工业占据主导地位的产业格局，港城网络的发育仍处于初级水平，双向联系和功能互动尚未形成。②

（四）港口间协调性分析

港口的转型升级、新的增长点是各个港口在发展到一定阶段后所面临的问题，为降低受货种类型单一波动的影响程度，如何发展成区域综合性港口是大多数港口的重点规划内容。大港口以国际大港为目标，中小港口以大港口为目标，这种传统的、盲目的投资建设不利于资源的集约节约利用。北海港、钦州港、防城港由于地面距离和海面距离相对较近，地理位置接近，组成了西南地区海上贸易的便捷出口。

① 旭莲：《借鉴、创新：构建港城一体化物流体系——专访广西北部湾港务集团董事长叶时湘》，《中国远洋航务》2007 年第 12 期。

② 郭建科、韩增林：《中国海港城市“港－城空间系统”演化理论与实证》，《地理科学》2013 年第 11 期；罗芳、王中玉：《东北地区港口腹地空间演变研究——基于考虑港口支持度的 Huff 模型》，《物流科技》2020 年第 10 期。

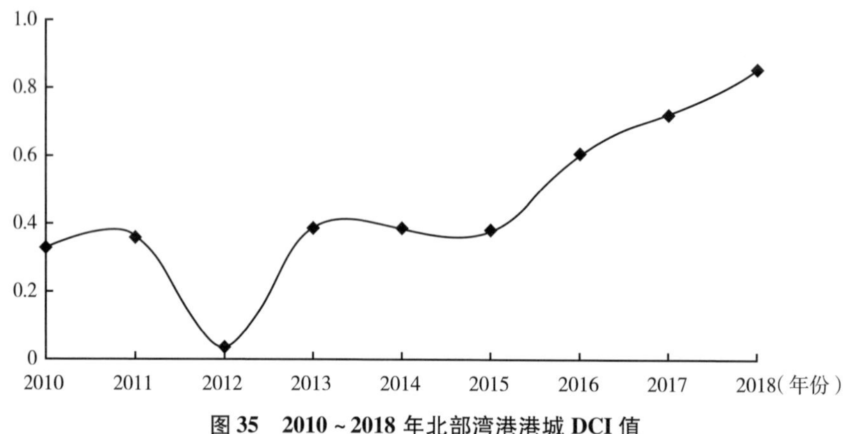

图 35　2010～2018 年北部湾港港城 DCI 值

资料来源：历年各地统计年鉴。

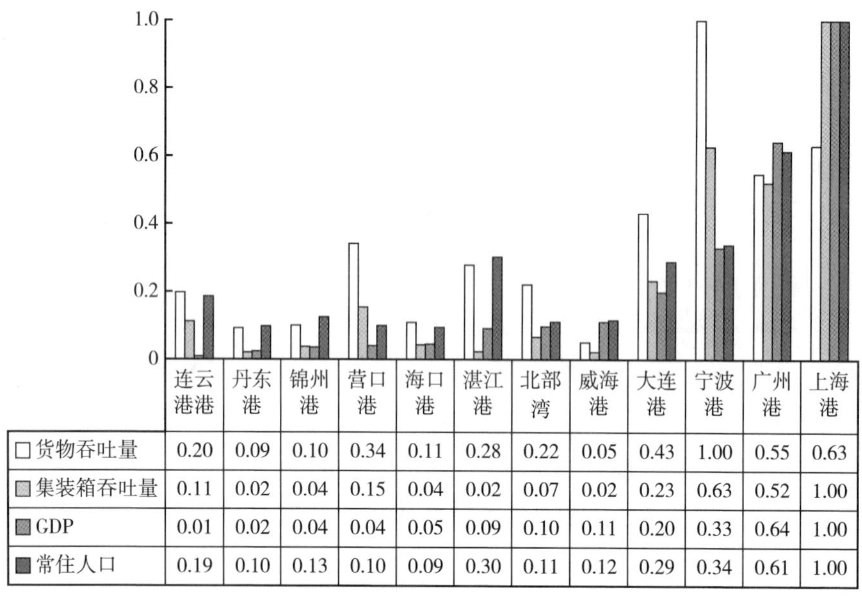

	连云港港	丹东港	锦州港	营口港	海口港	湛江港	北部湾	威海港	大连港	宁波港	广州港	上海港
□货物吞吐量	0.20	0.09	0.10	0.34	0.11	0.28	0.22	0.05	0.43	1.00	0.55	0.63
集装箱吞吐量	0.11	0.02	0.04	0.15	0.04	0.02	0.07	0.02	0.23	0.63	0.52	1.00
GDP	0.01	0.02	0.04	0.04	0.05	0.09	0.10	0.11	0.20	0.33	0.64	1.00
■常住人口	0.19	0.10	0.13	0.10	0.09	0.30	0.11	0.12	0.29	0.34	0.61	1.00

图 36　2018 年全国主要沿海港口港城指标

资料来源：历年《中华人民共和国国民经济和社会发展统计公报》《中国统计年鉴》。

1. 功能定位

北海港重点发展国际邮轮、商贸和清洁型物资运输（见表 11）。它是连接区内区外贸易的物流枢纽，具有综合性，因此具备重点发展 LNG、邮轮

等运输功能的潜力。2019 年，北海港货物吞吐量为 3496 万吨，其中外贸货物吞吐量为 1407 万吨，集装箱吞吐量为 38 万标准箱（见图 37）。

表 11　北钦防港口功能定位

港口	功能定位
北海港	重点发展 LNG、邮轮等运输功能，国际邮轮始发港和 LNG 接卸港
钦州港	重点承担石化、集装箱运输功能，国际集装箱干线港
防城港	重点承担大宗散货运输功能，大宗散货枢纽港

资料来源：笔者整理。

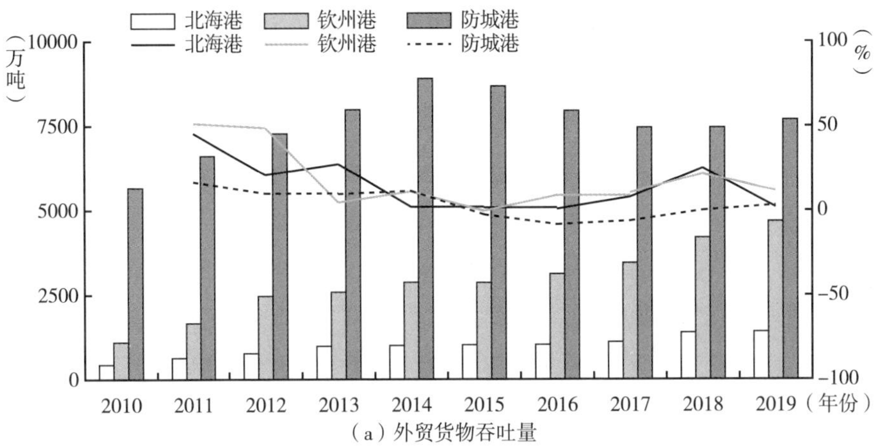

（a）外贸货物吞吐量

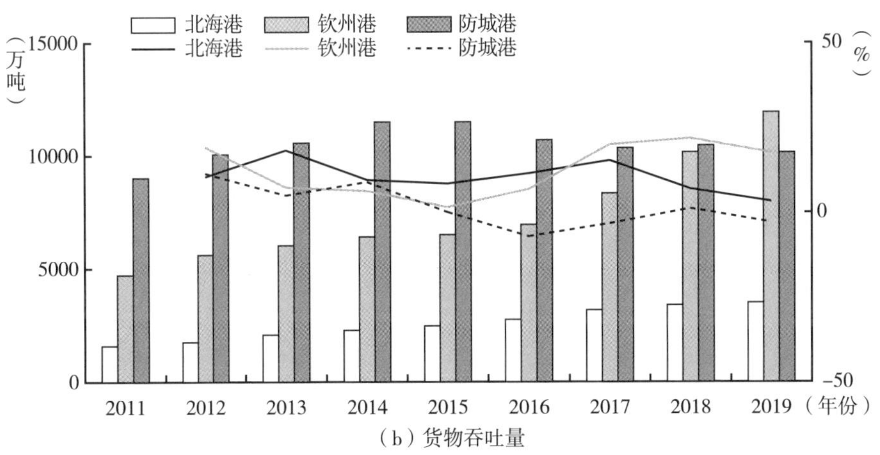

（b）货物吞吐量

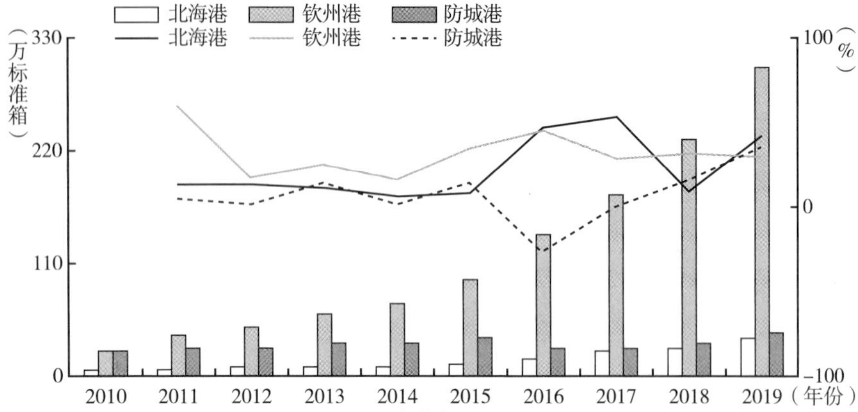

（c）集装箱吞吐量

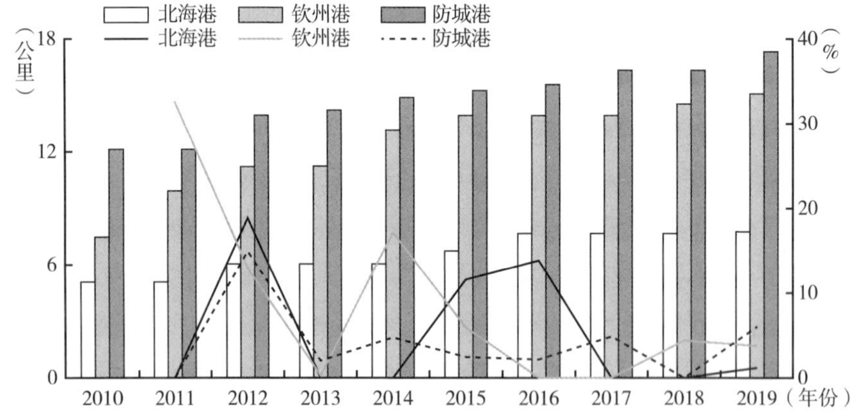

（d）码头长度

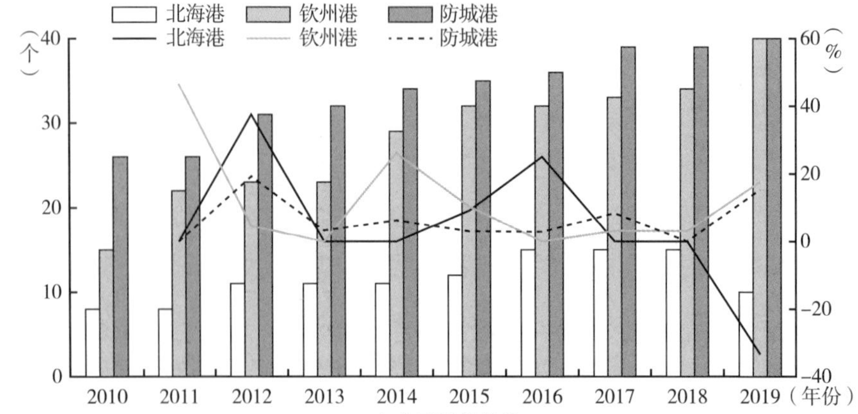

（e）万吨级泊位

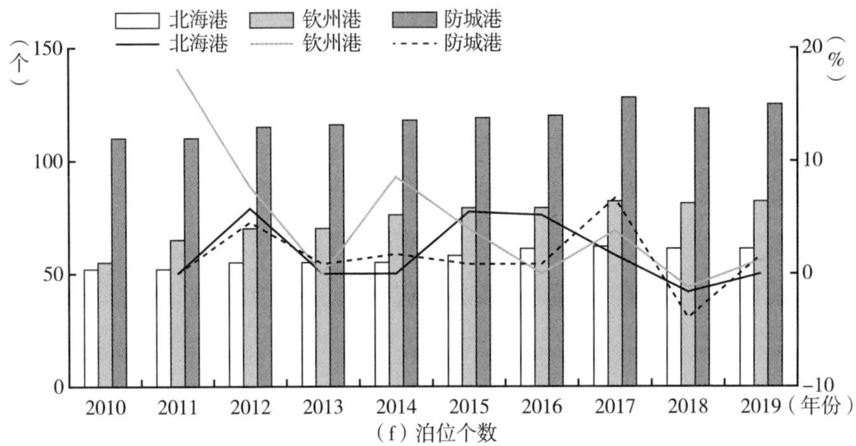

（f）泊位个数

图 37　2010～2019 年北海港、钦州港、防城港各指标比较

资料来源：历年《广西壮族自治区国民经济和社会发展统计公报》《广西统计年鉴》《中国港口年鉴》。

钦州港则重点承担石化、集装箱运输功能，发展为国际集装箱干线港。2019 年，钦州港已完成货物吞吐量 1.19 亿吨，集装箱吞吐量完成 302 万标准箱，两项指标都创下历史新高。

防城港是西部沿海地区最大的港口，装卸货物功能完整，定位为重点承担大宗散货运输功能，成为大宗散货枢纽港。2019 年，防城港货物吞吐量为 1.04 亿吨，集装箱吞吐量为 42 万标准箱。

港口之间的协调合作，是临港产业和城市竞争状态的体现。[①] 若每个港口都建设为综合性港口则必然会造成严重的港口同质化发展现象，导致投资扩建的收益与港口货源相矛盾的局面。[②]

2. 港口资源

北海港、钦州港、防城港是北部湾港三大主要具有天然良港条件的港口。从岸线资源来看，北海港域全港所辖海岸线东起英罗湾，西至大风江，岸线总长 500 多公里，其中陆岛岸线比为 14.6∶1，规划港口岸线约为 87 公

① 杨静蕾、李欣：《港口群内港口间协调发展评价》，《上海海事大学学报》2009 年第 3 期。

② 张浩：《辽宁沿海港口协调发展研究》，硕士学位论文，大连海事大学，2014。

里，其中深水岸线占82.76%；钦州港域规划码头岸线长86公里，其中深水岸线占62.79%；防城港港域规划港口岸线95公里，其中深水岸线占75.79%，已利用岸线仅占16.84%，其中已利用深水岸线为11公里。

从水深条件来看，北海港域位于广西南陲，平均水深约为20米，10米等深线以内的浅海、滩涂面积约为21万公顷；钦州港域三面环陆，海湾港汊众多，湾内的大陆架浅海坡度较小，水深为-20~0米，等深线基本平行于海岸线；防城港港域全市滩涂和浅海水域广阔，滩涂面积约为1.26万公顷，水深为-18米，-20~0米等深线间的浅海水域面积约为193公顷，其中，0~15米等深线间的水域面积为151公顷，15~20米等深线间的水域面积为4万公顷。

3. 基础设施

从港口设施来看，2019年末北海港域生产用码头泊位有61个，占整个北部湾港的22.8%，万吨级以上泊位有15个，仅占北部湾港万吨级以上泊位的16.0%；钦州港域有82个生产用码头泊位，占30.6%，万吨级以上泊位有34个，占北部湾港万吨级以上泊位的36.2%；防城港港域已建有生产用码头泊位125个，占46.6%，万吨级以上泊位有45个，占北部湾港万吨级以上泊位的47.9%。

从时序变化来看，2009~2019年北钦防三港分别增加了9个、30个、18个，钦州港域的生产用码头泊位数增加幅度最大。而万吨级以上的生产用码头泊位，北部湾港整体上增加了49个，其中北海港域由8个增加到15个、钦州港域由15个增加到35个、防城港港域由23个增加到45个，钦州港域的涨幅最大，防城港港域的生产用码头泊位数和万吨级以上的生产用码头泊位个数依然占据较大的比例。

4. 陆域空间

从陆域空间格局来看，2018年北海市行政面积为957平方公里，其中建成区82.38平方公里；钦州市行政面积为4767.20平方公里，其中建成区90.51平方公里；防城港全市行政面积为6238平方公里，其中建成区面积49平方公里，是北部湾海洋文化的重要发祥地之一。

5. 对外贸易

从与东盟的经贸联系来看，2015～2019 年东盟始终为防城港与钦州港的第一大贸易伙伴，其中防城港对东盟的贸易额均高于北海港与钦州港，且贸易额总体呈现平稳上涨的趋势；钦州港 2015～2019 年，对东盟的贸易额总体呈现明显下降趋势，从占贸易额的 43.1% 下降到 28.1%，2017 年呈现上升趋势，贸易额占比有所上升。北海港的第一贸易伙伴并非东盟，2015～2019 年北海港对东盟的贸易额平均占比仅为 11.48%（见图 38），与其第一大贸易伙伴巴西形成鲜明对比。

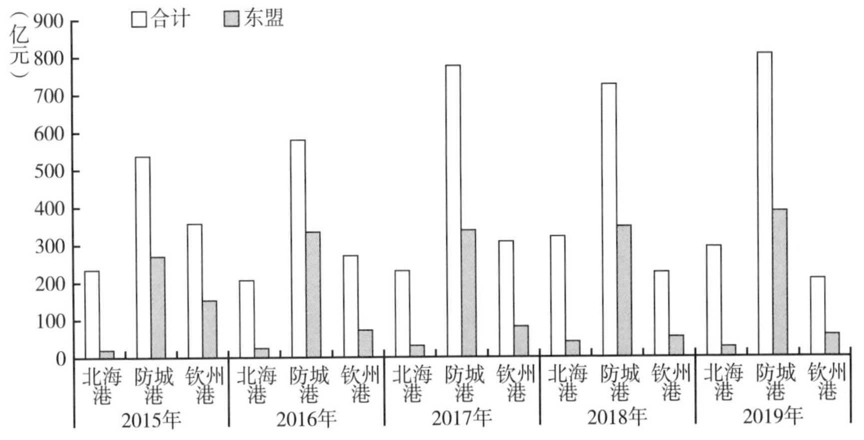

图 38　2015～2019 年北钦防对外贸易额

资料来源：历年《广西统计年鉴》。

6. 主导产业

目前，钦州市主要发展以乙烯及芳烃为主的石油化工、以高档纸板为主的林浆纸、以海洋装备为主的先进装备制造等产业。防城港则重点发展以中高端钢铁制品为主的冶金和以铝铜镍加工为主的有色金属精深加工、以核能为主的新能源、以大豆菜籽加工为主的粮油加工、以跨境产品深加工为主的加工贸易等产业。北海重点发展以不锈钢制品为主的新材料、以智能终端及新型显示为主的电子信息、以丙烯深加工为主的精细化工等高新技术产业（见表 12）。

表 12　北钦防主导产业

城市	主导产业
北海	以不锈钢制品为主的新材料、电子信息、精细化工等
钦州	石油化工、以高档纸板为主的林浆纸、以海洋装备为主的先进装备制造等
防城港	冶金及有色金属精深加工、新能源、粮油加工、加工贸易等

资料来源：笔者整理。

7. 资源配置效率

由表 13 可知，北海港域的资源投入要素浪费现象较低，综合技术效率总体比钦州港域与防城港港域高，同时北海港域的纯技术效率，即企业管理和技术等生产效率也比防城港与钦州高，说明北海相关制度运行的效率及管理水平是三港中最高的。三港域的规模效率均高于 0. 8，钦州港域的规模效率有所提高，而北海港域、防城港域则呈下降趋势，这主要归结于集装箱归集引起的规模效率的下降。

表 13　2016 年和 2018 年北钦防资源配置效率

	综合技术效率		纯技术效率		规模效率	
	2016 年	2018 年	2016 年	2018 年	2016 年	2018 年
北部湾港	0. 320	0. 373	0. 329	0. 374	0. 972	0. 996
北海港域	0. 604	0. 623	0. 625	0. 770	0. 966	0. 810
钦州港域	0. 239	0. 277	0. 248	0. 278	0. 965	0. 999
防城港港域	0. 384	0. 388	0. 385	0. 394	0. 998	0. 987

资料来源：历年《广西统计年鉴》。

8. 港产城协调

从各地区的港产城耦合协调水平来看，2013 年、2015 年和 2018 年除钦州港域外，北海港域和防城港港域的港产城耦合度指数（C）有所下降，钦州港域和防城港港域的港产城系统间的关联性较强，均达到 0. 90 以上；此外，虽然北钦防三港域的港产城协调度指数（D）均有所提高，但仍处于严重失调状态。表明北钦防的港产城未能形成较好的良性互动，各系统的相互

支撑作用未能充分发挥，反而相互制约。其中北海港域的耦合协调度相比钦州港域与防城港港域低，良性互动发展受到的制约影响较大。

表 14　2013 年、2015 年和 2018 年北钦防港产城耦合协调度

地区	2013 年			2015 年			2018 年		
	C	*D*	协调等级	*C*	*D*	协调等级	*C*	*D*	协调等级
北海港域	0.743	0.10	严重失调	0.721	0.11	严重失调	0.653	0.12	严重失调
钦州港域	0.924	0.12	严重失调	0.950	0.13	严重失调	0.997	0.13	严重失调
防城港港域	0.998	0.12	严重失调	0.965	0.12	严重失调	0.907	0.14	严重失调

资料来源：历年《广西统计年鉴》。

总的来看，钦州港域位于北部湾港较为中心的区域，与北部湾港其他港域的距离适中，目前无论是从整体实力、港口业务处理能力、港区设施，还是临港腹地经济发展来说，钦州港域都是较北海港域及防城港港域发展潜力更大的港域。在现有北部湾一体化的基础上，有效依托其余两个港域的支撑，明确港口内部分工，发展自身产业特色，互相配合，并形成新型竞合关系，将有利于充分发挥北钦防一体化的沿海区位优势，加快面向东盟的陆海新通道南向通道的构建，不断扩大与“一带一路”共建国家或地区乃至全球的经贸往来，形成广西经济高质量发展的新引擎，加快北部湾国际门户港的打造。

本报告分别从投出产出、港口—腹地竞合格局、港产城耦合协调度和港口间协调性四个方面来反映北部湾港口的资源配置效率。可以看出，北部湾港的资源配置效率有所提高，但与全国主要港口相比，仍有较大的进步空间，体制机制与管理水平仍需进一步改革与完善。具体如下。

2016~2018 年，北部湾港港口资源配置的综合技术效率、纯技术效率和规模效率整体呈上升趋势，但除规模效率趋向最优化外，其综合技术效率和纯技术效率与全国主要港口平均水平相比，仍存在较大的进步空间，说明北部湾港仍应加大要素的节约利用程度以提高资源利用效率，进一步改革与完善体制机制，提高管理水平。

总体而言，北部湾港资源整合成效显著，尽管港口基础设施不断完善，服务腹地经济的效益化不断增强，但北部湾港腹地的各种交通运输方式未能畅通连接等交通问题仍是制约其经济发展的最主要因素。因此，在建设完善其腹地交通网络的同时，北部湾港应提升与东盟十国港口的港口直达性，以更好地服务支撑经贸联系。

在港口发展中，北部湾港港产城各要素相对发展水平均处于较为稳定状态，而其港产城的高耦合低协调特征表明各系统的发展水平不高，各系统的相互支撑作用未能有效发挥。其中钦州港因其特殊的地理位置及较好的港口服务能力具有较大的发展潜力，未来可依托北海港和防城港的支撑，促进新型竞合关系的形成，以更好地打造北部湾国际门户港。

四　国内外港口资源优化配置经验借鉴

首先，本报告选取国内外港口资源整合的经典案例进行分析，其中包括美国纽约/新泽西港、日本东京湾港口群等国外港口的资源整合，长三角港口群、珠三角香港—深圳港等国内港口的资源整合。国外港口的资源整合实践表明，提高港口群经济集聚和产业派生能力的重要举措是港口资源整合，推动北部湾港港口资源整合刻不容缓。其次，在我国主要港口经营管理制度不断变革的背景下，本报告对沿海沿江的辽宁省、天津市、河北省、山东省、浙江省、江苏省、福建省、广东省、广西壮族自治区的港口资源整合现状进行了梳理，为探索如何有效引导北部湾港协同发展，从而提高北部湾港港口群的综合实力与整体竞争力，并在实现自身跨越式发展的同时促进其腹地经济优化，最终推动北部湾港协同发展提供经验借鉴。

（一）国外成功案例

1. 美国纽约/新泽西港的资源整合

纽约港与新泽西港隔哈德逊河相望，分属两州，两个港的港口设施分布在同一条海岸线上，临近的地理位置使得两港之间常因航道边界、货物运输等经济利益问题而矛盾不断。为解决上述问题，充分发挥两个港口的资源配

置作用，1921 年两州政府突破行政区划的限制，共同建立联合机构——纽约－新泽西港务局，后为纽约/新泽西港，管理两个港口。港务局主要行使建设与维护港口码头公共基础设施、港口扩建、两港信息系统的建设、保障港口安全、港口区域内的贸易发展等方面的管理职责，而港口的关键问题则由两个州政府决策解决。

整合建设纽约/新泽西港，不仅从本质上解决了两个港口之间的冲突问题，而且实现了两个港口共同经营、管理与建设，“因地制宜”细化两个港口区的分工与合作，实现优势互补，有效促进了港口资源的合理利用，提升了港口群的整体实力和港口竞争力。

2. 日本东京湾港口群的资源整合

日本东京湾港口群整合模式的成功，得益于遵循以下三项基本原则。一是上级协调，统一规划。日本国土交通省协调湾内各个港口的合作竞争，并不直接参与港口自身的生产经营活动，保持港口经营的独立性，管理权则下放。二是一致对外，提高港口整体效益。在交通省的协调下，东京湾内各港口合理定位，共同揽货，统一宣传，实行统一的费用收取规则。通过大力促进港口一体化进程，减缓内部竞争，同时提高对外的知名度。三是错位发展，分工明确。根据临港工业带的布局特征，将港口的发展定位与港口的工业相联系，避免港口间的无序混乱竞争。东京作为日本的政治、经济和文化中心，东京港承担城市物资和主要工业材料的运输。千叶工业以钢铁、食品、炼油为主，钢铁工业占比较大，千叶港主要进口液化天然气、石油、矿产资源，出口船舶、汽车和钢铁等。横滨和川崎主要承担湾区集装箱集散和临港工业所需原油、铁矿石等工业原料的运输，出口工业制成品。

（二）国内成功案例

1. 长三角港口群的资源整合

上海组合港成立至今，采取了多种措施促进了长三角的港口资源整合，实现了港口一体化进程。例如，加强与港口港务局之间的沟通；加强港口企业间的资本运营和经营；在港口深水化、国际集装箱运输的船舶大型化背景下，解决上海港口航道的深度问题；推行“长江战略”，与江苏南通港、南京港，江西九江港，安徽芜湖港，湖南长沙港，湖北武汉港和重庆港等主要口岸的资本或商业合作。

上海组合港管理委员会的成立虽然在一定程度上促进了长三角港口群的协调统一发展，同时受行政区划、单一行政方式和地方保护主义等客观因素的限制，其作用主要局限于信息交流及课题研究，在实质经济利益协调方面没有得到充分的应用。港口群内部关系也没有得到充分的发挥，刚性竞争将存在很长一段时间，合作深度和广度还需要提升，单靠政府命令协调机制很难实现统一管理，协同开发也很难推进。

2. 珠三角香港—深圳港的资源整合

珠三角是我国对外开放最发达的地区，其中香港港与深圳港是主要的枢纽港，两港资源共享，船舶往来频繁，优势差异互补，共同维护香港国际航运中心地位。

香港货运码头最大的优点是：它拥有自然深水港，实行国际自由港开放政策，国际航运往来频繁，码头货运管理水平先进高效，第九码头正式启用，大大弥补了香港国际集装箱货运码头的缺陷。其劣势主要是港口土地使用资源短缺，劳动力使用成本较高，资源和环境限制较大，港口工程以长期填海造陆为主，港口工程投资大、造价高。因此，香港港作为一个国际航运服务中心，具有定位时间敏感、价值较高的国际高端货运的运输能力，着重开发国际航运中心的多种高端货运业务。

深圳港距离香港港较近，且两者定位不同。深圳港的相对优势是：地处内陆，拥有更多的土地和岸线资源及充足的资金支持，拥有较为完善的港口基础设施和优良的水深条件，还可依托香港在经济、贸易、金融、航运等方面的优势。因此深圳港定位与香港港差异互补，着力建成全国集装箱运输干线港，发展深水码头，在东部重点建设大型专业性集装箱码头，与香港港既有良性竞争又分工合作、共同发展，促进了珠三角区域发展。

3. 省域内港口的资源整合

自新中国成立以来，我国已对主要港口的经营管理制度进行多次重大改革，呈现现行中央部门管理逐步退出、逐渐市场化以及逐步对外开放三大特点。

2017 年，山东省政府调研、商讨山东沿海港口资源整合。2018 年，山东渤海湾港口集团成立，首次进行山东省港口资源整合，重点包括东营、潍坊、滨州三市港口的整合。并推进青岛港集团吸收合并威海港集团，重组新建烟台港、青岛港、日照港和渤海湾港口四大港口集团；将省级出资人山东高速集团、齐鲁交通发展集团、兖矿集团、山东能源集团联合出资的 100 亿元现金，连同山东高速集团出资渤海湾港口集团的 69 亿元现金和资产作为省级出资，共计 169 亿元，完成省级港口集团的组建。山东省港口集团自成立以来，承担全省港口规划、投资、建设、运营、安全管理等主体职责。省内多条集装箱航线、海铁联运班列相继开通，一体化发展优势凸显。该集团在省内各区域和新疆设立陆港，加速形成“东西双向互济、陆海内外联动”格局。

浙江省宁波港及舟山港皆独立经营。宁波港主要由宁波港集团经营；而舟山港主要是货主码头，舟山港集团及其控股的舟港股份货物吞吐量仅占舟山港域的 15%。2015 年，浙江省国资委组建成立了浙江省海港投资运营集团，成为国内第一家集约化统筹管理全省港口资产的省属国有企业，接着宁波港集团与舟山港集团完成合并，宁波港集团有限公司名称变更为宁波舟山港集团有限公司。2016 年，根据浙江省委、省政府的管理部署，浙江省海港集团与宁波舟山港集团按“两块牌子、一套机构”进行运作，是全省海洋港口资源利用与管理建设投融资的主平台。该集团相继完成了省内沿海五港和义乌陆港以及有关内河港口的整合，逐渐形成了以宁波舟山港为主体，以浙东南沿海温州、台州两港和浙北环杭州湾嘉兴港等为两翼，联动发展义乌陆港和其他内河港口的“一体两翼多联”的港口发展新格局。浙江全省港口一体化整合，促进了港口资源合理利用，2017 年交通部曾下发《关于学习借鉴浙江经验推进区域港口一体化改革的通知》，要求全国拥有港口资源的省份学习浙江经验，整合港口资源。

江苏省的港口情况与大部分沿海省份有所差异：江苏省主要是沿江的内河港口，大型海港仅有连云港港；江苏各地区港口资源比较分散，经营主体众多，大部分地区国有港口集团货物吞吐量占比不足一半；大部分地区国有港口集团股权结构比较复杂，并不是当地国资委全资持股。2017 年江苏港口集团挂牌成立，认缴注册资本 283.21 亿元。江苏省港口集团有限公司是经江苏省委、省政府批准成立的省属大型国有企业，由江苏省和连云港、南京、苏州、南通、镇江、常州、泰州、扬州 8 市地方国有涉港资产共同出资，并整合省属 3 家航运企业组建而成。江苏港口集团挂牌成立后，开始推进相关港口资产的进一步整合，完成了南京港集团、苏州港集团、镇江港集团、扬州港集团、常州港集团等部分省内港口及航运资产的整合。目前江苏港口资产整合仍在推进，尚未完成南通港集团及连云港集团的股权整合。

福建省有 6 个沿海港口，港口经营主体众多带来了诸多问题，如岸线分割，不利于资源的有效配置和利用；无法形成规模化经营，降低运营成本；单个主体力量薄弱，开拓市场和与船东议价的能力较弱；为了争夺市场互相压价，激烈竞争。2008 年成立了福建省交通运输集团，2010 年完成将漳州港在行政管理上并入厦门港，2011 年完成将宁德港在行政管理上并入福州港，2012 年将莆田港、泉州港在行政管理上合并为湄洲湾港，2013 年完成厦门市集装箱码头整合等。福建省国资委下属的福建省交通运输集团及厦门市国资委下属的厦门港务控股集团的体量遥遥领先其他港口集团。除了国有港口集团，福建省内还有招商局集团、中远海运集团等央企以及众多民营企业从事港口经营。2019 年初，中共福建省委、福建省人民政府印发了《关于进一步深化改革扩大开放的若干措施》，明确表示将积极推进港口运营管理体制机制的改革创新和港口资源优化配置，2019 年底前初步实现全省港口运营企业管理一体化。不过目前福建省港口整合尚未有省级层面的实质性进展。

广东省港口众多，同时广东省港口经营主体众多，仅看深圳港，就涉及国企、央企及港资的集团，因此广东省港口整合有一定难度。2012 年，广东就曾提出整合珠三角港口群资源的构想。2017 年，广东省提出将以广州港、深圳港为龙头，优化全省港口资源配置，强化港口集疏运体系建设，打造两大世界级枢纽港区。2018 年，广东省交通运输厅表示，已形成《广东省港口资源整合方案》（稿），提出以广州港集团、深圳港口集团为两大主体，分区域整合沿海 14 市及佛山市范围内的省属、市属国有港口资产。目前广东省港口整合尚未有省级层面的实质性进展。

广西壮族自治区主要有 3 个沿海城市，防城、钦州和北海，3 个城市均有自己的港口。防城港、钦州港、北海港三大港口地域相近，干线相同，腹地叠加，整合前三港之间竞争激烈，为了争夺货源，出现打价格战等情况。2007 年，广西对防城港务集团有限公司、钦州市港口（集团）有限责任公司、北海市北海港股份有限公司和广西沿海铁路股份有限公司的国有产权进行重组整合，成立了广西北部湾国际港务集团有限公司，为自治区直属国有独资企业。2009 年，交通运输部发布公告，广西防城港、钦州港、北海港实施整合，统一使用“广西北部湾港”名称。自港内股份整合之后，2016 年北钦防三港实现了广西北部湾港的统一规划、统一建设、统一经营。在完成整合和核心资产整体上市后，形成以防城港为主的大宗散货运输体系，辅助发展集装箱运输体系；以钦州港为主的集装箱运输体系和石油化工运输体系；以北海港为中心的国际邮轮旅客运输体系、商贸和清洁型物资运输体系。

五　北部湾港港口资源配置存在的主要问题

（一）基础设施建设存在缺口，综合配套不足

第一，港口能力总体适应，但码头存在结构性矛盾。大型专业化泊位总体偏少，20 万吨级以上泊位比重仅为 2%，部分港区仍处于超负荷运营状态，临港土地紧张问题限制了码头后方堆存和综合通过能力，导致深水岸线的天然优势无法充分发挥，并且随着北部湾港的快速发展，港口资源成为主要的制约因素之一。腹地黔桂、焦柳、南昆、益湛等跨省铁路能力利用率基本在 90% 以上，但由于缺乏较为完善的交通运输网络，公、铁、水、航空

多种运输方式衔接不畅，面向西南、中南的铁路通道能力紧张，区域间交通联系不畅通，一体化运输的服务能力与服务质量亟待提高。先进的技术在运输中的应用范围小，北部湾港港口集疏运通道的“最后一公里”瓶颈仍未突破，其作为西南、中南地区出海大通道的作用没有体现。

第二，港口及其集疏运体系等基础设施建设决定了陆海新通道的承载能力。北部湾港港口基础设施建设仍存在明显缺口。码头泊位吞吐能力、专业化及现代化水平等和东部沿海地区存在较大差距，区域性交通设施及运输服务基础薄弱，对港航物流支撑不足。尚未形成综合通道，不同运输方式衔接不畅，“最后一公里”瓶颈仍然存在，以盛隆钢铁为例，存在大型临港产业集疏运体系不畅和基础配套不匹配等现象。码头后方陆域建设及产业园区空间受限。集疏运方式单一，未能充分利用水水/水陆换装优势，与粤港澳及西南地区等内外联系仍有瓶颈。尽管目前北部湾港货物吞吐量、集装箱吞吐量处于“飞跃式”增长阶段，但相比其他国内国际枢纽港仍存在较大差距。路网不完善，运输方式单一是导致货源不足、企业“吃不饱”的最主要因素之一，诸如来自广东出海口的竞争、云南泛亚铁路的竞争及以越南为主的东南亚港口的竞争，在客观上造成了北部湾港货源的严重流失。①

第三，物流配套功能不齐全，集疏运方式单一。尽管北部湾港近年来物流发展较快、辐射范围逐步扩大，但完善的铁路网及相配套的服务设施未建成，物流配套功能较为单一，集疏运方式多样性欠缺，一体化运输的服务质量和智能化短板明显，导致整个北部湾港与粤港澳及西南等地区对内对外的交通联系不便。如海铁联运等多式联运发展的特色优势发展缓慢或未能充分发挥，货物进出口二次拆箱现象普遍，供集装箱运转的站点缺乏，导致港口装拆箱能力偏低，铁路箱和海运箱换装不便，制约了箱源、货源的有效对接。②

---

① 李崇蓉：《广西北部湾港集装箱运输发展研究》，《创新》2016 年第 4 期；熊艺媛：《广西北部湾港发展 SWOT 分析》，《港口科技》2020 年第 3 期。

② 崔忠亮：《北部湾港：我国西部最大港口一体化发展成效与问题》，《对外经贸实务》2016 年第 9 期。

（二）三港整合的体制机制有待深化

第一，港口管理体制机制有利于互联互通效能提升。从全国范围看，北部湾港的整合是比较成功的案例，率先在全国成立省级港口集团，推动港口资源整合。特别是在集装箱规模偏小的情况下，及时采取了航线归集的模式，有利于整合资源，培育增长极。因此，航线归集是北部湾港在特定发展阶段的必然选择，同样也应随着港口壮大而不断升级完善。当前，北部湾港集装箱吞吐量已突破500万标准箱，继续保持较快增长势头。现有钦州港港航承载力已经无法满足发展需求。与此同时，北海港、防城港的部分港口优势发挥受限，不利于三城优势互补。

第二，航线归集有待进一步升级。北部湾港集装箱远洋班轮航线不足，面向全球的航运网络稀疏。港口与腹地的松散联系客观上造成北部湾港货少、航线少、货源结构单一和港口功能单一。在集装箱向钦州港域归集的过程中忽略了北海港与防城港两地原有市场因素，不仅导致物流成本变相提高、本地企业倒闭或流失、原已开拓的市场逐渐消失以及货源向外流失，也造成港口发展分化，无法充分发挥各市的临港优势，港口发展的不平衡或将导致北部湾港整体经营实力下降，在无形中阻碍了整体物流发展与产业集聚态势，更制约了北海和防城两港域港产城的深度融合和一体化进程。①

（三）港口资源配置需要更高层面的顶层设计

第一，对融入粤港澳大湾区重视不够，缺乏具体措施。北部湾港作为服务“三南”（西南、华南和中南）、沟通东中西、面向东南亚、连接多区域的重要通道、交流桥梁和合作平台，在与珠三角地区的竞争与合作过程中，没有充分发挥在资金、人才引入、产业转移、融入国际经济体系等

① 刘哲：《我国北部湾港口的“港—腹”经济协调发展研究》，硕士学位论文，广西大学，2018。

方面的后发优势，以对接珠三角的产业溢出，形成自身的特色物流与特色产业。也就是说新常态下，尚缺乏与整个粤港澳大湾区发展相融合的相关规划。①

第二，产业同质化制约新型竞合关系构建。北钦防工业重点不突出，产业的高度同质化影响新型竞合关系的构建。产业的高度同质化直接导致市场竞争愈演愈烈。同时，各市园区产业的发展方向和定位模糊导致园区内基础与生产设施的重复建设，资源配置与利用率低下的问题突出，经济区的综合竞争能力被削弱，严重限制了整体发展水平及开发潜力。

第三，临港产业结构性矛盾突出。目前北部湾三个港口城市共同面临的问题是：三市总体经济实力不强，工业化、城镇化正处于发展阶段，成熟工业体系较少，高新技术产业规模小，产业集聚度不够；北部湾港码头基础设施建设与临港产业发展的要求不适配，企业需求与码头设施错位，“企业等码头”现象突出。②

第四，港口与腹地产业的联动性有待提高。北部湾各港口所属地市并未基于资源整合背景，从区域整体出发，明确经济腹地内产业的定位。区域内城市间缺乏凝聚力，一体化进程的推进进度缓慢，新型竞合关系并未建立，北部湾各地市的合作仍然没有建立以相关产业为基础、以临港产业为依托、以涉海产业为突破口的发展模式，更没有通过产业互补培育出具有比较优势的产业。与此同时，各港口的经营模式仍然为粗放式，航运服务产业链延伸不够，与经济腹地的有效合作与联系不够紧密。

（四）港航服务水平较低，临港产业集聚不够

第一，港口功能及航运服务水平是国际门户港的核心竞争力，北部湾港港航服务水平仍有待进一步提升。在口岸硬件环境大幅改善，整体

---

① 谭纵波：《区域视角下的战略规划——开展〈广西北部湾经济区发展规划研究〉的几点体会》，《城市规划学刊》2009 年第 2 期。

② 朱念：《面向云贵川湘的北部湾港口发展探析》，《广西经济管理干部学院学报》2014 年第 3 期。

通关效率大幅提升的同时，仍然经常存在大批进港船只超长时间排队等候、进出港衔接不畅、航道拥堵等问题。反映出口岸通关软环境建设仍存在薄弱环节，服务水平有待提升。跨境电商、金融保险等高端航运服务发育欠缺。

第二，物流信息平台利用率低，数据共享碎片化。北部湾港虽建有信息交流平台，但由于宣传与推广不足，船东、货主、代理、贸易商等获取、提交相关资料的方式仍较为传统。海关、企业数据系统不同，造成信息共享呈现碎片化、海量商业数据零散化状态，船、货、车、港运输系统未能高效匹配，供需双方相互寻找费时费力，变相增加了成本。港口现有的数据库无法为客户的供应链提供附加价值，造成资源浪费及成本增加。①

第三，港航配套服务及临港产业集聚是稳定港口与腹地联系、增强港口及其城市吸引力的核心内容，也是港口实现可持续发展的重要保证。北钦防三市港口经营粗放，航运服务不到位，与经济腹地的合作联系不够紧密。产业重点不突出，各园区存在产业趋同、定位模糊、资源配置效率低下的问题，削弱了北部湾的综合竞争力，制约了整体优势的发挥。区内企业规模小，资本存量水平低，竞争力弱，难以形成带动作用，融资渠道单一，招商引资能力有待加强。

（五）港产城系统发育不足，空间融合不够

当前，我国正形成以国内大循环为主体、国内国际双循环相互促进的新发展格局。广西及北部湾与其他沿海地区相比，仍存在明显的梯度差距。北部湾在现代港口功能演化、产业更替、城市化等方面仍处于大规模的集聚阶段，港产城系统还在进一步发育，港口空间拓展、新型产业空间塑造和城市空间成长较快，但港产城系统协调性不足，尤其是从三城一体化发展的角度看，空间冲突和矛盾比较明显，粗放式空间生产带来的隐忧

① 李民梁、张玉强、虞霖田：《协同视角下北部湾城市群发展问题及路径选择》，《海南热带海洋学院学报》2019 年第 6 期；崔忠亮：《北部湾港：我国西部最大港口一体化发展成效与问题》，《对外经贸实务》2016 年第 9 期。

仍在逐步累积。

第一，三市对于北钦防一体化发展的认识不够，产业化、城市化与港口一体化发展不同步，导致港口整合效能大打折扣。具体来看，三市产业结构趋同，尚未形成产业链分工协作机制和错位发展格局。基础设施联通不畅。市际交通存在不少断点，港口集疏运体系不完善，产业园区发展的基础配套差异较大，区域一体化运输服务质量不高。

第二，现有港产城系统中产业的地位被弱化，市际协调机制不完善，三市互补优势发挥不足。就港口城市而言，港口是重要支撑与核心要素，产业是发展要务与主要抓手，城市是空间载体，三者都应该建立在一体化之上的“北部湾港产城系统”。因此，强调钦州作为核心城市的突出地位，有利于壮大核心增长极。但核心城市的发展壮大仍然要让位于北部湾整体的产业集聚，只有三市优势互补，才能实现北部湾区域利益最大化。

第三，开放平台功能未能充分利用，缺乏共建共享有效机制，部分平台建设推进缓慢。总体来看，区域发展的资源要素支撑不够，流动要素吸引力不足，公共资源配置亟须优化。

（六）港口开发建设的生态环境压力大

近年来，粗放式的港口经济发展对北部湾港周围的生态环境造成了不同程度的损害，一些可供港口开发利用的海洋空间也遭到了人为的破坏，如围海造田、填海造地等现象，且面积增加过快。① 另外，由于红树林保护区的自然恢复，入侵物种互花米草泛滥式蔓延，加剧了岸线资源开发利用和生态系统的治理难度，造成北部湾港在开发过程中未能充分平衡环境保护和治理。从生态系统的脆弱性和重要性、岸线资源的稀缺角度出发，北部湾港开发建设面临的生态环境压力较大，并在很大程度上延缓了港口可持续发展的进程。

---

① 毛蒋兴等：《广西北部湾海岸带开发利用与生态格局构建》，《规划师》2019 年第 7 期。

六　未来港口资源配置优化途径与对策建议

（一）创新体制机制，构建新型协同竞合关系

1. 完善市级政府间的协调机制

要提高内部协调性，必须从北海港、钦州港及防城港所在城市的根本利益出发，在主体平等的基础上，一方面，建立用于港区内部解决矛盾和纠纷的协调机构；另一方面，建立市际协调委员会，固定办公并提供经费支持，明确职能，定期召开会议，增强地方政府间的合作交流，树立大局意识、长远合作意识，协调地区利益矛盾。分别从区级协调、市级协调、职能部门协调三个层级的协调机构出发，建立导向—主线—落实三步走战略，以进一步完善市级政府间的协调机制，破除狭隘的地方保护主义思想，充分发挥各级协调组织的功能与作用，规避盲目争项目、抢资源等现象。提高政府服务效率，强化服务继承，建设集高效化和集装化于一体的“一窗式”综合服务区，促进“一窗办多事”政务服务环境的形成。①

2. 加快区域内综合管理体制改革

政治体制等是支持行政管理体制改革的中坚力量。以科学为目标，建立健全广西北部湾区域行政决策机制、协调机制、行政监督机制。转变政府管理职能，解放思想，转变单纯依靠政府管理的意识，构建服务型政府。在此基础上，充分调动社会公众的积极性，积极发挥公众参与的优势和作用，引导、鼓励公众参与区域管理实务。利用好公众的社会资源优势，形成公众参与、专家论证、政府决定相结合，集开放、公正、合理于一体的行政管理体制机制，更好地解决区域内的矛盾和纠纷。

① 姚远：《北部湾海陆一体化下的政府协调机制研究》，硕士学位论文，广东海洋大学，2012；梁琪青、郑燕：《北部湾港口行政资源整合“破题”》，《珠江水运》2016 年第 8 期；武付华：《大部制视域下广西北部湾行政体制改革问题研究》，《西部学刊》2015 第 1 期。

3. 推动区域内法律政策出台与细化

目前，有关北部湾港区域协调发展的法规条文不多，比较细化的法律和政策更是少之又少，未能从根本上保证国家政策的落实，缺乏整体性和科学性。应结合广西北部湾港的发展现状和北钦防三市的实际情况，基于宏观法规和管理条文，综合考虑各要素与对内对外联系的基本原则，因地制宜地建立健全法律体系。以法规推进和保障区域协调发展，依靠法律来解决区域内的纠纷和矛盾，依据法律来制约随意性行政行为，推进北钦防一体化发展立法工作、一体化发展条例制定，建立包括自治区、经济区的跨市及各地方的立法研究和立法协调机制，明确分工，实现互利共赢，在减缓内部竞争的同时提高对外知名度，为推动北钦防一体化高质量发展提供强有力的法制保障。

4. 营造与国际接轨的政策环境

随着北部湾港上升为国际门户港，其地区行政体制改革的进程将进一步加快。地方政府应树立国际区域发展公共服务理念，借鉴国内外已有的成功经验，实现信息共享化。以自由贸易区为重点，下放自由贸易区政策条件到北钦防三港域，对标国际，调整管理方式，增强北钦防三港域的互补优势，实现三港域共赢、共同开发，提高三港域乃至整个北部湾经济区港口的合作深度和广度，提升整体竞争能力，适应北部湾发展的新环境及新模式，充分利用地理与资源优势，打造成国际知名尤其是面向东盟的国际门户港。[①]如：充分发挥“引进来”“走出去”的作用，针对航运企业，制定专门、切实可行的土地优惠、税收减免等政策。针对中外合资、外资企业，以代理、合作、联营等形式，积极对接国际贸易，推动进出口企业的发育成长；对区内的金融机构进行综合经营管理，加快建设收付开放、国际化的交易平台，同时积极推进金融投资的全面便利化；深入推进航运服务业的开放政策，建立外资准入“负面清单”，扩宽外资船舶管理企业的经营范围，吸引国际知名船舶管理公司进驻。[②]

---

① 武付华：《大部制视域下广西北部湾行政体制改革问题研究》，《西部学刊》2015 第 1 期。

② 欧阳卿：《国内外发展港航服务业的若干做法与经验》，《时代报告》2016 年第 44 期。

（二）空间规划与管制策略

1. 加强顶层设计，提升港口竞争力

根据北部湾港的实际发展现状，基于港口相关业务的具体需求，规范信息化开发体系和开发标准，搭建港口航运服务应用管理平台，提高港口相关业务信息化系统建设能力。只有在大的区域发展、空间布局、功能定位等方面形成广泛共识，进而协同发力，相向而行，才能使投资建设见效最快、风险最小和利益最大。精准港口定位，根据港口的产业特色，规划建设集装箱港和散货港，更加符合市场经济发展规律。国土空间规划编制应充分保障北部湾国际门户港的长远发展需要，保证港口、临港产业、集疏运通道、物流园区等的用地规模，实现港城协调发展。优化港口集疏运体系和腹地综合交通体系的衔接。加强邮轮港口与城市交通网络和旅游服务体系的有机衔接。

2. 以立体化区域管制模式推动资源优化配置

学习、借鉴国际沿海发达港口的物流管理经验，取其精华，积极融入广西北部湾港港口的建设发展。目前，北部湾港港口物流发展正处于大规模基础设施建设和尽快与国际接轨的阶段。大型集装箱码头和大宗能源码头的建设项目多是国家投资鼓励的项目，效益前景良好。钦州港区建设的 30 万吨级石油码头不论是对国内投资者还是对国外企业都极具吸引力，但需要国家批准才能进一步实施。建议简化广西北部湾项目审批手续流程，把握关键发展机遇，主动支持大型专业化码头高水平建设。

3. 全面优化，实现绿色发展

高水平建设绿色港口评估体系和设施能效监管平台。除了对比港口单位货物吞吐量生产产生的污染物排放量以外，也要核算清洁能源和新能源消耗量占港口能源消耗总量的比例等数据，以确定污染物来源，进行污染源头治理与管控。实施能效综合管理，建立智能化、网络化、信息化全方位监测平台，对沿海城市北钦防港口码头设施设备能效进行监测管理。此外，建立预警机制，完善港区拖轮油耗监测系统，继续完善北钦防三港散杂货码头的环保项目基础设施，对所有散货堆场实行全封闭式管理，进行港口全天全流程监测。

（三）畅通腹地联系，拓展共赢空间

1. 做好顶层设计，优化空间布局

拓展班列开行线路，优化北部湾港铁路班列服务。积极对接中西部地区的海铁联运班列线路，引导和协调中西部腹地货源向北部湾港集聚，促进并形成上下行基本平衡、良性持续的发展态势；完善和优化铁路集疏运建设，增加铁路集疏港比例，整合提升干线铁路能力，完善铁路专支线网络；持续优化航线布局，构建全球航运网络。鼓励与航运联盟、国际班轮公司开展业务合作，承接国内外优质班轮公司的产业外溢，吸引其投资参与北部湾港集装箱码头建设经营；完善西部腹地区域公路网。需要加快建设北部湾各港区连接周边地区的快速通道，加强港区与北部湾主要城市的高速通道衔接，加快海铁多式联运发展进程。优化基础设施、提高衔接水平，保证多式联运高效运转，创建多式联运示范工程。

2. 打破地域壁垒和界限，整合集疏运体系

强化渠道网络建设，完善集疏运体系。弥补港口与铁路集疏运设施建设的不足，完善现有港区铁路设施互联互通，提高与港口发展相适应的道路集疏运能力。加快港口物流园区和铁路、公路货场的规划建设，积极谋划港口物流园区的空间及产业布局。对港口现有的集疏运体系进行全面梳理，找出各港口集疏运体系的短板和不足，根据港口目前的基础设施状况、规模能力、地理区位、功能设置制定发展规划，坚决破除区域壁垒和地理界限。推行集约建设，避免重复建设，建立地方政府与企业共同建设和管理的模式。提高基础设施建设国际水平，提升运输能力和物流发展效率，统筹陆上与海上通道发展，大力推进联程联运，以开放引领开发，逐步构建功能齐全、层次分明、装备精良、高效畅通的集疏运体系。①

3. 联系西南，对接大湾区，协同自贸区发展

加强和发挥北部湾港各口岸优势，打造西部陆海新通道新门户。加强与

---

① 王大鸣、王桂泉、富莹：《依托大连自贸港建设全面推进辽宁港口协同发展的建议》，《世界海运》2020 年第 8 期。

中西部地区的物流产业互动和合作，加快推进北部湾港国际门户港建设。考虑与西部地区之间的合作，打通交通物流运输网络，提高通关一体化程度，推进沿海口岸、边境口岸和内陆口岸产业联动，成立东盟等地区涉及经济、文化、旅游、教育的国际联合采购中心；加快广西北部湾经济区与粤港澳大湾区“两湾”对接，承接粤港澳大湾区产业转移，完善连接粤港澳大湾区的交通物流网络，加快构建快速通达粤港澳大湾区的立体化交通网络。吸引粤港澳大湾区城市共建北钦防“飞地公园”，在港口航运、文化旅游、健康产业等领域深化与海南自由贸易区的合作。充分利用海南建设国际航运枢纽的政策，加强北部湾港与海南港的合作，特别是在港口能力提升建设、航运网络布局等方面的合作，与海南共同建设南海服务保障基地和国际航运区域总部基地。

（四）围绕港产城，壮大增长极

1. 提升港产城系统耦合发展能力

在推进北部湾港港产城协同发展的前提下，确保各子系统的发展能够起到促进整体系统融合的作用。从人才、港腹一体化、行政体制、产业联动等方面科学合理规划港产城空间布局，提高系统协调发展能力。在政府政策层面，可成立行政精简、工作高效的港产城协同发展促进委员会，推动港产城高质量发展；在政府治理、企业自主和公民参与等方面，以构建稳定的北部湾港港产城利益共同体为核心，深化港口与城市、港口与产业、城市与产业之间的项目合作；在技术和人才培养方面，实施一些可行性较强的优惠政策，吸引国内外骨干企业建立科技研发平台、科研成果转化平台和中介服务机构。

2. 加快港产互动发展，着力提升发展能级

客观上讲，北部湾港的开发建设和功能定位，从各利益主体来看存在巨大差异，但其本质仍是处理好北部湾港自身发展与服务腹地的关系。

根据国内外经济环境变化和市场需求，要瞄准南北循环的核心主题、要素集聚程度，合理推动港区协同、港航服务开展、产业集聚和宜居新城扩

展；要科学合理确定北部湾港内部空间开发秩序，滚动开发，有序进行。科学合理安排北海、钦州和防城港联动发展的基础建设、产业配套；要强化部省和省际统筹，加强与国家相关部委、省市的协调，统筹解决北部湾国际门户港发展建设中涉及的各类规划审批和衔接、用海用地资源配置和保障、重大项目落地、跨区域设施建设、通关一体化、区域合作等重大问题。依托自治区新通道建设工作领导小组办公室，定期召开协调会议，统筹解决北部湾国际门户港规划建设、临港产业发展等问题，抓好重大项目、重大政策的落实，保障规划实施。

3. 深化区域协同发展，创新功能体系

针对港区经济发展落后和腹地发展空间受限等问题，北部湾三大港区应形成联合发展、功能互补、分工合理的合力之势，提高航运服务专业度。其中，钦州港域主要是发展集装箱运输，防城港港域主要承接北部湾及其腹地的杂件散货运输，北海港域则主要建立综合航运港，充分为腹地服务。明确各港区定位之后，形成三个港区综合发展、齐头并进的发展局面。进一步完善区域经济发展协商机制，建立政府、企业、公众等多方位的沟通协调平台，加强区域内城市间的衔接度，推进城市发展、产业布局、重大港口项目建设互补协调发展。创新城镇化协同发展体制机制，鼓励区域内城市间协同城镇化发展，推进港口基础设施、临港产业、物流通道一体化建设。通过区域内城市间的合作共建，推动港口、产业园区和工业园区重大项目的联动发展。

4. 夯实航运枢纽根基，提升临港产业

产业发展是港产城一体化发展的核心内容，产业发展衔接港口发展和城市发展。由产业集聚理论可知，提高产业集聚度可以优化区域内的资源配置，产业集聚区企业可以共同利用公共配套设施打造外部规模经济，降低生产流程中的原料、物流等成本。北部湾港应利用园区现有的基础资源，提高现代港口产业集聚度。北部湾港要依托优越的航运区位优势和优化升级机遇，进一步打造航运服务产业集群。就服务业而言，大力发展航运服务体系，借助自由贸易区优惠政策，引进大量国际高端

航运技术人才，使北部湾港口航空运输方式由低端粗放式发展转向高端集约式发展。[①]

（五）培育区域利益共同体

1. 要强化城市分工协作，确立产业协同发展方向

基于城市区域特点和发展现状进行科学规划，根据各个城市的功能定位进行分工，错位发展支柱产业，推进支柱产业高端化发展。加速推进临港产业加速器建设，形成孵化器—加速器—产业园全领域产业大平台，积极培育新的经济增长极。从北部湾资源禀赋、产业基础等优势出发，着眼未来产业发展方向和趋势，加快构建“港口—临港工业—城市配套”融合发展圈层，吸引产业集聚发展。加快引进、培育和集聚一批临港新兴产业项目。[②]

2. 要进一步搭建区域利益共享机制

逐步建立以市场监管为主导，以政府调节为辅，统筹各方利益，注重公平发展的区利益共享机制。会员城市募集资金，共同设立“北部湾港口发展基金”，重点负责区域公共事务支出管理；着手设立转移支付专项资金，合理划拨专项资金，确保区域利益均匀分配。[③] 推动西南其他地区市域内企业向北部湾迁移，针对迁入企业，按照5年内GDP、税收、固定资产投资等全部计入迁出县（市、区）、开发区（管理区），之后按照1∶1比例分享的模式进行管理。

3. 从广阔腹地构建港口经济利益共同体

北部湾紧邻珠三角发达区域和西南沿海区域，要注重发挥自身的后发优势。一方面，北部湾应该主动承接珠三角的空间外溢，形成东西循环，还要和西南五省（区、市）互动发展，抱团壮大，形成南北循环。另一方面，

---

① 黄珊：《自由贸易试验区背景下黄埔临港经济区“港产城”融合发展研究》，硕士学位论文，华南理工大学，2019。

② 李民梁、张玉强、虞霖田：《协同视角下北部湾城市群发展问题及路径选择》，《海南热带海洋学院学报》2019年第6期。

③ 李民梁、张玉强、虞霖田：《协同视角下北部湾城市群发展问题及路径选择》，《海南热带海洋学院学报》2019年第6期。

应加强与东盟国家（地区）的海上互联互通、开发合作，为深化与东盟交流合作注入新动力，形成内外循环。建立投资利益共同体，在市级层面，北钦防三方应入股建立投资公司。此外，每个城市应发挥自己的腹地优势，和与自己联系紧密的城市建立利益共同体。在省级层面，广西应积极加强与具有世界影响力的大企业（新加坡港务集团、新加坡太平船务、中远海运等）的合作，还应加强与中国西南内陆省（区、市）的合作，构建经济利益共同体。

4. 明确战略性功能定位，加大对外开放力度

党的十九大提出“赋予自由贸易试验区更大改革自主权，探索建设自由贸易港”。北部湾国际港务集团的成立，推动了北部湾自由贸易港和国际门户港航运服务中心的发展进程。但是，我们也必须看到，北部湾港口的发展不仅面临国内优质港口的激烈竞争，如中国珠三角地区的湛江港和海口港，而且自身还存在一些不足和瓶颈。因此，北部湾国际港务集团应明确战略功能定位，在制定发展规划时，应以北部湾自由贸易港和国际门户港航运服务中心建设为重点，主动汲取香港、新加坡等自由港的发展经验，探索更高水平、更具市场竞争力的北部湾自由贸易港政策和制度。实施集团内部统一开放的自由贸易政策，加大对外开放力度，对标国内外先进港口，促进航运服务业相关的港口物流、船舶交易、保险服务、商业经贸高质量发展。①

（六）优化港口营商环境，搭建一体化产业平台

1. 围绕需求强化制度供给，把握政策针对性和精准度

尽快完善北部湾港口产业发展相关制度以及政策，准时反馈、修订和更新机制体制。增强问题导向意识，落实解决“最后一公里”问题，提高政策的可操作性，并逐步建立政企双向沟通反馈机制。出台北部湾港口产业发展法规政策前，要广泛吸收相关企业、各领域专家学者、政府管理部门以及

① 王大鸣、王桂泉、富莹：《依托大连自贸港建设全面推进辽宁港口协同发展的建议》，《世界海运》2020 年第 8 期。

民众的意见和建议，使政策更具有针对性。相关政策措施须以建立常态化的效果反馈和修订工作机制为核心内容，可以基于企业反映的问题，根据不同的政策属性进行年度定期修订，提高政策的准确性和科学性。

2. 要利用自由贸易区的政策优势，助力港口产业发展

在中国—东盟自由贸易区设立的背景下，北部湾港应以“一带一路”为契机，借助国家政策红利，以中国和东盟的合作为平台，加强与东南亚各国的贸易往来，依托便利的交通运输，成为大西南地区真正意义上的交通运输枢纽，突出中国—东盟自由贸易区在货物中转过程中的作用。依靠国家政策，积极走产业融合发展之路，转变增长方式，使现代服务业与先进制造业相互促进、协调发展。依托现有政策优势，推进生产性服务业发展，以延伸重点领域产业链为出发点，优化研发设计、完善市场服务等环节，有效拓展生产性服务业的需求空间，积极助力产业价值链攀升。

3. 大力发展临港产业，形成先进制造业集聚区

坚持以港聚产、以产兴城。重点发展临港装备、新材料与精细化工、电子科技、营养健康等产业，大力发展港口物流和航运贸易等临港服务业和金融、技术、中介、数字等现代服务业，努力打造现代服务业和先进制造业集聚区，成为北部湾乃至广西地区经济发展的新引擎。同时，遵循集约高效、科学合理、弹性有序、滚动开发的原则，坚持港口与产业协同发展，科学合理安排港口开发建设时序，严格控制港区开发规模与强度，合理预留发展空间。结合当前港航管理部门和相关企业的集聚特点，优化北部湾港区现有相关产业的空间布局，壮大特色产业集聚区、功能区或专业园区。营造良好的文化氛围，形成产业多层次发展的空间节点体系。在不同的园区或产业集群内，对相关企业和服务机构设立统一的招商或优惠政策，避免各个园区之间形成相互压价或恶性竞争的局面。以核心功能区为主，集中部署与产业高度相关的配套服务平台。

4. 利用互联网大数据，构建统一的信息化管理平台

传统物流并不能满足现在的需求，要以先进的信息技术为依托，着力发展现代物流。规划建设由北部湾港主导，能够覆盖北部湾国际港务集团各大

港区及周边区域的大数据信息平台，参考借鉴上海港、青岛港沿海先进的口岸物流与电子商务平台信息技术，搭建港口信息大数据分析库。运用信息化处理技术，建立以大数据为支撑的港口生产和决策管理信息化平台，为港口提供业务拓展和决策管理所需的服务支撑。在涉及货物交易与传递的全流程中，搭建物流可视化信息平台，货主、堆场、运输企业、海关、检验检疫相关部门与人员等都有权使用该平台，提高通关便利化发展速度，提升货物流通效率，推动港口物流业由低端化向高端化和信息化方向发展。①

5. 利用后发优势，用信息化推动港航平台升级

第一，深入推进物流电商平台发展，实现港口信息共享与增值。要秉持开放共享的态度，打造物流电子商务交易平台，吸引货主、船东、代理、经纪人、保险等各方互惠共享，以双方交易促进数据互利共用，以经济效益促进港口扩容，进而实现物流信息服务一体化，完善港口公共物流信息平台，促进港口所在地区的经济发展。

第二，拓宽资金筹集渠道，加大信息平台建设投入。加强北部湾港口公共服务信息平台的统筹规划和港区内港口物流企业物流信息系统建设，利用现有社会信息资源，结合未来的发展方向，充分考虑平台建设的实用性和前瞻性。在建设过程中，通过政府职能部门的主动作为，在财政预算方面争取更大的资金投入；通过跟有关国家部委和自治区的主动对接，争取获得建设项目的审批立项；加强与金融机构的沟通合作，争取政策贷款；改善营商环境，加大招商引资力度，吸纳资金投入。

第三，推动5G智能航行，加快智慧港口建设。首先，基于北部湾口岸实际发展情况，结合港口业务发展需求，规范信息化开发体系，统一开发标准，成立港口航运服务决策管理平台，搭建港口业务信息系统。其次，促进智能系统互联互通，提高港口信息化水平。提高大数据平台与政府各职能管理部门的合作能力，简化客户行政审批流程，努力提高货物检验与通关效

① 陆岷峰、陶瑞：《港城一体化建设渠道与模式探索——以连云港港口经济发展为样本》，《盐城师范学院学报》（人文社会科学版）2012年第5期。

率。最后，将智慧业务与港口建设有效结合，拓宽大数据应用范围，优化客户体验，提高客户获得感，从而吸引更多货源货主。将物联网、大数据、云计算、5G 等先进技术应用于港口生产，建立北部湾港口供应链系统、集装箱管理系统，完善港口智慧服务体系，构建港口危险货物作业综合视频监控网络，推进港口安全管理可视化和各部门之间的信息共享，提升港口竞争力。

参考文献

曹重：《港口经济需要产业平台的支撑与推动》，《港口经济》2014 年第 8 期。

陈宣任：《广西北部湾港建设与发展探讨》，《西部交通科技》2020 年第 3 期。

陈柄臣：《“一带一路”下的广西北部湾经济区：机遇、风险及其法律对策》，《沿海企业与科技》2019 年第 5 期。

韩永彩：《新经济地理视角下广西北部湾港口腹地产业联动发展研究》，《沿海企业与科技》2011 年第 4 期。

黄力、刘长俭：《推进港产城协同发展助力黄金经济带建设》，《中国水运》2019 年第 8 期。

刘忠萍、钟明容：《陆海新通道下广西物流发展新机遇与建议》，《市场论坛》2019 年第 10 期。

汪德贵：《粤港澳大湾区港产城协同发展策略》，《港口科技》2019 年第 11 期。

魏俊辉、程军：《广西北部湾港口整合经验回顾》，《交通企业管理》2020 年第 2 期。

张协奎、林冠群、陈伟清：《促进区域协同创新的模式与策略思考——以广西北部湾经济区为例》，《管理世界》2015 第 10 期。

周立荣：《广西北部湾港口发展现代物流的对策思考》，《中国港口》2008 年第 10 期。

B.4

北部湾港引航服务体制创新报告（2020～2021）

施梅超　王　艳*

摘　要：　改革开放以来，船舶引航服务作为我国航运经济和港口产业的重要服务行业,在支持水运经济发展、保障船舶周转效率、营造良好水上公共安全秩序方面发挥了积极的作用。本报告首先介绍了我国引航服务的重要性和意义，回顾了我国引航管理体制历史及北部湾港引航管理体制的演变，总结北部湾港引航服务体制的现状，并对相关问题进行分析。最后借鉴国内外港口引航服务管理经验及启示，在政府管理职能层面提出强制引航与非强制引航分离、加强船舶交通组织管理、推动健全引航法律体系、建立引航服务社会评价机制、促进共建北部湾引航员培训基地、完善引航员培训机制等建议；在服务质量层面提出提升引航安全和服务效率、增强水上引航交通能力、加强引航设备的引进和合理化使用、加强引航队伍规范化建设、增强引航员应急处理能力、开展适当的引航跟船服务、调动引航员积极性等建议。

关键词：　北部湾港　引航服务　体制创新　多元化供给

---

* 施梅超，北部湾大学经济管理学院副教授，双师型教师，主要研究方向为港口物流与航运管理；王艳，北部湾大学经济管理学院讲师，国际经济与贸易教研室副主任，主要研究方向为国际经济与贸易。

一 我国引航服务的重要性和意义

（一）引航服务的重要性

船舶引航业是一种较特殊的服务行业，其特点是专业技术要求高、作业范围大且分散、技术人员少。船舶引航是公共服务事业，一方面，船舶引航可以维护国家航海主权；另一方面，船舶引航可以提高国家航海技术，促进港口综合服务水平提升，提高港口水域的清洁性、安全性。

1. 船舶引航服务具有国家主权性

船舶引航象征国家主权，保证港口航道的相关条件有利于维护国家军事安全。世界上大多数国家为了保证领海主权、领土主权的安全，都会对来港外籍船只实行强制引航措施。

早在 1984 年 1 月 1 日，我国《中华人民共和国海上交通安全法》就规定："外国籍船舶进出中华人民共和国港口或者在港内航行、移泊、靠离港外系泊点、装卸站等，必须由主管机关指派引航员引航。"在我国，从事船舶引航服务的机构的行为体现了国家主权，其属于国家事业单位，由政府直接管理，主要行使代表国家与政府对来往港口的外籍船只进行强制引航的权力。

2. 船舶引航服务具有公共安全性

不管是天然港口还是人工港口，都具有复杂的自然条件，特别是大型港口，由于船舶来往频繁且数量众多，有很多的潜在风险。一是来往船舶在港口行驶涉及进出港口的安全问题；二是涉及其他船舶在港口内外的公共安全问题；三是涉及港口码头的基础设施等公共安全问题；四是涉及港口环境、生态环境等的公共安全问题。船舶引航服务正是通过维护港口航道、船舶通航等的安全与秩序，保证国家领土主权与保护港口生态环境。

3. 船舶引航服务具有无偿性

船舶引航服务并非慈善性、无偿性的工作，而是按照标准收取一定的引航服务费，以用来提供船舶引航服务。但是船舶引航服务是非营利性的工作，引航机构收取的引航服务费，一方面用来发放引航工作人员工资，另一方面用来维护与更新引航设备、加强引航队伍建设、支持港口发展等。船舶引航费不仅可以支撑引航行业的生存和可持续发展，更是港口综合服务能力提升的基本保障。

（二）提高船舶引航服务能力的意义

1. 船舶引航服务是港航经济发展的必要组成部分

船舶引航既是一种政府公共服务事业，具有强制性，又是一门专业性强的技术职业。它的作用很广泛，一方面保证和维护国家领土与领海主权，另一方面它是港口整体服务功能的重要保证，为港口水域船舶安全航行和港口基础设施公共安全提供保障。随着经济的发展和科学技术的进步，船舶引航行业稳步发展，其在保证主权和国防安全的同时，更加重视秩序、高效。船舶引航是港航经济发展的必要组成部分，具有维护领土与主权安全、提供高效服务、促进航海技术发展的作用。

2. 引航服务对船舶航行及国家的意义

船舶引航服务对船舶航行及国家具有重要的意义，它能够保证船舶航行安全，维护船舶航行秩序，保护港口周围水域环境安全，提高船舶周转速度与港口作业效率。此外，船舶引航涉及国家主权、国防安全，港口的航道条件、水域条件、基础设施条件等相当于一个国家的"门户"，引航工作人员相当于国家"门户"的"守门员"。所以，政府出于保护国家安全的需要对每一艘进出港口的外籍船只实行强制船舶引航措施，并且按照相关法律法规要求，每一名引航工作人员必须由本国公民担任，这进一步强调"引航权"事关国家主权。

船舶引航是每个港口正常运行的关键环节。在我国，每年都有数千艘超大型外籍船舶进出我国各个港口，船舶引航服务对我国构建"一带一路"海运具有重要作用，对维护国家主权安全、提高港口运作效率、保证来往船舶安全等具有重要意义。

3. 船舶引航服务对北部湾港发展的意义

近年来，广西北部湾港三个引航站积极响应国家共建“一带一路”倡议，不断发挥其战略优势，不断进行船舶引航服务与引航管理创新，特别是在推进阳光引航方面取得一定的成绩，每年北部湾港引航站都会引领数万艘中外船舶安全进出港口。在国家政策的支持下，如广西北部湾经济区开放开发等，北部湾港成为我国对外开放的一个“门户”，来往港口的船只也日益增多并趋向大型化。同时，由于广西北部湾经济区临近东盟，所以广西地区的三个重要海港钦州港、北海港、防城港成为其对外开放的前沿窗口，具有极高的战略地位及重要意义。

二　我国引航管理体制历史及北部湾港引航管理体制的演变

（一）我国引航管理体制的历史变革

1949 年新中国成立后，我国中央政府接收各个港口的船舶引航权。经历了我国港口管理体制的几次大改革，引航行业也经历了 4 个重要的历史时期，分别是 1949 ~ 1952 年的引航业恢复期、1953 ~ 1983 年的计划经济管理期、1984 ~ 2004 年的引航过渡转型期以及 2005 ~ 2017 年的新一轮引航管理体制改革期。改革既促进了我国港口管理体制的发展，也促进了我国船舶引航业的进步，为我国各时期的国民经济增长贡献了一分力量。

1. 引航业恢复期（1949 ~ 1952年）

1950 年政务院在《关于 1950 年航务工作的决定》中提出新中国引航工作纲要。1952 年交通部先后颁布《外籍轮船进出口管理暂行办法》《本国轮船进出口管理暂行条例》，规定必须对来港的外籍船舶和达到吨位标准的中国船舶实行强制船舶引航措施，这对刚成立的新中国来说意义重大。1952 年交通部召开全国港口海运专业会议，决定在全国各港务局设立“海港监督部门”，简称“港监”，主要负责两方面工作：一方面，负责管理船舶引航任务、引航工作人员、船舶引航基础设备等；另一方面，负责设置和维护港口的通信设施以及信号设施，确保其任何时候都处于正常状态，以保证船舶和港口的安全。

港监主管引航事务的体制一直保持至 20 世纪 80 年代中期港口体制改革。

在这一时期，引航行业由政府统一管理，全国各港务局统一安排和调度，所以全国各港口管理部门的工作之一就是负责船舶的引航。同时，具有我国国籍的引航工作人员属于国家公务人员，由政府统一发放工资。

2. 计划经济管理期（1953 ~ 1983 年）

1949 年 10 月到 1956 年 12 月，我国经济体制由市场经济转向计划经济，在计划经济时期，我国涉及引航行业的法律法规规定，除了我国长江水域实行长江航运管理局全域统一管理、分段分级统一管理政策外，其余各大港口的引航管理工作都由各地港务局负责。

1953 年，我国交通部颁发新中国第一部专门为船舶引航行业制定的规章——《海港引水暂行通则》，该暂行通则明确了引航主管部门、引航的申请和引航工作实施标准、引航员入职门槛以及引航员与被引船的关系等内容，使新中国引航业加快步入正轨，为新中国未来引航业的发展打下了基础。1954 年，国家政务院颁布《中华人民共和国海港管理条例》，条例详细规定了由各地引航局负责各港口的船舶引航管理工作，各地引航局再把港口船舶引航的具体领导权和实施权下授给辖内港口监督部门。自《中华人民共和国海港管理条例》颁发以来，我国船舶引航工作就被划分到港口工作中，不仅加大了我国维护领海主权和航海主权的力度，而且有利于我国港口的发展，特别是间接地促进了港口的生产与经营。

1954 年长江航运改革后，长江的引航工作从由政府负责改为政府和企业同时管理，此时引航权属于长江航运管理局，由其进行统一全段管理，再把长江分段分级进行管理。以当时的长江淞汉段进行举例说明，1954 年初，长江航运管理局上海分局引水站成立，负责统一管理长江淞汉段的引航工作。1954 年后，长江航运机构长江航运管理局上海分局经过几次改名，但

是20世纪80年代初之前引航权还是属于长江航运机构。

3. 过渡转型期（1984~2004年）

在过渡转型期，我国港口管理体制进行了重大变革，港务监督权不再属于交通部沿海港务局，而属于单独成立的水上安全监督局。但港务局仍然管理船舶引航，同时水上安全监督局也负责管理地方船舶引航。由此我国港口船舶引航进入多种管理体制并存的过渡转型期。

1992年10月，党的第十四次全国代表大会提出“我国经济体制改革的目标是建立社会主义市场经济体制”。1993年《中华人民共和国宪法修正案》第7条规定“国家实行社会主义市场经济”。1994年1月，我国交通部、海南省政府及相关引航部门决定建立海南省船舶引航公司，以实现对海南引航机构的改革。1997年国务院在深圳口岸实行口岸管理体制综合试点改革。根据1995年7月国务院办公厅转发的《关于深圳口岸管理体制改革试点方案》，1997年3月深圳市人民政府以深府〔1997〕86号文件转发交通部制定的《深圳港口引航管理办法》，这成为我国新一轮引航体制改革的先导。此后，国内引航体制发生了重要变革。1997年6月18日，长江引航中心在江苏太仓正式成立。同时，一些港口顺应政府的号召和时代的发展，选择将引航部门调整为经济实体，主要特点就是对部门的生产经营活动独立进行核算、自行负责引航工作的盈亏，相比之下拥有更大的自主权，但引航机构仍为港务局下属单位，只是一个相对独立的业务机构。由此引航进入多种管理体制并存的时期。

2001年，国务院办公厅以国办发〔2001〕第91号文件转发了交通部、国家计委、国家经贸委、财政部、中央企业工委联合颁发的《关于深化中央直属和双重领导港口管理体制改革的意见》。这为政府与市场相互之间的关系、港口行政部门的定位、市场本身的培育和发展提供了前进的方向。但是港口管理体制改革从2001年开始实行，而引航管理体制在2001年并没有实现改革，双方并非同步实行改革，而是引航管理体制改革延后实行，以留有一定的过渡期，适应港口管理体制改革。在这期间，引航机构仍是港务局改革后的港口集团企业的一个部门，由集团企业管理。

2002 年 1 月，我国交通部门在国内引航管理体制先行试点经验的基础上，借鉴世界一流港口的引航经验，颁发了《船舶引航管理规定》（中华人民共和国交通部令〔2001〕第 10 号），该规定从主权、安全、效率等多方面对引航行业管理和引航工作做出规定，从法律层面确保了港口船舶引航的安全和效率。

4. 新一轮引航管理体制改革期（2005 ~ 2017年）

这一时期是我国引航业发展过程中的里程碑，我国引航事业进入新一轮的引航体制改革期。我国交通部 2005 年《关于我国港口引航管理体制改革实施意见的通知》规定，引航机构不再是港口集团企业的一个部门，也不再归其管理，而是由我国各地的港口主管部门管理。自此引航机构属于具有独立法人性质的事业单位，自行负责机构内的收入与支出。2006 年，交通部《关于加强港口引航管理工作的若干意见》（交水发〔2006〕293 号）要求各省（区、市）交通主管部门和港口行政管理部门在地方政府的领导下，结合本地经济与港口实际需要，加快推进港口引航管理体制改革。2017 年，我国引航管理体制改革基本完成。

（二）北部湾港引航管理体制的演变

目前，我国的船舶引航体制主要是大型港口、重要港口的引航机构由港口集团管理。近年来，随着港口体制改革的不断加深，港口融资渠道也进一步拓宽，独资与合资港口和码头日益增多，若引航机构继续归港口企业管理，势必会带来一系列问题。首先，由于企业的目的是追求利润最大化，引航机构归企业管理，势必给引航安全和引航体制带来危害；其次，这样的体制会使港口为了节省成本或者一些港口企业为了获得利润而建立属于自己的引航机构，造成引航业的混乱，更加影响港口船舶的安全与效率，从而影响港口发展与当地经济增长；最后，如果引航机构归企业管理，那么引航机构势必优先考虑本企业的利益，这对于其他港口企业是不公平的。

1. 钦州港引航管理体制的演变

1997 年钦州港对外开放，引航站成立并由港务局管理，属于政府二级

部门。2004 年 10 月 26 日，政企分开，钦州市港务局被拆分为钦州市港口集团和钦州市港口管理局。根据市编办字〔2004〕27 号文规定，钦州港引航站被划分到钦州市港口管理局下面，为自收自支的事业单位，并于 2005 年挂牌成立。

钦州港引航站的定位为自收自支的事业单位，既能体现国家的引航权，又能保证公平性和安全性，有利于引航事业的发展。

2. 防城港和北海港引航管理体制的演变

2008 年 6 月前，防城港引航站一直由防城港务集团管理，按照国务院和交通运输部、广西壮族自治区关于引航体制改革工作的要求，引航管理体制必须实现政企彻底分开，以建立一个统一管理、安全引领、公平服务、高效廉洁的港口公共服务环境。2008 年 6 月 20 日，在市政府的主持下召开了防城港引航站移交会议，防城港市交通局与防城港务集团签订了移交协议书，标志着引航站的事权、人权与企业分开，移交交通部门管理。交通部门管理防城港引航站后，认真做好引航站员工的思想工作。

广西壮族自治区交通厅和防城港、钦州、北海三市政府积极推进沿海港口引航管理体制改革工作。2008 年 7 月，该项工作已全面完成。钦州港、防城港、北海港 3 个沿海港口均已按照国务院和交通运输部关于引航管理体制改革的要求，将引航站的事权、人权与企业分开，全面移交给港口行政主管部门。港口行政主管部门已经建立引航站事业编制，设立了独立的引航站财务账户。移交与接收单位明确责任，加强配合，确保了引航工作秩序正常和生产安全。

三　北部湾港船舶引航服务体制的现状及存在的问题分析

（一）北部湾港引航服务管理体制分析

1. 引航站职责

一是根据国家相关法律法规，行使领海主权，负责接收中外籍船只申请，提供引航服务；二是负责船舶引航安全管理工作；三是负责制定船舶引航站规章制度；四是负责制定船舶引航及调度方案，并组织实施；五是负责钦州港、北海港、防城港三港引航费及其他相关费用的计收与使用，以及其他财务、固定资产管理工作；六是负责北部湾港三个引航站引航服务人员的聘用、调整、培训以及奖惩等管理工作；七是负责编制北部湾港船舶引航发展规划；八是参与北部湾港与引航工作相关的工程项目工作，例如航道建设等；九是按照政府相关规定，负责北部湾港引航服务数据的收集、统计工作。

2. 引航工作流程

接收引航任务→登轮后核实被引船舶的有关情况→引航员与船长进行信息交换→引航员依据自己的专业技能对引航任务的可行性、合理性进行判断，并初步制定引航方案→执行引航任务→根据具体情况优化原引航操作方案，与被引船船长和协作拖轮、护航船、清道船的驾驶员充分沟通，听取他们的建议，发挥专业技能，运用良好的船艺进行操作→引航业务结束，填写引航签证单→交付引航签证单。

引航员在进行引航作业时接替了船长的指挥权，在引航过程中涉及气象、潮汐、航道、码头、锚地等外界条件及不同的船舶船型、机械动力和助航设备，只能凭自身的专业技能和职业素养进行判断。

（二）北部湾港引航服务供给与需求分析

1. 北部湾区域经济与进出口贸易发展情况分析

近年来，广西各级政府深入推进北部湾经济区优先发展战略，深化北部湾经济区协调发展。2006 年以来，北部湾经济区经济发展迅速，综合实力逐年增强，各项经济指标快速增长。经济增长速度领先，与广西其他地区相比，其地区生产总值占广西壮族自治区的比重逐年提高。以 2019 年北部湾经济区的发展情况为例，2019 年北部湾经济区生产总值为 10305. 9 亿人民币，而广西壮族自治区的生产总值为 21237. 14 亿人民币，北部湾经济区的生产总值占广西壮族自治区生产总值的 48. 5%，将近一

半。由此可见，北部湾经济区的经济发展居于广西地区经济发展的首位。

根据有关数据，2019 年北部湾经济区生产总值较 2006 年增长了将近 4 倍，2019 年财政收入较 2006 年增长了 5 倍，2019 年固定资产投资较 2006 年增长了 10 倍。其中，2006 ~ 2019 年北部湾经济区年均生产总值增速为 14.1%。2019 年北部湾经济区进出口总额为 3984.63 亿元，是 2006 年的 11 倍。2019 年北部湾港货物吞吐量为 2.33 亿吨，约为 2006 年的 4 倍。2019 年北部湾港集装箱吞吐量为 415.70 万标准箱，约为 2006 年的 13 倍。以下为 2017 ~ 2019 年北部湾经济区六市的 GDP 和进出口总额情况（见图 1）。

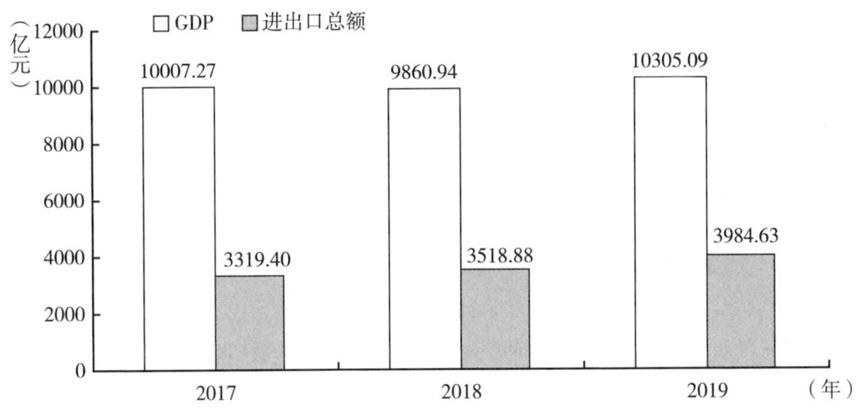

图 1　2017 ~ 2019 年北部湾经济区六市 GDP 和进出口总额情况

资料来源：2007 ~ 2020 年《广西统计年鉴》。

引航服务是国际贸易的派生服务，通过调研数据可以看出，随着广西对外开放的深化，北部湾区域经济快速发展，国际贸易进出口总额迅速增加，吸引了更多的船舶挂靠北部湾港，促进了引航服务的快速发展。

2. 北部湾港航运业务发展情况分析

（1）港口实力增强，航运主业集聚效应开始显现

2008 年北部湾经济区成立之后，北部湾开始打造整合北部湾港口集

群，同时在相关政策支持下，北部湾港综合实力不断增强，吞吐量逐年增加，并迅速发展成亿吨港口。截至2019年，北部湾港有生产性泊位268个，万吨级以上泊位95个。截至2020年底，北部湾港开通内外贸集装箱航线52条，其中，外贸集装箱航线28条，内贸集装箱航线24条，基本实现了北部湾港与全国主要港口、东盟国家港口的全覆盖。北部湾港货物吞吐量由2010年的11923万吨增长至2019年的25568万吨（见图2）。

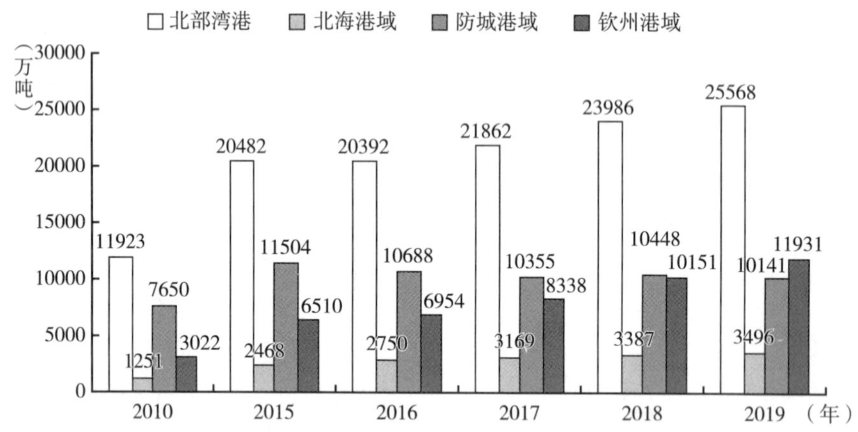

图2　2010～2019年北部湾港货物吞吐量情况

资料来源：2020年《中国交通运输统计年鉴》、北部湾港集团官网。

北部湾港码头长度持续稳定增长，从2010年的24868米增长至2019年的40096米。北海港码头长度在2010～2015年缓慢增长，由5142米增加到6739米，从2016年开始保持7672米不变；防城港在很早以前就受到国家重视，岸线最长，2010年码头长度已为12194米，是北海港的2.37倍，2015年快速增加到15260米，随后保持缓慢稳定增长，2019年长度为17326米；钦州港在三港中发展最为迅速，2010年码头长度仅为7532米，2015年迅猛增加到了13938米，岸线长度增加了近1倍，随后的2015～2017年3年基本保持不变，由于国家对钦州港域的重视，其集中发展集装箱运输，促

进了集装箱吞吐量的快速增长，2018 年码头长度继续增加到 14552 米，2019 年为 15098 米（见图 3）。

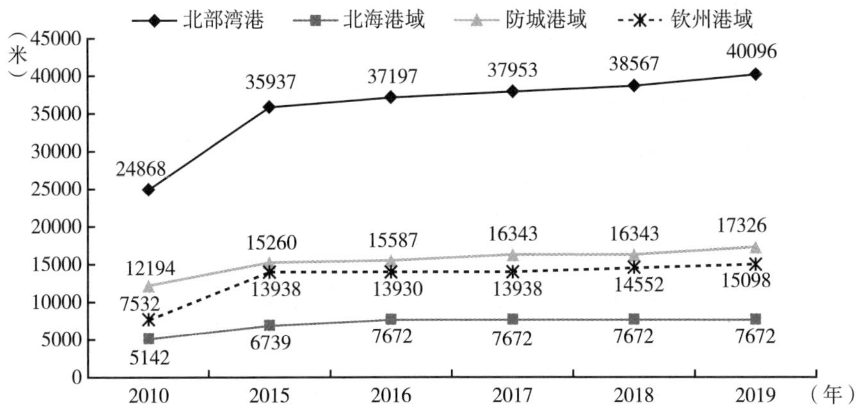

图 3　2010～2019 年北部湾港码头长度变化情况

资料来源：2020 年《广西统计年鉴》。

（2）港口海铁联运服务发展迅速

北部湾港已开通渝桂、川桂、滇桂、黔桂、陇桂等 5 条海铁联运线路，成为我国西南、中南地区对外贸易的重要出海口之一，同时也成为我国与东盟各国家海上贸易往来的重要门户。西部陆海新通道海铁联运线路和规模不断拓展，北部湾港集疏运服务体系处于起步后的加速发展阶段。北部湾港海铁联运班列自 2017 年 4 月 28 日始发，截至 2020 年 5 月 18 日已开行 4771 列。2020 年 3 月，广西北部湾港新开通了 3 条国内国际航线和班列，分别是北部湾港与西北班列、北部湾港与泰国林查班列、北部湾港与日本、韩国航线，通过新开班列或航线，北部湾港进一步扩大了物流覆盖范围，提高了港口综合能力，更加突出了西部陆海新通道的货源集聚效应。2020 年 6 月 30 日，全国中铁联集第 12 个铁路集装箱中心站钦州铁路集装箱中心站正式建成并投入使用，打通了西部陆海新通道海铁联运“最后一公里”，成为全国首个将铁路运输延伸到码头水上运输的港口，解决了西部陆海新通道海铁联运困难的问题，使北部湾港的基础硬件设施更加完善，进一步提升了北部湾港服务西部陆海新通道的能力。

（3）航运企业不断入驻

近年来，有70家大型航运企业、船代公司相继入驻钦州市，其中有11家排名在全球前20名的船舶企业在钦州港开通航线、班列；祥龙物流等大型拆拼箱公司在钦州市正式开始运营；孚宝、普洛斯等大型物流企业先后入驻；北部湾首个传化公路港将开始建设，其总投资达10亿元。航运主业集聚效应不断显现。

3. 北部湾港引航情况分析

北部湾港引航业务量实现稳步增长。根据国家海事局和广西壮族自治区港航发展研究中心数据，2019年全年北部湾港安全引航船舶9094艘，引航船舶载重吨为5.3亿吨，完成引航里程15.9万海里。截至2020年11月，北部湾港安全引航船舶8895艘，引航船舶载重吨为6.03亿吨，完成引航里程15.89万海里，已经基本追赶上2019年全年的引航船舶数、引航船舶载重吨和引航里程（见表1）。

表1　2020年1～11月广西北部湾港引航情况

项目	11月完成				1～11月累计完成			
	合计	防城港	钦州港	北海港	合计	防城港	钦州港	北海港
一、引航船舶总数(艘次)	850	330	445	75	8895	3379	4567	949
其中:国际航线船舶	683	284	328	71	7144	2983	3262	899
国内航线船舶	167	46	117	4	1751	396	1305	50
万吨以上船舶	739	297	389	53	7972	3004	4226	742
危险品船舶	217	47	158	12	1858	346	1309	203
集装箱船舶	157	4	153	0	1717	23	1680	14
二、引航总里程(海里)	15226	5854	8154	1218	158908	59094	83283	16531

续表

项目	11月完成				1~11月累计完成			
	合计	防城港	钦州港	北海港	合计	防城港	钦州港	北海港
三、引航船舶载重吨(万吨)	5689	2674	2767	248	60327	28322	27884	4121
四、引航船舶总吨	32846907	14796169	16506003	1544735	351334681	154563390	168720973	28050318
五、引航船舶净吨	19072051	8893829	9353854	824368	203583502	93887878	95469670	14225954

资料来源：根据中华人民共和国海事局网站、广西壮族自治区港航发展中心网站资料整理。

2002~2019年钦州引航站船舶引航情况如表2所示。

表2　2002~2019年钦州引航站船舶引航情况

单位：艘次

年份	总艘次	外贸船	内贸船	危险品船	万吨以上船舶	吃水10米以上船舶	船长200米以上的船	集装箱船
2002	170	90	80	—	—	—	—	—
2003	120	49	71	—	—	—	—	—
2004	190	127	63	—	—	—	—	—
2005	223	152	71	107	107	—	—	—
2006	516	427	89	175	174	58	50	—
2007	806	703	103	388	322	93	77	—
2008	1154	1017	137	568	374	112	80	—
2009	1286	1163	123	534	527	190	117	—
2010	1395	1169	226	720	688	376	238	—
2011	1732	1299	433	986	1052	468	529	—
2012	2276	1374	902	1381	1637	794	1067	—
2013	1236	847	389	598	846	414	493	12
2014	1795	1041	754	970	1390	650	970	66
2015	2923	1844	1079	1592	2242	934	1389	363
2016	3680	2740	940	1295	2922	941	1127	1322

续表

年份	总艘次	外贸船	内贸船	危险品船	万吨以上船舶	吃水10米以上船舶	船长200米以上的船	集装箱船
2017	3867	2910	957	1387	3249	1160	1353	1225
2018	4429	3329	1100	1447	3975	1127	1378	1540
2019	4791	3491	1300	1524	—	—	—	1633

注：表中“总艘次”是指外贸船和内贸船数量之和。

资料来源：根据中华人民共和国海事局网站资料整理。

从钦州引航站历年船舶引航统计数据中可以发现以下特点。

①船舶引航总艘次呈现快速增长趋势。2002年钦州港引航船舶仅为170艘次，2002～2005年变化不大，2006年开始快速增长，由516艘次增长到2019年的4791艘次，增加了近9倍。

②非强制引航服务不断增长。国家只对外国籍船舶实行强制引航，对国内船舶采取自愿原则，从表2数据可见，随着船舶的大型化和船东对船舶进出港口的安全性和效率的重视，越来越多的内贸船也申请引航服务。2002～2010年内贸船的引航艘次增长缓慢，由80艘次增加到226艘次，2010～2019年增长迅速，由433艘次增加到1300艘次。

③危险品船增多促进了引航服务的增长。危险品船进出港需要比普通货物船舶更加谨慎，一旦发生船舶安全事故，后果不堪设想。由表2可见，2005年才有危险品船舶引航业务，为107艘次，至2019年增长到1524艘次。2012年外贸船引航艘次为1374，内贸船引航艘次为902，而危险品引航艘次为1381。对比2012年内外贸船引航艘次可见，危险品船不仅有外贸船，还有内贸船。

④船长200米以上的船引航艘次较多。引航员引航船舶的依据主要是船长。根据国家规定，引航员按下列规定权限引领船舶：海港、内河一级引航员可以在各自的引领范围内引领任何船舶；海港二级引航员可以引领总长小于250米的船舶，内河二级引航员可以引领总长小于200米的船舶；但是总长等于或者大于180米的客船除外；海港三级引航员可以引领总长

小于180米的船舶，内河三级引航员可以引领总长小于150米的船舶；但是客船和载运散装一级危险货物的船舶除外。由表2计算可得，船长200米以上的船舶引航艘次占总艘次的最大比例可达54%，大多数比例也能达30%左右。

4. 北部湾港引航员分布情况分析

近年来，引航船舶艘次不断增加，引航员人数增长较慢，以下是钦州引航站2015年底和2020年底引航员结构（含编外）对比（见表3）。

表3　钦州引航站2015年底和2020年底引航员结构（含编外）对比

	2015年	2020年
级别	人数	人数
高级引航员	1	1
一级引航员	8	9
二级引航员	2	10
三级引航员	4	3
助理引航员	5	5
合计	20	28

资料来源：中华人民共和国海事局。

由表3可见，2015年，钦州引航站的引航员以一级引航员居多，占总数的40%，高级引航员最少，二级引航员次之，只有2人。2020年引航员结构发生了很大变化，总人数由2015年的20人变为28人。其中，二级引航员人数变化最大，由2015年的2人变为10人，占总数的36%，占比最大；高级引航员和助理引航员人数不变；三级引航员减少了1个。

5. 北部湾港拖轮配置情况分析

拖轮的使用由代理或船方按照《广西北部湾港船舶引航使用拖轮艘数配备标准》（桂交通告〔2017〕1号）向拖轮公司申请，拖轮公司同意后报港口调度中心和引航调度值班员。如遇特殊情况需增加拖轮艘数，由当班引航员根据实际情况向引航调度值班员提出，引航调度值班员反馈给代理或船

方，再由代理或船方向拖轮公司申请。因气象、潮汐或其他原因需要护航的船舶，由代理或船方向拖轮公司申请。

以下为《广西北部湾港船舶引航使用拖轮艘数配备标准》钦州部分（见表4）。从表4中可以看出，拖轮只有船舶长度一个配备标准。

表4　钦州港船舶引航使用拖轮艘数配备标准

单位：米，艘

港域名称	船舶总长 LOA	拖轮配置数量	相关说明
钦州港域	LOA≤100	0～1	小拖轮
	100＜LOA≤150	1～2	小拖轮
	150＜LOA≤190	2	中小拖轮调配使用
	190＜LOA≤230	2	大中小拖轮调配使用（d≥13 米时，可增加一艘小拖轮）
	230＜LOA≤275	2～3	大中小拖轮调配使用
	275＜LOA≤300	3～4	大中小拖轮调配使用
	LOA＞300	4～6	大中小拖轮调配使用

资料来源：广西壮族自治区交通运输厅。

（三）北部湾港引航服务费收费规则分析

1. 引航（移泊）费收费依据

引航（移泊）费收费依据为《交通运输部、国家发展改革委关于修订印发〈港口收费计费办法〉的通知》（交水规〔2019〕2号）。

2. 引航（移泊）费优惠政策

根据自治区北部湾港口管理局网站相关内容，从2016年10月1日起实行统一的引航费收费标准，对进出钦州、北海、防城港的外贸集装箱船统一执行优惠政策，除按规定的引航费率标准征收引航费外，免收超程部分的引航费、节假日和夜班引航费。

3. 引航（移泊）费收费标准说明

船舶以吨为计费单位，按净吨计算（航行国际航线的船舶，净吨计费以2000净吨起算，航行国内航线的船舶，净吨计费以5000吨起算）；夜班起讫时间为22：00～06：00，在22：00时的界限处，进入22：00半小时即按夜班收费；港口收费计费单位和进整办法为每一计费每项费用的尾数按四舍五入进整到元（见表5）。

表5　引航（移泊）费收费标准

收费项目	收费性质	计量单位	费率(元)		
航行国际航线船舶	政府指导价经营服务性收费	吨	A	0.45	40000净吨及以下,引航距离在10海里以内,按该标准计收。节假日、夜班加班费则加收45%加班费,如节假日的夜班则加收90%加班费
			B	0.40	40001～80000净吨,引航距离在10海里以内,按该标准计收。节假日、夜班加班费则加收45%加班费,如节假日的夜班则加收90%加班费
			C	0.375	80000净吨以上,引航距离在10海里以内,按该标准计收。节假日、夜班加班费则加收45%加班费,如节假日的夜班则加收90%加班费
		吨·海里		0.004	引航距离在10海里以上,按该标准加收
		吨		0.14	引航船舶过闸
航行国内航线船舶		吨		0.18	引航距离在10海里以内,按该标准计收
		吨·海里		0.0018	引航距离在10海里以上,按该标准加收
移泊费		吨	A	0.2	外贸港内移泊按该标准计收,节假日、夜班加班费则加收45%加班费,如节假日的夜班则加收90%加班费
			B	0.135	内贸港内移泊按该标准计收

资料来源：广西壮族自治区交通运输厅。

从表5中可以看出，引航费收费分国内、国际航线船舶，主要的收费标准是船舶吨位和引航距离。

（四）北部湾港引航服务质量影响因素分析

港口船舶引航工作是一种专业性强的公共服务工作，通常航运企业会根据港口船舶引航服务的好坏来判断该港口的综合服务能力，所以引航服务质量是极其重要的，它是一项综合的服务评价指标。服务评价指标涉及多个方面，如服务的准确性、服务的信任性、服务的效率性等。引航服务评价指标包括船舶引航的专业性、效率性、安全性、公平性、公正性等，所以，引航机构可以从完善引航制度与引航基础设施、提高引航人员的素质和技术水平、加强引航理念的培训等方面来提升引航服务质量。通常，引航服务的安全性与高效性是保证引航服务质量的核心要求，船舶引航机构要在保证引航服务安全准时的同时，配合港口的正常运行与生产作业，全面提升引航机构与引航工作人员的专业性，以提高进出港口的客户对引航服务的满意度。

1. 引航法规体系不完善

改革开放以来，我国政府为了确保我国引航服务工作的正常运行，促进我国引航服务规范化，先后发布了《海港引航工作条例》《船舶引航管理规定》《中华人民共和国引航员注册和任职资格管理办法》等一系列关于引航服务的规章。目前，我国各大港口的船舶引航机构都是依据《船舶引航管理规定》这一规章文件制定船舶引航服务管理方法的，但是《船舶引航管理规定》对引航机构与引航员的法律地位、引航费用使用管理制度等基本问题并未详细说明。船舶引航服务相关法规的不完善、不明确，使得引航机构开展的相关引航服务工作得不到有效的法律法规支持，引航工作人员从事引航服务工作动力不足，制约了北部湾港引航站引航业务质量的提升。

目前，北部湾港的社会监督方式只有引航协会行风举报、价格投诉举报电话和引航站服务投诉电话三种。为加强对引航工作的评价和管理，社会评价机制应有港口行政管理部门、海事局、引航机构、港口企业等部门人员的参与。在港口行政管理部门的安排下，引航机构积极开展引航评价工作，成立引航评价委员会，但是引航站为港航企业及船舶等提供引航服务的水平和质量还需得到更加客观的衡量、监督和认同。

2. 引航收费费率缺乏灵活性

目前，北部湾港引航服务费率采用的是统一费率。所谓统一费率，是指引航费统一按照来往船舶的净吨重量进行收费，但是只使用重量进行计费过于“狭窄”。由于每个港口所处的环境不同，引航工作人员所面临的引航难度、船舶引航强度等不同，使用统一费率会导致劳动价值不相匹配，引航服务工作人员没有得到相应的收入，对引航机构、引航工作人员、甚至港口都是不公平的。通常引航机构为了显示引航强度的差别，会对船舶引航服务难度大的船只收取引航困难费、特殊引航费，但是这种做法并没有相关的法律法规支持，引航机构在收取相关费用时经常受到船舶运输企业质疑，进而影响船舶引航服务的效率。

3. 引航员扩编培养滞后于引航业务量增长

引航工作需要大量的航海经验，以应对复杂的船舶操纵局面，引航员在引航过程中也存在很多安全问题。没有一定的海上经验，是不能取得被引船船长的信任的。

近年来，随着国家对北部湾经济区的重视，北部湾港发展迅猛，北部湾港引航站业务量快速增长，引航员的引航艘次不断增加，引航工作强度不断增大，部分引航员处于超负荷工作状态。引航员结构不合理问题凸显，引航员短缺问题影响引航服务的效率和质量。培养一支年龄结构合理、稳定、高素质的引航员队伍，以满足北部湾港向国际强港发展的需要，刻不容缓。

（五）北部湾港引航服务存在的问题分析

1. 港口基础设施问题

船大泊位小问题：随着船舶的大型化和港口的飞速发展，北部湾港航道的水深和泊位吨级满足不了大型船舶的进出港和靠离泊的要求，不时出现大吨位船舶停靠小吨位码头泊位的情况，给引航服务带来了很大的困难。

航道占道问题：北部湾港口航道上施工、渔船、蚝排占道情况严重，船舶纷纷争道抢行，严重影响通航环境，增加引航难度。

2. 设备方面产生的问题

（1）引航艇无法应对恶劣天气

北部湾海域大风天气较多，在恶劣天气下引航艇无法接送引航员，造成引航时间推迟，增加了船舶在港时间，影响引航服务质量。

（2）拖轮马力不足存在安全隐患

引航服务是以船舶吨位和引航距离为依据进行收费，而不是以拖轮马力大小为依据收费。因此船方或代理为了减少成本，申请小马力拖轮拖大吨位船。而管理部门对于拖轮的申请以及其与船舶的匹配问题缺乏相应的监督和惩治，容易引发引航安全问题。

（3）船舶主机故障多

船舶需要进行定期的维护和保养。有些引航船舶船龄较大，主机容易发生故障。一旦发生故障，只能等待修复，造成引航时间的延误。

（4）缺少高数字化、智能化的引航员装备

引航员在引航过程中通常采用 VHF 甚高频电话与岸上调度人员、被引船舶、拖轮等各方面进行通信联络。手持便携式甚高频电话信号发射距离较短，且甚高频只能单向联系，一边说话，另一边只能听，听和说不能同时进行，影响沟通效率；容易出现重复呼叫船舶、轻易更改引水登轮时间及一些无关的通话，造成引航员及船长、船员的听觉疲劳，增加烦躁情绪，并且有可能忽略重要信息，不利于安全引航。

3. 引航员问题

（1）引航员工作时间过长

理论上，北部港引航员每个月休假 8 天，而繁忙的时候实际是不到 8 天，高时长的工作存在严重的安全隐患。

（2）引航员素质低导致发生事故

有些航区情况复杂、操纵困难，而引航员本人的技术水平较低；频繁引航，造成引航员盲目自信、懈怠、缺乏谨慎性；船方对引航员过于依赖，在心理上把引航作业区完全放在航行计划之外，引航员上船前慎之又慎，引航员登船后，则听之任之，撒手不管，对引航作业的临界性认识不清。

4. 三港统一调度问题

广西北部湾港口管理局从 2017 年 1 月 1 日起行使对广西北部湾港统一规划、建设、管理的行政管理职责，按照品牌一体化、管理一体化、政策一体化、信息一体化的要求建设、管理广西北部湾港。目前防城港、北海港、钦州港三港按统一标准征收引航费，但还没真正实现北部湾三港引航的统一调度。

四　国内外引航服务经验及启示

（一）欧洲代表国家引航服务经验及启示

1. 德国引航服务模式

（1）德国引航服务机构

德国所有港口的船舶引航服务工作都是由“德国引航员兄弟会”这个机构提供的。该机构属于公共事业机构，是一个不以营利为目的的机构。德国的各个港口都有其下设的“引航员兄弟会”。该机构大多由德国政府管理，但是不来梅港、汉堡港的“引航员兄弟会”是例外，这两个“引航员兄弟会”由市政府管理。

（2）德国引航服务供给方式

德国各级政府制定各种引航服务法律法规，强制每个港口必须接受引航服务的船只种类与船只特点。德国的各个“引航员兄弟会”根据引航服务的法律法规，自行制定引航服务的工作方式。这种工作方式是合法的，是德国联邦政府授予非营利组织的特权。

（3）德国引航服务的管理

在德国，引航服务是由政府直线式管理的，政府直接负责对接“引航员兄弟会”。船舶引航服务费率方面是由德国联邦政府或者各地州、市政府统一制定管理。人员聘用、管理制度等其他涉及引航服务管理方面的工作则由“引航员兄弟会”全权负责。一般“引航员兄弟会”的管理由其组成的管理委员会负责，其中包括一名主席、若干名德国各个“引航员兄弟会”分会推荐的资深引航员以及一些联邦政府或地方政府的官员，共计 15 人。该管理委员会负责监督相关引航服务的法律法规实施情况，监督有无违法行为，及时向联邦政府或市政府反馈引航工作人员的工作情况、船舶引航服务状况等。在德国，只有加入“引航员兄弟会”才能从事引航工作，但是引航员是自由职业者。

（4）德国引航员的入职条件

在德国，人们从事引航员工作的最基本条件就是拥有甲类海船船长适任证书。有些港口会根据自身的需要提高入职要求，以德国汉堡港为例，其要求引航员申请人除了拥有甲类海船船长适任证书外，还需要拥有不少于2年的真实船长工作经验。此外，所有引航员申请人必须经过至少6个月的船舶引航实习，且跟船进行至少230次引航服务以及随港内拖轮至少25次，并要求其能够熟练地掌握与引航有关的法律法规以及与港口有关的规章制度。实习结束后，由每个港口的港长为引航员申请人颁发引航员聘书，达到以上条件才成为德国“引航员兄弟会”的正式成员，才可以真正地从事船舶引航工作。

2. 法国引航服务模式

（1）法国引航服务组织

法国港口引航服务组织是引航站，与德国“引航员兄弟会”不同，其不是政府机构，而是私有制的民间组织——自由职业联盟。其主要有三个特点：一是引航员并不是被聘用来的；二是引航工作人员共用自由职业联盟拥有的全部资产；三是引航员申请人在申请加入引航站的同时需要上交一份引航员保证金，以此来拥有分摊引航站全部资产的资格，但是这份保证金在引航员退休时会退给引航员。

（2）法国引航服务供给方式

法国引航服务的供给方式较为特殊，主要是政府与引航站签订引航服务合同，等同于向引航站购买船舶引航服务，因此法国港口的引航站并不参与港口生产等活动，只需做好引航服务即可。法国政府在与引航站签订合同时，会把引航服务的各项要求写在合同里，如引航服务质量标准、引航服务安全指标等。以引航服务费为例，当年引航服务费标准是由引航站在报送上一年的预算制定后，由政府部门审查、通过讨论核定并立法确定。为了确保引航服务的公益服务性，引航站并不需要把引航费用上交政府，而是自己管理相关资产，自行控制引航工作成本，根据合同自行制定引航员薪资。

（3）法国引航服务的管理

法国引航服务的管理条例清晰。法律法规方面是由法国相关政府机构制定《引航通则》，如法国的交通运输管理机构。该通则明确引航站以及引航服务的行为标准。引航站管理由法国海事部门负责，其管理者负责监督管理范围内的引航服务工作。提供引航服务制度意见则由地方政府设立的引航委员会负责。在引航服务提供方面，法国政府制定法律法规，从立法层面上予以规定，杜绝未加入引航站的个人引航员从事船舶引航服务工作，其一旦违法将会承担刑事责任，后果极其严重。

3. 芬兰引航服务供给

（1）芬兰引航服务组织

芬兰政府通过立法的形式，明确规定只有“芬兰引航有限公司”才能在港口为船舶提供引航服务。当然该公司是国有企业，由芬兰交通管理运输部门全资控制。芬兰引航有限公司应政府要求，设立 4 个职责不同的部门，分别是交通运输部、船舶引航部、财务会计部、人事部。其中，共有公司管理层 19 人、引航工作人员 160 人、引航艇上船员和破冰人员 130 人。

（2）芬兰引航服务供给质量

芬兰引航有限公司一直拥有安全高效的引航服务且引航记录良好。根据 2008 年国际保赔俱乐部引航小组委员会统计，芬兰的引航安全指标排在世界第 3 位，仅次于挪威和瑞典。

（3）芬兰引航员入职标准

芬兰的引航员入职标准也较高，不仅必须有船长的经历，而且要在港口引航站实习半年才可正式入职。此外，芬兰引航员从业资格证并非永久，而是 5 年考核制，考核成绩合格才可更换新证。

（二）北美引航服务供给

1. 加拿大引航服务供给

（1）加拿大引航服务组织

加拿大的引航机构比较特殊，其由引航员成立企业，从事引航服务。这种企业的特点是人人平等，员工之间不存在上下级关系，也不存在劳资和雇佣关系。与法国的自由职业联盟相似，加拿大的引航机构属于民间合伙的社会团体。引航员群体自愿结社组成公司，也可以自由解散再成立新的公司。

（2）加拿大引航服务供给方式

在加拿大，政府根据引航需求分别在四个不同的地区设立引航局，为往返不同港口的本国船舶和外籍船舶提供更便利的引航服务。引航局负责收取船舶引航服务费，但是港口船舶引航服务并不是由引航局提供的，而是引航局通过购买引航机构的引航服务的方式向往来港口的船舶提供引航服务。政府每年按照要求与引航机构签订引航服务提供合同，合同具体规定引航机构所提供引航服务的作业范围、费用、数量、质量以及相关的法律条款等。引航机构会按照合同的内容提供引航服务，不得违反任何合同条款，以引航服务作业范围为例，引航机构只能在合同约定的港口水域、航道提供引航服务，不能在其他区域开展任何关于引航的业务。至于引航所需的基础设施，如引航船、引航标志、引航电子设备等，都是由四大引航局提供。加拿大政府规定，每个引航局每年只能与一个引航机构签订引航服务提供合同，在这一年内不得与其他引航机构签订引航服务提供合同，而且在每个引航服务提供合同到期之前，引航局与引航机构重新商议签订新的合同。政府并未强制引航局与特定引航机构签订合同，引航局可根据引航机构的服务质量等，在新签合同时，选择是否更换引航机构。

（3）加拿大引航服务管理

加拿大政府通过四个引航局来管理港口船舶引航，四个引航局分别是太平洋引航局、大西洋引航局、劳伦引航局、五大湖引航局。引航局有如下权利：一是规定必须进行强制引航船舶的类别以及船舶免除引航的申请条件；二是与船舶引航机构签订引航服务提供合同；三是制定引航费率的标准；四是组织引航员培训、考试，为其颁发从业证书；五是扣押或吊销违法从业的引航员的从业资格证；六是规定引航员的入职标准，如对引航员资历提出要求。此外，加拿大相关法律要求，接受引航局培训、考试以及取得资格证书的从业人员有权进入船舶引航服务机构，并在公司享有公平、同等的权利与义务，如薪资水平必须与同级别老员工保持一致。

2. 美国引航服务供给

（1）美国引航服务供给的管理

美国引航服务的提供方式比较特殊，类似其国家政治结构。美国的引航员分为两类：一类是美国联邦引航员，这类引航员由美国联邦政府管理，联邦政府通过授权的形式把联邦引航服务的管理权交给美国海岸警卫队，由美国海岸警卫队负责引航员的培训、考试、从业证书的颁发、管理；另一类是美国州政府引航员，这类引航员则由州政府直接管理，由州政府负责引航员的培训、考试、从业证书的颁发。

以美国旧金山沙洲引航协会为例，由于该协会引航服务范围广，覆盖多个港口城市，所以该引航机构的引航员既有美国联邦引航员从业资格证又有州政府从业资格证书，其中大约 15% 的引航员从事内河港口船舶引航服务。而且州政府为了方便管理该引航机构，特意组建引航委员会，该委员会共有 7 名成员，分别代表各方利益。其中，2 名成员来自引航员机构，代表引航员的利益；2 名成员分别来自邮轮公司与干散货公司，代表船公司利益；3 名成员来自社会公众群体，代表公众的利益，但是这 3 名成员不能与和引航机构相关的船公司有任何利益关系。该委员会的最高管理者是委员会主席，主席由 7 名成员公开投票选举，并由州长任命。引航委员会主席通常为了获得决策意见，设立咨询委员会、引航员评估委员会和事故调查委员会 3 个决策咨询委员会。引航委员会的主要职责为制定与调整船舶引航费率、引航员规模以及处罚引航员的违规行为。

（2）美国引航员的选拔培养

美国联邦引航员的准入标准、考试、发证、考核等都由美国海岸警卫队负责，但是与州引航员相比，联邦引航员的准入门槛低，入职难度小，基本与内河、沿海小吨位船舶船长或大副的入职条件类似。联邦引航员的准入标准主要有 2 个：一是引航员必须是大于 20 岁的身体健康的美国公民；二是拥有不少于 3 年的船舶甲板部门工作经历，其中作为舵手或者同级别职位的，工作经历至少为 18 个月。满足以上准入条件后，才可向美国海岸警卫队申请引航员从业资格考试，通过考试并拿到联邦引航员从业证书后才可上

岗。联邦引航员没有实习期，也无正式与非正式之分。

美国州政府引航员从业证书的颁发更加严格，要求入职条件不得低于联邦引航员。以美国加利福尼亚州引航员协会颁发的引航员从业证书为例，申请引航员者要满足3个任职条件：第一个条件是雷达培训签注的有效船长证书，这是由美国海岸警卫队签发的，并且在拿到船长证书后必须拥有超过2年的船长工作经验，达到这一条件的申请人才能参加海岸警卫队组织的引航员培训课程；第二个条件是达到第一个条件的申请人需要经历1~3年的引航员培训，才能成为见习引航员，引航员培训课程包括基础知识学习、引航服务模拟、各种船只实际操作等；第三个条件是见习引航员需要花费大概2年的时间跟船600艘以上，才可拿到正式引航员从业证。但是持证引航员也需要定期进行学习培训与证书注册。比如洛杉矶港引航员每2年要参加1次模拟器训练，每4年要参加1次实船操纵课程训练。

（三）其他航运发达国家和地区引航服务供给

1. 日本引航服务供给

（1）日本引航员入职条件

日本根据《引航法》相关规定，将引航员分为3个级别。第1级别最高，但准入难度也最高。日本《引航法》规定，第1级别的引航员是3000总吨及以上的远洋船船长，且拥有2年及以上的船长工作经验，同时接受过9个月的引航专业培训；第2级别难度适中，申请人需是3000总吨及以上的远洋船的船长或大副，至少拥有2年的船长或大副的工作经验，且接受过18个月的专业知识培训；第3级别准入难度较低，要求申请人是1000总吨及以上远洋船的船长，至少拥有1年的船长工作经验，且需接受过30个月的专业知识培训。引航员必须通过日本国土交通省组织的由体检、笔试及口试组成的引航员考试。

（2）日本引航服务费的标准

与大多数国家类似，日本港口船舶引航服务费收取标准是由政府直接制定，所制定的引航服务费并不是固定的，而是根据引航船舶的类型、港口的

自然环境、航道引航的难易程度、工作的条件等情况收取引航服务费用，所以日本的引航服务费除了依据吨位收取的基本服务费外，还包括因引航难度大而收取的额外附加费。

2. 我国台湾地区引航服务供给

（1）我国台湾地区引航员准入标准

首先，引航员申请人是3000总吨以上远洋船的船长，且拥有超过3年的船长工作经验，达到以上条件才可参加由台湾地区交通管理部门组织的引航员从业考试；其次，唯有通过考试才可获得台湾交通管理部门颁发的引航员考试合格证书、引航员从业证书以及引航员登记证书；最后，经过3个月的入岗知识培训，方可成为正式引航员，可引航15000总吨以下船舶。但是据统计，这个过程时间较长，从引航员申请到成为正式成员大约需要花费5年时间。

（2）我国台湾地区引航服务组织

我国台湾地区负责向各水域提供引航服务的组织是“引水办事处”，该办事处接受台湾地区航政部门监督，主要负责接收船舶的引航申请以及为船舶提供引航服务。但办事处并不是政府机构，而是私人组织，其“最高管理者”由全体引航员选举产生，由资深引航员担任，一般每2年进行一次选举，所以“最高管理者”一次任期为2年，到期可根据选举情况确定是否连任。“最高管理者”并非真正意义上的管理者，而只是办事处负责人，和其他引航员一样，也要进行船舶引航工作。至于办事处的规章制度，则是由全体引航员共同讨论制定，报区域航政部门审批同意后才可实行，并由全体引航员共同遵守执行。

3. 我国香港地区引航服务供给

（1）香港引航服务组织

我国香港地区提供船舶引航服务的组织是香港领港会有限公司，其于1965年注册成立。该公司属于民间组织，且是我国香港地区唯一合法的引航服务组织，受香港海事部门监督。全体引航员均为股东大会成员，拥有投票权。香港引航服务供给方式属于特许经营模式。

（2）香港引航服务供给的管理

在香港引航服务供给的管理方面，我国香港政府主要负责制定引航服务费用标准、引航服务的范围、强制引航服务的船舶类型等；香港海事部门则负责引航员的准入、培训、考试、从业资格证书的颁发等工作；香港领港会有限公司则是通过建立严格的内部引航质量管理制度提高引航服务水平。

（3）香港引航员准入标准

香港政府及香港领港会有限公司对引航员的入职要求较高。首先，引航员申请人需要有船长经历，并持有英国船长证书；其次，要在香港领港会有限公司实习 6 个月才可以参加引航员资格考试，考试通过才可正式上岗。

4. 海南省船舶引航站

海南省船舶引航站正式成立于 2005 年 1 月，为具有独立法人资格的正处级事业单位，隶属海南省交通厅，目前实行独立核算、自收自支、自负盈亏的企业管理模式。下设引航调度科、安全监督科、办公室、财务科 4 个科室及洋浦分站、八所分站、三亚分站 3 个分支机构。海南省船舶引航站的主要职责如下。

①认真执行国家、海南省有关法律、法规、规章以及引航行政主管机关的指示。

②负责对进出引航区和在引航区移泊以及靠离码头、浮筒等的外国籍船舶实行强制引航；对申请引航服务的中国籍船舶提供引航服务；参与船舶的抢险救助工作。

③根据港口生产发展的需要，合理调配人员和设备。

④制定与实施全海南省各港口引航计划，做好引航生产调度工作。

⑤制定与实施全海南省各港口安全引航工作规定，参与引航事故和事故隐患的调查研究，提出处理建议。

⑥参与与引航有关的港口、航道工程项目的研究工作。

⑦负责引航员及后勤人员的日常管理，制定和实施员工的政治、业务培训计划，做好员工的考勤、考核、聘用、晋升、奖惩等工作。

⑧根据有关规定，做好引航费用的计收和使用管理工作。

⑨负责向上级主管部门报告年终总结和年度收支计划。

（四）国内外引航服务供给的启示

考察与比较以上国家或地区的引航服务模式，本报告获得以下几点感悟与启示。

1. 多样化的引航服务供给方式

在船舶引航服务供给方式方面，世界上各个港口有所不同。主要有以下三种方式：一是政府向社会组织购买引航服务，如法国、加拿大等国家；二是由国资企业提供引航服务，如芬兰；三是为了体现引航服务的公共服务性，由政府授权不以营利为目的的企业或组织提供引航服务，如中国香港、台湾地区。各种供给方式都有其优缺点，各国选择供给方式需结合自身需求综合考虑，如需考虑国家的对外开放程度、国家经济发展的需要、港口的发展方向、引航服务专业人员的素质等因素。

当一种方式无法满足引航要求时，引航服务供给可以采取不同的供给方式提供引航服务，如当大量的外籍船舶与国内船舶同时需要引航服务时，一种引航服务供给方式无法满足这种情况，港口就可以采取多种方式提供引航服务。这样可以更加优化引航服务资源配置，提高引航服务供给的质量，提升引航服务供给的效率。

2. 高标准的引航员资历选拔

一般来说，引航员的专业技术水平越高，引航服务质量也越好。在一些航海运输发达的国家、地区，引航员的入职选拔要求都比较高，大部分引航员都要有船长的从业经历才能入职。而且国家法律法规也会规定港口引航机构必须具备引航员终身学习的制度机制，以确保引航员能够提供更高质量的引航服务。

随着各国航运业与港口的快速发展，从事航海职业的人员越来越多，引航员行业也是如此。如今港口引航服务问题已经从“有无引航服务”转变为“引航服务质量的高低”，所以需提高引航员的准入标准，这将极大地缓解引航员良莠不齐的问题，提高引航服务质量。

3. 更完善的引航服务供给制度

在美国，海岸警卫队与州政府通过联邦政府、国会立法层面的授权拥有管理船舶引航服务的权力。美国拥有完善的各级别的引航服务法律法规与规章制度，而且关于引航服务的规定是非常具体、详细的，如美国法典、州政府法案、各港口港规等，这些法律法规与规章制度能够促进引航机构制定规范化的引航制度。与美国相比，我国目前仅有一部《船舶引航管理规定》，关于引航服务的法律法规较少，引航服务的立法工作滞后。

所以我国需加强引航服务方面的法律法规与规章制度建设，从法律层面支持我国引航服务的发展，以更好地维护我国的领海主权。我国可以通过立法形式规定港口船舶引航区域、制定引航机构或组织设立标准、设定引航申请人入职标准等。从法律层面确定政府对引航行业的监督与管理责任，明晰政府和相关企业的职责所在，调节引航行业利益相关方的矛盾，这对在社会治理中更好发挥政府的作用、充分发挥市场优势具有十分重要的现实意义。

4. 简单高效的引航服务管理

简单高效的引航服务管理有利于提高引航服务质量，世界上许多发达的海运国家与地区的引航服务管理制度都比较简单高效。比如，加拿大引航局直接管理、提供引航服务；美国引航服务由海岸警卫队提供；芬兰引航公司160 名引航员中，只有 19 名管理人员，公司只设有 4 个部门，而且大多采用企业化或自主管理的模式。

5. 引航服务供给社会共治

世界上船运发达的国家都有解决船舶引航服务困难的社会协商机制，以实现引航服务供给社会共治。以美国为例，美国各州的政府都有引航委员会，引航委员会的成员涵盖社会各个层面，不仅有政府官员，还有社会公众，他们通过协商投票共同解决引航服务费率标准、引航服务质量、引航拖轮使用等问题。

相比之下，我国目前引航服务供给问题的解决主要依靠政府的力量，由于政府官员的引航服务理念不强和专业技术水平不高，政府部门解决问题的方法与策略通常会空洞、不适用，政策不灵。

五 北部湾港引航服务体制创新建议

（一）政府管理职能方面

1. 强制引航与非强制引航分离

强制引航代表国家主权，侧重行政职能。非强制引航采取自愿原则，强调进出港口的安全性，侧重服务质量。因此可以考虑将强制引航和非强制引航分开对待，增加非强制引航服务调配的灵活性和引航费率的适用性。

2. 加强船舶交通组织管理，改善引航水域通航环境

政府各部门及港口管理企业应该加强合作，共同营造一个良好的引航水域通航环境。如水上交通管理部门——海事局，应该制定引航政策，根据港口的发展状况，通过政策建议甚至强制相关单位、企业不断改善引航水域通航环境，不断对引航水域航道、引航基础设施、锚地等进行检查与升级改造，优化重点航段的航路设计，充分发挥海事部门管理资源对交通组织管理的作用，有效提高对水域的监控能力，进而改善水域的船舶通航环境，维护良好的通航秩序，提高船舶引航服务的安全性。

3. 充分借助引航协会作用，推动健全引航法律体系工作

自改革开放以来，我国交通运输部为了使我国船舶引航业步入正轨并稳步发展，先后制定了一系列有关引航行业的规章制度，一定程度上促进了我国船舶引航工作的发展进步。但是近年来，由于我国所处的时代、港口地理位置、全国经济情况等与以往有所差异，现有的有关引航业的法律与规章制度存在一定的不足并且覆盖不够全面，而且有些关于引航的规定被分散到不同的法律中，缺乏完整的引航法律体系，导致我国引航业发展缓慢。因此，我国政府应该征求各方有关引航行业的意见，制定引航行业法律法规体系，以促进我国引航业的快速、持续、有效发展，进一步确定引航员的法律地位与社会地位，积极呼吁引航协会推进引航法制体系的完善工作。

4. 支持成立多元评价委员会，建立引航服务社会评价机制

国家应加强对引航行业的行政管理，积极宣传引航工作的作用，提高人们对引航工作的社会评价。具体应从以下几方面开展工作：一是建立健全引航业服务规范以及相关的约束机制；二是建立关于引航业的社会评价机制；三是成立政府有关部门、引航机构、引航员等多方参与的引航评价委员会，经常对引航服务进行评价。

5. 促进共建北部湾引航员培训基地

政府可创造条件，与北部湾大学合作共建北部湾引航员培训基地。船舶引航员引航专业技术水平直接影响引航服务操作，所以，各港口应该制定引航员培训计划，加大对引航员的专业知识培训力度，以使引航员能够熟练地运用引航技术。

由于我国海洋资源丰富、港口众多、每个港口的情况有所不同，引航机构制定引航员培训计划时应综合考虑引航员技术水平、港口自然环境、来港船舶类型等因素。争取做到在每次培训、演练演习结束后，引航员素质和技能均能得到明显提高。

6. 完善引航员培训机制

为了保证引航服务质量，引航机构应该完善引航员培训机制。首先，必须有足够的引航员。由于现在我国各个港口发展迅速，来往国内外的船舶数量增多，所以必须确保有足够的引航员以满足船舶引航的需要。其次，必须提高培训质量。引航服务培训在精不在多，引航机构应该保证引航员培训的深度、力度以及实践性，以达到现代船舶引航的要求。

虽然引航员的入职门槛一般比较高，但是新入职的引航员缺乏引航服务的实际操作经验，而且新入职的引航员一般都非常年轻，他们有干劲，是港口未来引航工作的生力军。所以，老员工应该经常与新入职员工进行交流，传授其丰富的经验与引航工作认知。首先，引航机构应该创造新老员工交流的机会，定期举办交流会；其次，制定新老员工合作机制，让新老员工同时进行引航服务，老员工通过实际操作传授新员工宝贵的引航经验；最后，要经常对新员工进行心理辅导，让其对引航工作有清楚的认

知，防止工作时出现紧张情绪。此外，引航机构还要制定奖惩制度，定期对引航员进行引航理论知识和实践知识考核，考核成绩优异者可作为储备干部培养。

（二）服务质量方面

1. 加快引航、支持体系建设步伐，保证引航安全和提升服务效率

随着我国经济的进一步发展、我国对外开放程度的进一步加深、国内外贸易的日益增加，港口的重要性越来越突出，水上运输是重点。其中，北部湾港口的进一步扩建，对引航站提出了更高的要求，引航站的工作量越来越大，生产安全要求越来越高，引航站急需新的高科技手段来辅助引航站的工作。

北部湾港引航机构应该顺应时代潮流，吸引各方人才，结合港口信息资源，采用现代计算机等通信技术，建设一个功能齐全、管理便捷的北部湾智能引航服务信息系统，以实现引航信息化、管理信息化，进而实现信息数据共享，以提高港口引航效率。通过这些先进的科学信息技术也可改变引航员的作业环境，增强港口引航能力，进一步推动我国引航业的发展。

2. 完善引航配套设施，增强水上引航交通能力

引航船对于引航员的重要性不言而喻，它是引航员重要的交通工具、信息技术提供场所。引航船主要有三项功能，包括两项主要功能与一项辅助功能。其中，两项主要功能：通过引航船，引航员可以快速地登离需要引航的船舶；若引航员无法登上被引船舶，引航员可以借助引航船的技术向被引船提供引航服务。引航船的辅助功能也极其重要，它能为引航员在执行任务期间提供生活、休息等方面的便利。

此外，引航设施对于港口船舶引航服务至关重要，它是保证引航工作正常运行的关键。近年来，北部湾港发展迅速，港口基础设施逐年加强，吞吐量进一步提高，船舶来港数量逐年增多，港口引航业务也迅速增多，同时也为引航航道带来了很大的压力。因此，北部湾港应该加强基础设施建设，如加宽、加固引航航道，配备高性能引航船，改善港口引航环境，以提高引航服务的效率。

3. 加强引航设备的引进和合理化使用

（1）做好应急方案防范恶劣天气

针对引航艇在天气恶劣时无法接送引航员的问题，引航员应增强恶劣天气防范意识，尽可能提前告知船方或提前做好登轮准备。

（2）加强对拖轮合理化使用的监督

针对拖轮和引航服务船舶不匹配的问题，政府应加强监督管理。对不符合要求的配备，除了要求其不能提供引航服务外，还需要出台惩罚措施，严惩此类现象，确保引航安全。

（3）加强对引航船舶维护情况的监督

针对引航过程中船舶经常出现主机故障的问题，应加强对船舶维护相关证明的检查和监督，确保船舶航行安全，减少船舶在引航过程中出现故障所带来的安全问题和时间延误问题。

（4）引进高数字化、智能化设备

引进高数字化、智能化、小型化和多功能、多用途的海上无线电通信设备，同时确保设备能够得到有序使用。

4. 加强引航队伍规范化建设，全面提升引航队伍素质，优化引航员结构

提高引航员的安全意识，使遵章守纪成为每个引航员的自觉行为。加大责任追究力度，营造人人讲安全的氛围，建立健全引航安全责任追究制度，严格责任追究。

政府相关部门如海事管理部门应强化对引航工作人员的管理。首先，从引航员从业资格证着手；其次，加强对在职引航员的考核，考核引航员的实操能力，着重考核引航员的应变能力；最后，对引航员进行分类，对于成绩没达到考核要求的引航员，强制收回其从业资格证，取消其从业资格，防止任何引航安全事故发生。

5. 增强引航员应急处理能力

一名优秀的船舶引航员势必具有良好的引航应急处理能力。所谓引航应急处理能力，是指当船舶引航过程中发生计划外的需要紧急处理的事件时，引航机构、引航员根据自身技术以及引航经验进行处理，防止意外事故发生

或者减轻意外事故后果的能力。因此，引航员应急处理能力对于顺利完成引航至关重要。相关政府部门、引航机构、引航员应该制订合理计划，以增强自身的应急处理能力。首先，引航机构应该成立船舶引航应急处理中心，制定严格的应急处理计划，提高应急指挥的统一性、协调性、组织性；其次，增加、完善应急处理基础设备，增加应急处理投入成本；最后，加强各部门应急事件演习，实现应急反应模式化。

6. 开展适当的引航跟船服务

旺季短途往返海运，引航员可以进行跟船服务，减少引航登船时间。通过开展跟船引航服务，船东缩短了船期，节省了营运成本，为船舶准时靠泊提供引航保障，同时也降低了引航员登离船只的安全风险。

7. 保障引航员利益，调动引航员积极性

北部湾港采用统一的引航费率。为了更好地促进北部湾港的发展，广西壮族自治区北部湾港口管理局对引航服务给予了一定的优惠政策，免收非基本港引航附加费，减免外贸集装箱船超引费、节假日和夜班引航费。

由于北部湾港各港区的引航环境条件不同，引航服务时间、引航劳动强度、引航技术水平要求均不相同，引航服务收费与引航员的工作强度、劳动价值不相对应，对船方而言，引航服务没有体现公平性。且引航站财务自收自支，实施优惠政策导致引航站收入减少，影响引航服务质量。为此，需要合理确定和调整引航费率，保障引航员利益，如此才能让引航员充分发挥主观能动性，做好引航服务工作。

参考文献

蔡斌、楼颖、高霏：《浅析关于引航员法律地位的争论》，《中国水运》（下半月）2012 年第 7 期。

陈德智：《对引航员培养模式的探讨》，《中国水运》（下半月）2018 年第 11 期。

陈杰、周奕荣：《以诚信服务提升“宁波引航”品牌》，《中国水运》2011 年第 1 期。

范开锋、于浩：《我国引航法律制度的相关问题及完善对策》，《港口经济》2017 年第3期。

关伟、杨勇：《浅谈影响港口引航安全的因素及对策》，《中国水运》（下半月）2018年第12期。

荆培峰：《加强国际船舶代理业务管理的建议》，《交通标准化》2008年第4期。

李凡：《港口船舶引航风险与控制措施》，《天津航海》2018年第3期。

刘凤武、李延伟：《引航性质和责任问题分析》，《航海技术》2019年第3期。

刘孜文：《论引航的民事责任》，《中国海洋法学评论》2008年第2期。

刘彤主编《船舶导航系统与引航资源管理》，大连海事大学出版社，2013。

梁军：《引航业服务质量及发展探析》，《中小企业管理与科技》（上旬刊）2010年第2期。

陆悦铭：《集装箱船的发展历史和对引航业的挑战》，《航海》2011年第6期。

宋凯、《引航员、船长与船舶港内航行安全的相关分析》，《珠江水运》2018年第11期。

伍志元等：《泄水闸开启方式对通航水流条件的影响》，《水利水电科技进展》2016年第3期。

王翀：《解析无人机在船舶引航领域的应用》，《中国水运》2017年第3期。

席永涛等：《引航员风险认知对安全行为的影响路径》，《中国航海》2019年第2期。

宣晓东、胡建军、冯济民：《港口引航创新风采》，《中国港口》2001年第3期。

薛一东：《人为失误与船舶引航事故的预防》，《中国航海》2005年第3期。

杨校礼等：《弧形短导墙对船闸引航道水流结构影响的研究》，《水动力学研究与进展》（A辑）2016年第5期。

张欣欣等：《船舶港口引航风险致因人－组织因素影响分析》，《中国安全科学学报》2019年第12期。

张锦朋等：《船舶引航员可靠性评价体系研究》，《中国安全科学学报》2013年第5期。

郑浩亮：《关于引航员与船长间交接环节的探讨》，《中国水运》（下半月）2017年第2期。

Pakj et al.，"Port Safety Evaluation from a Captain's Perspective：The Korean Experience，" *Safety Science* 72（2015）.

Praetoriusg，Hollnagele，Dahlmaj，" Modelling Vessel Traffic Service to Understand Resilience in Eve-ryday Operations，" *Reliability Engineering & System Safety* 141（2015）.

Kerrynw，"The Plot of Pilot：Pilotage and Limitation of Liability in Maritime Law，" *Australian and New Zealand Maritime Law Journal* 24，2（2010）.

Ungst，" A Weighted Cream Model for Maritime Human Reliability Analysis，" *Safety Science* 72（2015）.

B.5

西部陆海新通道与广西物流业协同发展报告（2020~2021）

张建中　朱小明　谢　涛*

摘　要：　西部陆海新通道是“一带”与“一路”相衔接的陆海联动通道，是推动西部地区积极参与国际经济合作发展的陆海贸易通道，更是促进物流经济横向纵向融合发展的综合运输通道。新通道建设将使广西物流业发展提升到一个新的高度，同时广西物流的现代化发展成果也会反过来影响通道沿线省份区域物流节点的协同化发展。本报告通过对西部陆海新通道沿线物流业发展现状及其发展政策的梳理和对广西各区域物流发展水平的评估，进而对西部陆海新通道沿线物流节点与广西物流协同发展现状进行对比分析，提出西部陆海新通道沿线物流节点与广西物流协同发展的机遇与障碍，最后从建立区域物流节点协调机制、制定西部陆海新通道物流发展的长远战略目标、以突出信息化平台培育来深化物流管理体系改革创新等方面提出促进西部陆海新通道与广西物流业协同发展的对策与建议。

关键词：　西部陆海新通道　广西物流业　协同发展

* 张建中，复旦大学博士后，广西财经学院教授、硕士生导师、科研处处长，主要研究方向为国际贸易理论与政策、中国—东盟经贸与南海问题；朱小明，博士，广西财经学院助理研究员、中南财经政法大学兼职硕士生导师，主要研究方向为国际贸易理论与政策；谢涛，广西财经学院副教授，主要研究方向为中国—东盟经贸问题。

一 研究背景

西部陆海新通道纵贯南北，深入我国西北地区腹地，北、南分别与丝绸之路经济带和21世纪海上丝绸之路相连接，与长江经济带横向衔接，对中国西部区域协调均衡发展具有十分重要的意义。该通道的运营中心为重庆，关键节点为广西、贵州等一些西部省份，在公路、铁路、海运等多种运输方式共同作用下，由广西北部湾西南出海口到达世界各地，距离较短，所需时间大幅缩短。近年来，在红利政策指引下，广西等西部省市紧紧抓住共建"一带一路"带来的良好发展机遇，积极寻求与新加坡等东南亚国家开展多维度经贸合作与交流，中新互联互通项目新发展新开拓速度提升，通道建设成果显著。为与中欧班列保持有效衔接，集装箱班列基本实现每日开行；初步形成国际铁路联运和至中南半岛的公交线路班车等跨境物流组织联络模式；北部湾港口设施条件不断优化，货物运输能力不断提升，航线网络不断加密完善。通道建设有效带动了西部地区经济发展、外贸增长和产业转型升级。其中，西部陆海新通道国际铁海联运班列自2017年9月正式运营以来，从开行之初的每周一班加密至每天双向对开，特别是重庆—越南河内的国际铁路联运班列和重庆—东盟跨境公路班车都已实现常态化运行。2019年，西部陆海新通道铁海联运班列数增长51%，运输外贸货物货值超5亿美元，内贸货物货值约25亿元人民币，全球6大洲中88个国家的213个港口成为货物运输目的地，运输货物更是包含汽车整车及零配件、建筑陶瓷、化工原材料、工业制品、生物医药产品、粮食饮料、生鲜冻货等300余个品类。此外，西部陆海新通道各个地区是促进形成通道引领、枢纽支撑、衔接高效、辐射带动的发展格局的物流节点，能够刺激外贸发展，消耗国内过剩产能，优化东亚国家之间的资源配置，提升各国福利水平。

打造良好的物流通道基础设施是促进西部陆海新通道高质量发展的重要支柱。习近平总书记在2015年全国"两会"期间明确指出广西发展"三大定位"——构建面向东盟的国际大通道，打造西南中南地区开放发展新的战略支点，形成21世纪海上丝绸之路和丝绸之路经济带有机衔接的重要门户。“三大定位”更是为广西加快构建面向国内国际的全面开放合作新格局指明了前进的方向。2017年4月，习近平总书记赴广西考察调研，进一步强调广西要立足于独特区位，释放“海”的潜力，激发“江”的活力，做足“边”的文章，全力实施开放带动战略。李克强总理在十三届全国人大三次会议广西代表团的审议中强调，广西要切实发挥好沿海沿边区位优势，扩大对内对外开放，以建设高水平自贸试验区、西部陆海新通道为支撑，打造对接粤港澳大湾区、面向东盟的高水平开放合作平台。2019年，国家颁布了《西部陆海新通道总体规划》（发改基础〔2019〕1333号），广西颁布了《西部陆海新通道广西物流业发展规划（2019—2025年）》（桂发改经贸〔2019〕979号），并印发《西部陆海新通道广西现代物流建设实施方案（2019—2020年）》作为广西物流基础建设发展的重要举措，列明了广西作为西部陆海新通道节点的具体任务。

在西部陆海新通道建设过程中，重点是要关注交通设施联通。物流通道体系作为交通基础设施的骨干系统，其构建和实施效果对西部陆海新通道的高质量发展具有十分重要的意义。通过国际铁海、国际铁路联运和跨境公路等多种运输方式，陆海新通道使重庆与中南半岛实现互联互通，也进一步使中国大部分区域与东南亚、欧亚大陆、非洲等相连接。而无论是哪一种运输方式，货物都是从广西北部湾出海。因此，本报告的研究有利于进一步梳理西部陆海新通道建设背景下广西物流业发展的动态和趋势，掌握西部陆海新通道沿线物流节点与广西物流发展的匹配程度，动态调整现行政策，抓重点、补短板、强弱项，切实保障广西物流协同西部陆海新通道高质量发展。

二　西部陆海新通道与广西物流业发展的研究意义

（一）广西物流业发展是我国西部地区与东盟深度融合的关键

西部陆海新通道不仅能够助力区域通道经济发展，而且更是打造中国—

东盟命运共同体的战略引擎。西部陆海新通道的建设发展能加强沿线地区与东盟国家的物质文化联系，助推西部地区直接参与新加坡、文莱等较发达国家的价值链和供应链，获得更大的经济收益，更好更快地从“幕后”走向“前台”，从被动“间接”的对外开放转向更加主动“直接”的对外开放，打造对外开放新格局。广西作为西部陆海新通道的陆海交汇门户和陆路干线的关键节点，其物流发展水平直接决定双边贸易的便利程度，进而影响西部地区与东盟的经贸关系融合度。

（二）广西物流业发展是西部陆海新通道建设的重要内容

长期以来，广西经济发展滞后，难以为交通基础设施建设提供一定的资金支持，在较大程度上影响整个地区现代交通物流便利度，港口、铁路、公路等交通运输方式之间的连接度、协调度不够，直接导致物流货物的集疏运输时间较长，整体效率不高。西部陆海新通道建设为推动广西北部湾、西江黄金水道主要港口集疏运体系建设和航空、铁路、公路交通网络的完善带来良好的发展机遇，有助于在此前发展基础上进一步增加北部湾港远洋航线，完善沿海及内贸整体航线网络布局。2018 年，《国家物流枢纽布局和建设规划》（以下简称《规划》）由国家发改委等部门发布，《规划》将广西南宁、钦州、北海、防城港等 7 市选为国家级物流枢纽布局承载城市，进一步明确了这些城市的物流定位布局。2019 年，国家发改委出台《西部陆海新通道总体规划》，重点提到要加快运输通道建设和加强物流设施建设两个部分，这意味着今后广西的物流基础设施建设将得到更大更有力的政策支持，上升为重点内容，物流网络将得到进一步优化完善。

（三）广西物流业发展是广西经济高质量发展的重要支撑

广西位于“一带一路”的交汇点，是“一带一路”有机衔接的重要门户，要紧紧围绕中央赋予广西的“三大定位”，把握西部陆海新通道建设发展新机遇，积极投身于西部陆海新通道建设，加快发展通道经济的步伐。但是广西经济发展水平低，综合实力弱，物流竞争优势较东部地区弱，物流需

求总量较小。据统计，2018 年，广西全区生产总值为 20352.51 亿元，经济总量较小，在全国排名较为落后。三次产业生产总值占全区生产总值的比重分别为 14.8%、39.7% 和 45.5%，第三产业优势尚不明显，经济后发力量不足。此外，广西外向型经济发展程度有待提高。与同处于西部地区的国际陆海贸易新通道枢纽站的重庆相比，2018 年，广西货物进出口总额为 4106.71 亿元，重庆全市货物进出口总额为 5222.62 亿元，广西比重庆少了 15% 左右。国际贸易的货运量与国际物流之间存在一定的关系，货运量越大，对物流周转速度要求就越高，物流周转速度加快，将吸引更大规模的货运量。因此，货运量是国际物流发展的前提和基础，反映了参与国际资源配置的程度。因此，广西物流业发展是广西经济高质量发展的重要支撑。

三　西部陆海新通道沿线物流业发展现状及发展政策梳理

（一）西部陆海新通道沿线物流业发展现状

1. 物流企业发展现状

根据 2019 年中物联发布的全国 50 强物流企业情况，全国 50 强物流企业总部分布在 18 个省、直辖市：安徽（2）、北京（6）、福建（4）、广东（4）、河北（1）、湖北（3）、湖南（2）、吉林（1）、江苏（6）、辽宁（2）、山东（2）、山西（1）、陕西（1）、上海（7）、四川省（2）、云南省（2）、浙江省（2）、重庆市（2）（见表 1）。其中，属于西部陆海新通道物流节点的企业仅有 7 家，分别是陕西省的京东物流集团、四川省的准时达国际供应链管理有限公司和四川安吉物流集团有限公司、重庆市的重庆港务物流集团有限公司和重庆长安民生物流股份有限公司以及云南省的云南能投物流有限责任公司和云南建投物流有限公司。从整体来看，企业数量占全国 50 强物流企业的 14%，而物流业务收入为 7663622 万元，仅占全国 50 强物流企业业务收入的 7.79%，说明西部陆海新通道沿线省市物流企业发展相对滞后，物流企业核心竞争力远不及东南沿海省市企业。此外，在西部陆海新通道建设规划物流节点的13个省市中仅有山西省、四川省、重庆市以及云南省4个省份拥有全国50强物流企业，其他物流节点省市的物流企业数量相对匮乏。从主营业务来看，西部陆海新通道建设规划物流节点省市50强物流企业：水运物流，重庆港务物流集团有限公司；商贸物流，云南能投物流有限责任公司；综合物流，准时达国际供应链管理有限公司、四川安吉物流集团有限公司；汽车物流，重庆长安民生物流股份有限公司；公路货运，云南建投物流有限公司、京东物流集团。西部陆海新通道要求铁路、公路、水运、航空等多层次、多功能的交通网，从重庆出发向南经过贵州等省份，在广西北部湾等沿海沿边口岸出海，最终到达东盟各国主要物流点，势必需要相关物流企业的强大支撑，相互配合。而已有物流企业相对匮乏，主营业务种类有待进一步丰富，尤其是涉及港口西部地区物流的本地企业极为稀缺，对西部陆海新通道发展具有一定限制性。

表1　全国50强物流企业

单位：万元

排名	企业名称	总部所在省市	物流业务收入
1	中国远洋海运集团有限公司	上海市	22121401
2	厦门象屿股份有限公司	福建省	14040454
3	顺丰控股股份有限公司	广东省	8967688
4	中国外运股份有限公司	北京市	7731184
5	京东物流集团	陕西省	3917670
6	中国物资储运集团有限公司	北京市	3887225
7	中铁物资集团有限公司	北京市	3019406
8	圆通速递股份有限公司	辽宁省	2746515
9	上汽安吉物流股份有限公司	上海市	2508257
10	德邦物流股份有限公司	上海市	2302532
11	锦程国际物流集团股份有限公司	辽宁省	1519586
12	江苏苏宁物流有限公司	江苏省	1351190
13	厦门港务控股集团有限公司	福建省	1339086

续表

排名	企业名称	总部所在省市	物流业务收入
14	一汽物流有限公司	吉林省	1220000
15	福建省交通运输集团有限责任公司	福建省	1211649
16	全球国际货运代理(中国)有限公司	上海市	1111263
17	中国石油化工股份有限公司管道储运分公司	安徽省	1027952
18	青岛日日顺物流有限公司	山东省	1014431
19	泉州安通物流有限公司	福建省	1005754
20	嘉里物流(中国)投资有限公司	湖北省	918294
21	重庆港务物流集团有限公司	重庆市	860805
22	上海中谷物流股份有限公司	上海市	807786
23	准时达国际供应链管理有限公司	四川省	761967
24	山西快成物流科技有限公司	山西省	680897
25	云南能投物流有限责任公司	云南省	674347
26	安得智联科技股份有限公司	安徽省	589457
27	全球捷运物流有限公司	上海市	566996
28	四川安吉物流集团有限公司	四川省	557344
29	北京长久物流股份有限公司	北京市	546845
30	江苏百盟投资有限公司	江苏省	540000
31	中铁铁龙集装箱物流股份有限公司	广东省	533614
32	日通国际物流(中国)有限公司	北京市	525480
33	重庆长安民生物流股份有限公司	重庆市	512710
34	武汉商贸国有控股集团有限公司	湖北省	502116
35	林森物流集团有限公司	江苏省	499536
36	浙江物产物流投资有限公司	浙江省	497800
37	中都物流有限公司	北京市	474961
38	湖南星沙物流投资有限公司	湖南省	468561
39	传化智联股份有限公司	浙江省	464576
40	河北宝信物流有限公司	河北省	455488
41	广东省航运集团有限公司	广东省	452977
42	玖隆钢铁物流有限公司	江苏省	450000

续表

排名	企业名称	总部所在省市	物流业务收入
43	九州通医药集团物流有限公司	湖北省	421451
44	国药控股扬州有限公司	江苏省	401334
45	利丰供应链管理(中国)有限公司	上海市	378988
46	云南建投物流有限公司	云南省	378769
47	南京福佑在线电子商务有限公司	江苏省	351366
48	湖南一力股份有限公司	湖南省	348106
49	希杰荣庆物流供应链有限公司	山东省	333852
50	中通服供应链管理有限公司	广东省	325565

资料来源：中国物流与采购联合会。

2. 物流园区发展现状

基于基础设施、服务能力、运营管理以及社会贡献等，中国物流与采购联合会物流园区专委会2020年组织开展“全国物流园区综合评价”工作，评选出全国127所优秀物流园区。其中，属于西部陆海新通道物流节点省市的优秀物流园区共30所，包括内蒙古自治区10所、广西壮族自治区2所、重庆市3所、四川省5所、陕西省3所、甘肃省3所以及贵州省、云南省、青海省和宁夏回族自治区各1所（见图1、表2）。从物流园区的区域分布来看，其空间分布有待均衡。在经济基础较为雄厚的东部地区，大多数物流园区进入真正的运营状态，发展态势良好。中西部地区在政策落实下加速园区规划建设，园区数量明显增加，但是西部陆海新通道近海段的优秀物流园区数量较少，大部分集中在四川、重庆和内蒙古3个内陆省份。从物流园区布局来看，逐渐呈现网络化布局。随着物流园区的数量不断增加、规模不断扩大，不同区域园区之间的互动合作日益密切，物流园区不再以单点竞争为主，而是逐步向网络竞争转变。西部各物流园区在政策强力牵引和需求导向下，不断加快模式复制和联盟合作，学习引进物流数字化技术，物流效率明显提升，物流成本逐步降低，西部陆海新通道物流服务网络正在加速构建。从智慧化升级角度来看，大部分物流园区基于公路、铁路、水路、航空等物流信息建立了信息服务平台，提供信息实时发布、货物监控跟踪、数据交换

共享、行业动态管理等基础服务，园区信息化程度和整体经济效益得到明显提升。部分园区根据业务和发展需要，结合基础功能有效开发了运力交易、支付结算、融资保险、信用管理等业务辅助功能，加快园区数字化发展。但是，也有部分园区智慧化升级进度缓慢，数字化发展水平有待进一步提升。

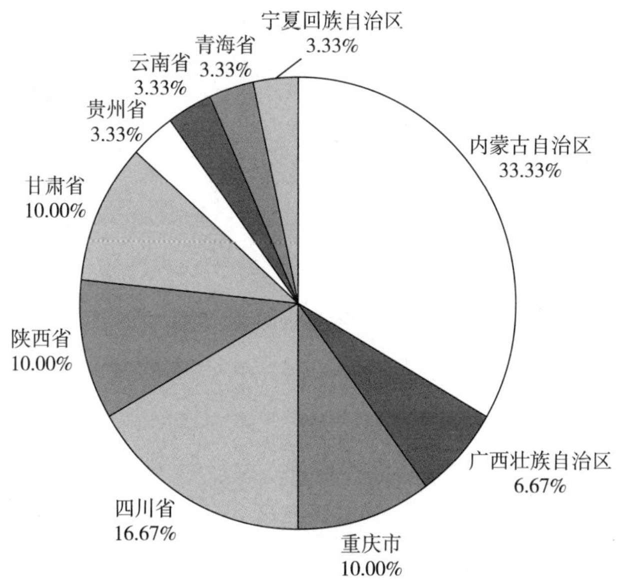

图1　西部陆海新通道物流节点省市优秀物流园区数量占比

资料来源：中国物流与采购联合会。

表2　西部陆海新通道物流节点省市30所优秀物流园区

物流园区名称	所在省、自治区、直辖市
内蒙古红山物流园区	内蒙古自治区
集宁现代物流园区（乌兰察布）	内蒙古自治区
内蒙古鑫港源顺物流园	内蒙古自治区
鄂尔多斯空港物流园区	内蒙古自治区
札萨克物流园区（鄂尔多斯）	内蒙古自治区
牙克石大兴安国际物流园区（呼伦贝尔）	内蒙古自治区

续表

物流园区名称	所在省、自治区、直辖市
满洲里国际物流产业园区（呼伦贝尔）	内蒙古自治区
森富国际中俄跨境商贸物流园区（呼伦贝尔）	内蒙古自治区
北方陆港国际物流中心（乌兰察布）	内蒙古自治区
七苏木国际物流枢纽产业园（乌兰察布）	内蒙古自治区
防城港市东湾物流园区	广西壮族自治区
广西凭祥综合保税区	广西壮族自治区
秀山（武陵）现代物流园区	重庆市
重庆国际物流枢纽园区	重庆市
重庆南彭贸易物流基地	重庆市
中国西部现代物流港	四川省
南充现代物流园	四川省
成都国际铁路港	四川省
泸州临港物流园区	四川省
宜宾临港国际物流园	四川省
贵州省清镇市物流园区	贵州省
云南腾俊国际陆港	云南省
陕西国际航空物流港	陕西省
普洛斯西安航港物流园	陕西省
陕西商山物流园	陕西省
甘肃（兰州）国际陆港	甘肃省
甘肃省物产集团兰州物流园	甘肃省
嘉峪关多式联运物流园	甘肃省
青海朝阳物流园区	青海省
宁夏众一物流园区	宁夏回族自治区

资料来源：中国物流与采购联合会。

3. 物流信息平台发展现状

目前，国内较为知名的物流信息平台有锦程物流网、运力通、中国物通网以及物流全搜索。而西部地区仅有一家物流信息平台，即中国西部现代物流公共信息平台（http：//www. cloud56. net）（见表 3）。其是由西部现代物

流港委托四川物联亿达科技有限公司倾力打造的物流互联网信息平台，结合西部现代物流业发展的实际需要，融合云计算、物联网等最新一代技术研发而成。此平台共分为七大业务平台，分别是物流资讯平台、B2B 物流设备交易平台、B2B 物流信息交易平台、物流运作服务平台、企业之窗、百宝箱以及 BBS 交流社区。一方面，与其他一些信息化程度较高、发展起步较早的物流公共信息平台相比，中国西部现代物流公共信息平台的金融信息服务、物流供应商之间的合作共享渠道以及市场定位显然相对逊色，专业化程度不敌其他平台；另一方面，物流信息交换平台、配货型物流信息平台、资源型物流信息平台、应用服务型物流信息平台、行业垂直门户型物流信息平台有待建立。只有大力整合空港、陆港、海关等各类数字信息平台资源，构筑枢纽型现代物流公共信息共享平台，不断促进地区间物流体系平台间的互动交流，才能实现西部陆海新通道物流跨行业跨地区的信息共享。

表 3　中国知名物流信息平台对比

物流公共信息平台名称	简介
锦程物流网	成立于 2003 年，致力成为安全的物流交易和结算服务平台。依托网络公共平台和电子商务，以推广营销、交易结算、物流金融、信用体系等多元化网络服务为手段，优化配置国内外物流行业和贸易客户资源，打造贸易商和物流提供商双向互动的网络物流集中采购渠道和网络营销渠道以及物流提供商之间的同行网络采购合作渠道，“三渠道”下打造全球最安全的物流交易和结算服务平台
运力通	“运力通”为平台用户提供一系列的增值服务，如税务服务、财务管理服务、咨询管理服务、生产物资或生产工具代采服务（具有强大的性价比优势）、信息化系统服务等。立足于服务所有类型的货物和货车，以全面满足中小企业的公路长途整车运输需求，降低回头车、回程车的空驶率，改善整体物流货运找车效率
中国物通网（www. chinawutong. com）	北京物通时空网络科技开发有限公司旗下物流行业网站，是国内专业的以企业多元化物品流通需求为中心，系统整合物流企业、运输车辆、国际海运空运、铁运、快递、搬家、配货信息中介等物流服务商，通过互联网平台、车联网平台与移动互联网终端为广大发货企业提供一站式、全方位、透明化门到门物流 O2O 服务的物流信息化交易服务平台

续表

物流公共信息平台名称	简介
物流全搜索	平台以自助、专业、全面、简易为标准，旨在打造成为全球最大的中文物流搜索查询平台。平台秉持"行业搜索+垂直门户"相结合的理念，坚持以"服务第一、成效第一"双第一的客户服务理念，着力解决物流供需信息不对称、共享难问题
中国西部现代物流公共信息平台（http://www.cloud56.net）	由西部现代物流港委托四川物联亿达科技有限公司倾力打造的物流互联网信息平台。结合西部现代物流业发展的实际需要，融合云计算、物联网等最新一代技术研发而成。此平台共分为七大业务平台，分别是物流资讯平台、B2B物流设备交易平台、B2B物流信息交易平台、物流运作服务平台、企业之窗、百宝箱以及BBS交流社区

资料来源：根据相关资料整理。

（二）西部陆海新通道沿线物流节点发展物流业的相关政策

1. 金融扶植政策

金融作为经济发展的先导力量，是支撑各项活动运行的核心要素，西部陆海新通道的发展离不开金融政策的大力支持。首先，金融政策是服务好西部陆海新通道基础设施建设的关键举措。一方面，增加对西部陆海新通道沿线地区基础设施的信贷投放，逐步解决基础设施建设过程中的资金短缺问题，进而提高相关港口、航道、码头、铁路、集疏运中心、物流园区等的建设质量和效率；另一方面，相关物流企业将获得更大的金融信贷支持和良好的金融政策环境，解决发展的后顾之忧，不断提高物联网、智慧物流、物流信息平台等在标准化、数字化、集约化方面的建设水平。其次，有力的金融支持可以有效推动相关物流产品和服务创新。多举措、全方面开展账单、仓单、运单标准化融资业务，推动账单、仓单、运单融资业务的普及化和便利化；构建海铁联运"一站式"融资服务体系；创新开展陆上贸易运单融资业务，丰富陆上贸易融资方式；开展"区块链+供应链金融"的金融产品和服务，构建跨区域物流企业与金融机构联盟、供应链金融服务圈。再次，从企业层面来讲，可供企业选择的融资渠道更多。正确引导企业发行公司债

券、企业债券等债券融资产品，短期融资券、中期票据等非金融企业债务融资工具以及资产证券化产品，大大规避融资约束对产品和服务创新的限制。最后，金融服务机制是西部陆海新通道的政策保障机制。不断完善的物流金融信贷管理机制能够有效地统筹实施资本规划、信用监督、授权经营、绩效考核、人才匹配、薪酬福利、工作支撑等政策管理机制，实现西部陆海新通道政策部门多渠道联动、相互制约、相互监管，避免资金和资源的重复使用，提高行政效率。

因此，广西壮族自治区发展和改革委员会等四部门出台了西部陆海新通道沿线物流节点发展物流业的金融政策，如2019年11月出台的《金融支持西部陆海新通道建设的若干政策措施》和2020年6月出台的《加快建设面向东盟的金融开放门户若干措施》，旨在强化高效的金融供给、优化金融结构、创新金融服务产品以支持西部陆海新通道建设。

2. 物流体系建设政策

西部陆海新通道建设对物流体系建设提出了跨区域服务一体化以及地区物流服务高效化的新要求。因此，为统筹各种运输方式发展、完善物流设施功能、增强交通物流设施保障能力，需要不断完善西部陆海新通道各物流节点的基础建设。一方面，提升交通物流设施系统能力，着力补齐短板，有助于完善物流设施功能。只有加快推进铁路、公路建设，提高内河航运能级，才能奠定专业化、规模化物流体系发展的基础。另一方面，确保通道物流运行质量效益是物流体系降低物流成本、提高通道整体竞争力的关键。不断提升物流信息化水平，共建通道公共信息平台，促进物流公共信息数据互联互通。同时，鼓励支持各类市场信息平台发挥作用，促进货、车、船的高效匹配，能够有效提升物流组织及交易效率。

不断完善的物流体系能够为各个物流节点城市融入交通便利、物流高效、产业繁荣、机制科学、具有较强竞争力的西部陆海新通道奠定坚实基础。因此，西部陆海新通道建设各物流节点省、自治区、直辖市纷纷出台各项政策，如四川省于2019年12月出台了《四川加快西部陆海新通道建设实施方案》，广西壮族自治区于2020年1月出台了《广西建设西部陆海新通道实施方案》，贵阳市于2020年4月出台了《贵阳市推进西部陆海新通道建设实施方案》等，旨在进一步培育新路网、新路线、新物流，带动新市场、新动能、新贸易，加快探寻现代化物流体系新范式。

3. 区域联动指导意见

强化与通道沿线省市协商合作，强化区域间联动关系，是推动共商、共建、共享西部陆海新通道的必要前提。由于西部陆海新通道建设涉及多个不同的地域和领域，其所带来的体制机制创新可能使相关部门的职能范围重复交叉，也可能出现监管领域的空白。而从某一角度来讲，本地部门不完善的协调机制会影响西部陆海新通道建设资源的配置，进而影响西部陆海新通道建设的效率和质量。所以，这在客观上就要求西部陆海新通道建设要提高内部协调效率，健全高效的政策执行机制。因此，各方应坚持“政府引导、企业为主、市场运作”的原则，重点是建立一体化运营平台，加快运输通道和物流设施建设，优化配置通道资源以提升通道运行与物流效率、促进通道与区域经济协调发展，各方要在协同完善支持政策、共同做好宣传引导工作等方面积极开展合作与交流。为搭建联动合作平台，西部地区13个省、自治区、直辖市已于2019年10月共同签署了《合作共建西部陆海新通道框架协议》，旨在密切省际合作，全面深化陆海双向开放，构建西部大开发新格局。此外，四川省、广西壮族自治区等诸多省份也已纷纷出台相关指导意见，表明加强与物流节点省市的合作，突出物流节点的集聚辐射效能，以此更好地促进区域协调发展，更好地服务国家战略大局。由此可见，不断建立健全跨区域合作体制机制，为西部陆海新通道建设提供了有利的支撑和服务。

4. 深化国际贸易合作政策

优化开放体制环境，深化国际贸易合作是西部陆海新通道高质量发展的重要目标之一。西部陆海新通道的建设不仅仅是打造东西互济、南北联动的国内战略格局，更是强调陆海统筹、双向开放，重点突出与共建“一带一路”的东南亚国家战略联动的开放格局。既充分考虑与国家区域发展战略精准对接，服务国内市场建设，又侧重以“一带一路”为统领的全面对外开放新形势。因此，深化国际贸易合作，推进形成西部陆海新通道战略对外

开放新格局，加快实现西部陆海新通道开发开放意义重大。四川省于2019年12月推出的《四川加快西部陆海新通道建设实施方案》以及重庆市于2020年4月出台的《重庆市推进西部陆海新通道建设实施方案》，均强调了深化国际贸易合作，充分发挥自由贸易试验区示范引领作用，打造交通便捷、贸易便利、产业繁荣、具有较强竞争力的开放新高地。

四　广西各区域物流发展水平评估

（一）广西物流业发展现状调查研究

围绕研究主题，在本报告研究过程中，分别赴钦州保税港区、钦州铁路集装箱中心站以及北部湾港钦州港码头、海南自由贸易港洋浦经济开发区等多地进行了调研。通过调研发现，从基础设施来看，截至2019年底，广西公路总里程达12.7万公里，高速公路里程突破6000公里，县县通高速率为92%；农村公路总里程突破10万公里；铁路营运里程超过5200公里，高铁动车通达全区12个设区市和周边所有省份；已开通运营的民航运输机场有7个；北部湾港已建成各类泊位268个，其中万吨级以上深水泊位95个，基础设施正逐步完善。从物流企业来看，据2019年广西A级物流企业名单，南宁市的A级物流企业占比为50.68%，柳州市A级物流企业约占19%，钦州市A级物流企业约占17%，上述三个地区的A级物流企业囊括了全区近90%的A级物流企业数，这体现了广西物流企业空间分布极度不平衡。另外，广西3A级企业和4A级企业较多，累计占比为87.67%，5A级企业仅有5家，说明广西的顶级物流企业数量较少，对区域物流和区域经济的带动作用有限，总体上的发展水平有待提高。

（二）广西现代物流业发展中的突出问题

1. 交通基础设施建设有待进一步完善

港口建设相对滞后。港口基础设施配套滞后，主要表现在航道浅，高级别泊位少，无法接纳大型海轮，航道制约港口发展，大型集装箱船舶无法进出港口，难以满足物流大进大出需要。港口建设滞后，产生两个后果：一是船期和货运量少，货物从钦州港发出后需到广东或香港等口岸再转运出海，货物滞留时间约为7天；二是重庆、四川等西南地区物流节点的货物对长江运输通道形成路径依赖，其对南向出海口运输的选择意愿不强烈。

铁路资源投入不足。西部陆海新通道最大的优势就是将西南地区的货物通过铁路运输到出海口，虽然全国第12个铁路集装箱中心站建在钦州，但南宁铁路局对沿海资源的投入偏向湛江，忽略对广西沿海铁路的投入，部分目的是为避免湛江站被划归广州局。由于以上铁路资源投入不足，因此部分货物流从湛江出海。

2. 物流信息平台建设滞后

多式联运系统平台尚未整合成功，西部陆海新通道的铁海联运是最大优势，但是钦州铁路集装箱中心站铁路系统货物运输数据不能与海关数据对接，需要二次填单报关，海铁联运中转时间较长，导致货物滞留，影响联运效率。

广西物流企业较多，由于没有建立企业共享、统一的物流信息平台，导致物流企业没有形成合力，制约广西现代物流业发展。

3. 港口基础设施欠缺

港口集疏运基础设施建设有待加强。钦州集疏港铁路专用线建设缺失，目前铁海联运末端运输不太通畅，集装箱转移至堆场主要还是靠汽车，效率低、成本高，此外铁海联运配套码头、锚地等设施的技术改造还需进一步加强。

在铁路运能方面，铁路货运枢纽物流服务能力有待提升。铁路集装箱中心站等铁路物流服务功能较为单一，铁路货运场站功能单一，铁路物流增值业务不显著，铁海联运中转设施未与港口码头形成高效率的综合物流中心，现代物流园区特征不明显。

此外，港口区配套设施建设差。生活配套服务设施欠缺，餐饮、娱乐、

住宿需求均无法得到满足。港口区就业人员大部分生活在市区，工作在港区，每日通勤往返 2 个小时，交通成本和生活成本高，对于招商引资进园的企业来说，也很难留住人才，影响企业进一步发展。

4. 交通物流与产业联动融合度不高

目前，西部陆海新通道沿线节点班列能够实现天天班列，但是上行货物多，下行货物少，且均为西南地区货物，再加上港口运输缺乏足量货物，导致远洋航线目前仅开设 2 条，且货物被运输到欧美地区还需到香港或新加坡转船，仅有的周期性班轮还是广西方面开设的平台公司在运作。根本原因是，广西本地产业尤其是制造业不发达，广西没有大规模产品可出口，产业发展滞后，与交通物流融合度不高，进一步制约物流业发展。

5. 骨干物流企业拉动作用不明显

广西本地物流企业多但不强，能提供全产业链服务的企业少，目前西部陆海新通道主要物流运作平台是广西北部湾国际港务集团有限公司。广西的大额财政补贴定向投入这家公司，其他公司就算想承接西部陆海新通道货源，也无法提供竞争性的物流服务。即便如此，整个西部陆海新通道物流服务质量仍不高，目前基本能够做到门到场（仓库到钦州中心站货运站）物流服务，在铁海联运环节因为铁路系统与海关系统数据无法共享，货物出海最后关节受阻，物流成本增加。

（三）广西物流发展水平评估指标体系构建与分析方法

1. 评估指标体系的构建

基于问题导向性原则、科学性原则以及可获得原则，本报告深度剖析广西各地区物流业发展情况，以促进西部陆海新通道与广西物流业协同发展为最终目标，从地区物流行业的定义与特征出发，并充分考虑物流业健康发展的指示，兼顾区域物流高质量发展诉求，进一步构建广西物流发展水平的评估指标体系。

广西物流发展水平的评价体系包含 4 个一级指标、5 个二级指标以及

12 个三级指标。其中一级指标包括物流发展基础、发展质量、发展效率以及发展贡献 4 个维度，涵盖了体现地区物流行业发展水平的主要因素。此外，本报告坚持底线原则，按照宏观指标与微观指标相结合、经济政策指标与人文指标相结合的要求，综合考虑将二级指标和三级指标进一步细化（见表 4）。

表 4　物流发展水平评估体系

一级指标	二级指标	三级指标
发展基础	基础设备	公路网密度
		铁路营业里程
		公路里程
		内河航道里程
	基础投资	交通运输、仓储和邮政业固定资产投资
发展质量	货运规模	铁路货物运输量
		公路货物运输量
		水运货物运输量
发展效率	货物周转	铁路周转量
		公路周转量
		水运周转量
发展贡献	与相关产业的联动	交通运输、仓储和邮政业生产总值占 GDP 比重

2. 广西各区域物流发展水平评估方法

目前，关于指标权重的主流计算方法有三种。一是主观赋权法，其根据决策者主管信息进行赋权，通过综合各位专家对各指标给出的权重进行赋权，具有较大的主观性；二是客观赋权法，即根据原始数据之间的关系通过数学的方法来确定权重，相对于主观赋权法的主观判断，具有较强的数学理论依据；第三种为组合赋权法，其最大限度地减少信息的损失，使赋权的结果尽可能地与实际结果接近。但是，由于组合赋权法在权重分配上具有较大的争议且应用性比较差，还有待进一步完善和统一。因此，本报告采用客观赋权法——熵值法，以数理统计方法为基础对各项指标予以赋权。其具有相对完善的理论支撑和较强的实践性。本报告利用熵值法计

算一段时间内不同主体的差异化指标的权重，旨在横向和纵向评估广西物流发展情况。

（四）广西及各物流节点物流发展水平测度

1. 资料来源及处理

为准确评估广西以及各物流节点 2010～2019 年物流发展水平的动态变化，基于指标选择的系统性、科学性以及数据可获得性原则，在已有研究的基础上，本报告构建了物流发展水平的评估体系，数据主要来源于《中国统计年鉴》以及北部湾港务集团、东盟信息港、物资集团和泛北论坛等官方网站所统计的数据。经计算整理，2010～2019 年广西壮族自治区物流发展水平指标的原始数据见表 5。首先，在发展基础指标中，广西公路网密度、铁路营业里程、公路里程以及内河航道里程均呈现上升趋势，尤其是公路里程，自 2010 年 101782 公里增长至 2019 年的 127819 公里，增长了 25.58%。在发展质量指标中，除铁路货物运输量外，公路货物运输量和水运货物运输量均有大幅提高。而在发展效率指标中，铁路周转量逐渐减少，公路周转量和水运周转量呈攀升趋势，这是由于近年来公路和水运成本下降，而铁路周转的效率较低，大多数货物转向公路或者水运周转。在发展贡献指标中，物流业增加值占 GDP 比重较为波动，但是均保持在 4% 以上。

2. 指标权重的确定

为解决信息度量问题，美国数学家香农于 1948 年提出了“信息熵”的概念。信息熵是信息论中用来刻画信息无序度的一个标量，熵值越大，表示信息的无序化程度越高，相对应的信息效率越高。换句话说，熵值法可以评估一个指标的离散程度，熵值越小，其离散程度越大，同时提供的信息量也就越大，进而表明该指标对综合评价的影响越大。因此，本部分内容将利用熵值法来计算广西及各物流节点物流发展水平。运用熵值法进行指标权重的确定步骤如下。

表 5　广西物流发展评估指标原始数据

一级指标	三级指标	2010年	2011年	2012年	2013年	2014年	2015年	2016年	2017年	2018年	2019年
发展基础	公路网密度(公里/万人)	22.079	22.581	23.047	23.603	24.169	24.602	24.917	25.232	25.467	25.770
	铁路营业里程(公里)	3205.000	3194.210	3194.470	4013.380	4741.530	5117.190	5192.100	5191.390	5202.240	5206.430
	公路里程(公里)	101782.000	104889.000	107906.000	111384.000	114900.000	117993.000	120547.000	123259.000	125449.000	127819.000
	内河航道里程(公里)	5432.530	5432.530	5478.830	5478.240	5704.140	5707.490	5707.490	5707.490	5707.490	5707.490
	交通运输、仓储和邮政业固定资产投资(亿元)	93.715	248.980	242.744	238.989	204.915	211.018	217.120	244.092	282.032	219.491
发展质量	铁路货物运输量(万吨)	9091.830	6769.660	6846.010	6916.210	6683.770	5779.000	5898.160	6634.260	7140.320	8405.010
	公路货物运输量(万吨)	93552.000	113549.000	135112.000	124677.000	134330.000	119194.000	128247.000	139602.000	153389.000	142751.000
	水运货物运输量(万吨)	12832.000	15813.000	19398.000	19550.000	22009.000	24741.000	26615.400	28405.400	30123.000	31880.700
发展效率	铁路周转量(亿吨·公里)	891.325	895.378	860.012	809.434	770.443	674.531	679.030	709.680	710.090	752.840
	公路周转量(亿吨·公里)	1173.450	1494.040	1878.290	1857.180	2068.510	2122.600	2248.460	2456.690	2683.050	1470.880
	水运周转量(亿吨·公里)	861.988	1088.810	1372.340	1189.760	1250.700	1264.690	1332.920	1446.950	1590.640	1765.460
发展贡献	物流业增加值占GDP比重	0.050	0.050	0.048	0.047	0.047	0.048	0.047	0.052	0.046	0.043

资料来源：2011～2020年《中国统计年鉴》以及北部湾港务集团、东盟信息港、物资集团和泛北论坛等官方网站。

（1）原始数据矩阵的设立

设有广西壮族自治区的 m 项评价指标，n 年数据，因此原始数据矩阵如式（1）。

$$X = \begin{Bmatrix} x_{20101} & \cdots & x_{2010m} \\ \vdots & \vdots & \vdots \\ x_{20191} & \cdots & x_{2017m} \end{Bmatrix} \qquad 式(1)$$

其中，x_{ij}表示湖北省在第 i 年的第 j 项评价指标的数值（$i=2010$，…，2019；$j=1$，…，m）。

（2）数据的标准化

由于不同的指标具有不同的单位和不同的变异程度，为了消除量纲的影响和变量自身变异大小和数值大小的影响以及极端值的影响，进而使所有指标具有可比性，得到综合的权重，故将数据进行标准化处理，如式（2）。变换后可以得到标准化矩阵 B。

$$b_{ij} = \frac{x_{ij} - \min(x_{1j}, x_{2j}, x_{3j}, \cdots, x_{nj})}{\max(x_{1j}, x_{2j}, x_{3j}, \cdots, x_{nj}) - \min(x_{1j}, x_{2j}, \cdots, x_{nj})} \qquad 式(2)$$

（3）由 p_{ij}得到矩阵 P

$$p_{ij} = \frac{b_{ij}}{\sum_{i=1}^{n} b_{ij}} \qquad 式(3)$$

（4）计算第 j 项指标的熵值

$$E_j = -\frac{1}{\ln(n \times m)} \times \sum_{i=1}^{n} p_{ij} \ln p_{ij} \qquad 式(4)$$

（5）确定各指标权重

根据信息熵的计算公式，计算出各个指标的熵值为 E_1，E_2，…，E_k。

$$W_j = \frac{1 - E_j}{\sum_{i=1}^{n} (1 - E_j)} \qquad 式(5)$$

其中，$1-E_i$ 是计算第 j 项指标的差异系数。对于第 j 项指标，指标值的差异越大则对方案评价作用越大，其熵值就越小。

（6）计算综合得分

计算不同时间维度的开放型绩效得分 S_i，如式（6）。

$$S_i = \sum_{i=1}^{n} p_{ij} \times W_j \qquad 式(6)$$

3. 物流发展水平综合评估结果分析

2010～2019 年广西物流发展水平测度指标权重以及物流发展水平的综合得分如表 6 和图 2 所示。首先，在广西物流发展水平测度一级指标权重设置中，发展基础指标所占权重为 0.416738，发展质量指标所占权重为 0.249968，发展效率指标所占权重为 0.250022，发展贡献指标所占权重为 0.083272，这也标志着物流的基础建设是物流业发展的重要一环。其次，从整体来看，本报告所计算的广西物流发展水平得分整体呈上升趋势，从 2010 年的 0.0528 分增长至 2019 年的 0.1368 分，增长率为 159.09%，由此可见，广西物流整体发展十分迅速。

表 6　2010～2019 年广西物流发展水平测度指标权重

一级指标	二级指标	三级指标	所占比重
发展基础 0.416738	基础设备 0.333495	公路网密度	0.083319
		铁路营业里程	0.083431
		公路里程	0.083330
		内河航道里程	0.083415
	基础投资 0.083243	交通运输、仓储和邮政业固定资产投资	0.083243
发展质量 0.249968	货运规模 0.249968	铁路货物运输量	0.083389
		公路货物运输量	0.083267
		水运货物运输量	0.083312
发展效率 0.250022	货物周转 0.250022	铁路周转量	0.083426
		公路周转量	0.083310
		水运周转量	0.083286
发展贡献 0.083272	与相关产业的联动 0.083272	物流业增加值占 GDP 比重	0.083272

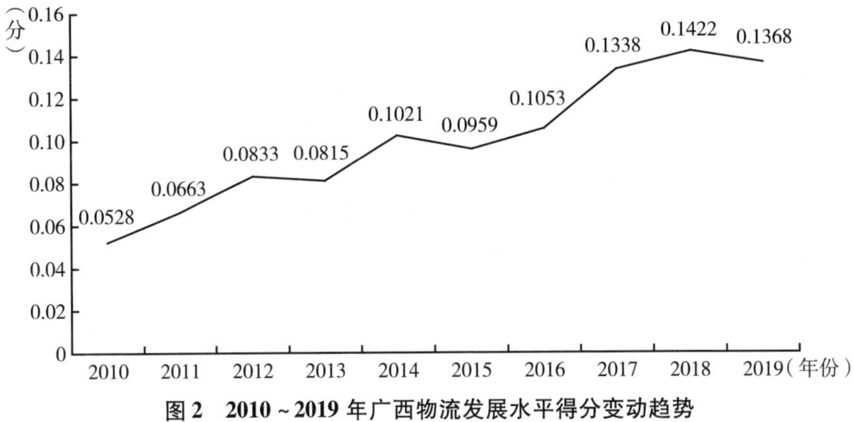

图 2　2010 ~ 2019 年广西物流发展水平得分变动趋势

最后，从广西物流各个发展方面一级指标来看，在发展基础方面，广西发展基础呈较快增长趋势，从 2010 年的 0. 000073 增长至 2019 年 0. 065676，尤其在 2013 年共建“一带一路”倡议被提出后，发展基础出现了一个较快的增长。随着物流基础设施的不断完善，2016 ~ 2019 年，广西物流的基础建设增幅放缓，也从侧面肯定了前期物流基础的建设成果。在发展质量方面，广西物流发展质量前期较为波动，自 2015 年以后，发展质量有了大幅提升，这主要是由于，随着广西与东盟地区周边的物流通道建设逐渐完成，逐步形成立体化现代物流产业格局，提高了货运规模，进而拉动了物流发展质量的提升。在发展效率方面，广西物流发展的综合效率有待进一步提升，2013 ~ 2015 年物流发展效率总体上呈下降趋势，2016 年后，广西物流发展效率逐渐恢复至原来水平。而就发展贡献方面而言，广西物流发展贡献得分趋于平稳，仅在 2017 年有明显提高，说明广西物流业在广西经济中的地位较为稳定（见表 7 和图 3）。

表 7　广西物流发展水平一级指标测度得分

单位：分

一级指标	2010 年	2011 年	2012 年	2013 年	2014 年
发展基础	0. 000073	0. 014109	0. 019620	0. 029232	0. 047164
发展质量	0. 022325	0. 013859	0. 022418	0. 020523	0. 023249
发展效率	0. 017952	0. 025905	0. 032320	0. 024558	0. 024727
发展贡献	0. 012443	0. 012457	0. 008914	0. 007159	0. 007004

续表

一级指标	2015 年	2016 年	2017 年	2018 年	2019 年
发展基础	0. 053883	0. 057599	0. 062275	0. 067109	0. 065676
发展质量	0. 015748	0. 020227	0. 029345	0. 037434	0. 044839
发展效率	0. 017625	0. 020606	0. 027482	0. 032592	0. 026253
发展贡献	0. 008596	0. 006848	0. 014736	0. 005113	0. 009925

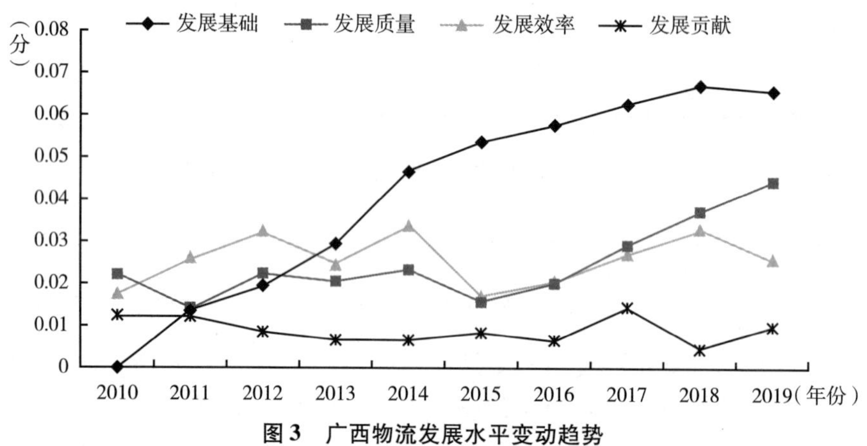

图 3　广西物流发展水平变动趋势

五　西部陆海新通道沿线物流节点与广西物流协同发展现状对比分析

为了更好地分析广西物流在西部陆海新通道发展的现状，本报告选取了具有代表性的西部陆海新通道物流节点省市，重庆、四川、甘肃、陕西以及贵州，通过上述熵值法对其物流发展水平进行评估，旨在横向和纵向对比西部陆海新通道沿线物流节点与广西物流协同发展现状。通过比较物流发展水平评分可见，西部陆海新通道沿线物流节点省市与广西物流发展水平均呈现上升趋势，说明随着政策支持力度的加大，西部陆海新通道节点省市的物流发展态势良好。其中，重庆和四川作为西部地区的重点开放省市，其物流发展迅猛，2019 年的物流得分分别为 0. 175922 和 0. 152579，排名靠前，特别是重庆物流发展水平，自 2012 年的垫底水平飞跃至 2019 年的领先水平，物流发展水平大幅度提升。而广西物流发展相对较缓，仅排在中下游位置

（见表8和图4）。为进一步反映西部陆海新通道沿线物流节点省市与广西物流发展水平的差异，本报告将从物流的发展基础、发展质量、发展效率以及发展贡献4个方面的评估结果予以进一步说明。

表8　2010~2019年西部陆海新通道沿线物流节点省市与广西物流发展水平得分

单位：分

地区	2010年	2011年	2012年	2013年	2014年	2015年	2016年	2017年	2018年	2019年
广西	0.052794	0.066330	0.083272	0.081472	0.102144	0.095852	0.105281	0.133838	0.14225	0.136769
重庆	0.036714	0.056986	0.058203	0.066636	0.072133	0.083585	0.119283	0.151011	0.179528	0.175922
陕西	0.036732	0.060119	0.074228	0.102705	0.090347	0.113025	0.124271	0.127029	0.128384	0.143160
甘肃	0.050383	0.075043	0.087912	0.094177	0.101413	0.116004	0.100388	0.122134	0.131390	0.121156
贵州	0.051924	0.061357	0.066028	0.087746	0.108031	0.105290	0.119185	0.128302	0.141345	0.130792
四川	0.018670	0.053248	0.071616	0.079240	0.099707	0.112176	0.122610	0.137565	0.152589	0.152579

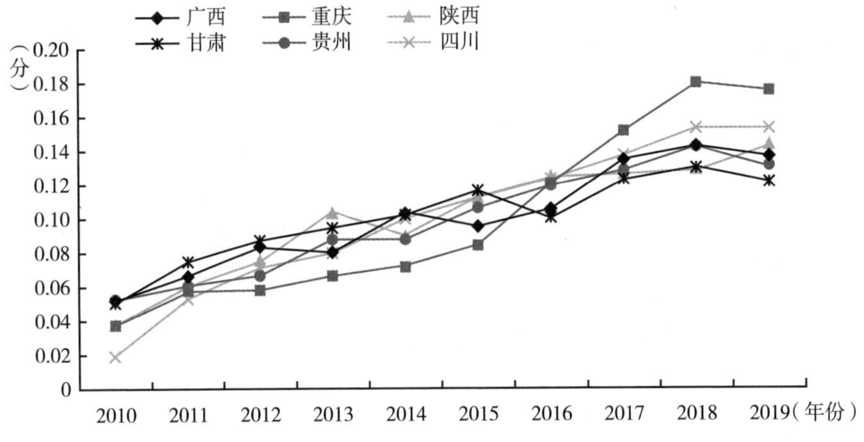

图4　2010~2019年西部陆海新通道沿线物流节点省市与广西物流发展水平得分变动趋势

（一）发展基础

从发展基础评分整体来看，陆海新通道沿线物流节点省市物流发展整体呈上升趋势，我国西部地区唯一的直辖市和国家中心城市重庆，凭借自身强大的经济实力、雄厚的产业基础以及庞大的人口规模，为物流业的发展提供了强大的资金支撑、市场保障及人才支持，其物流产业规模大，物流基础发展迅速。重庆、四川的发展基础指标得分高于其他省市，而广西和贵州发展基础得分变动幅度相对较小，且二者的变化趋势类似。另外，甘肃物流发展基础得分在2010～2015年发展态势良好，但是在2016年有所下降。虽然近几年有所恢复，但是相对其他省市差距较大，这可能是由于甘肃经济发展水平一般，对物流产业发展的资金支持有限，城市的人口规模相对较小，物流行业人力资源不足，物流市场规模和需求量较小，基础的物流交通网有待进一步开发和完善（见表9和图5）。

表9　2010～2019年西部陆海新通道沿线物流节点省市与广西物流发展基础得分

单位：分

发展基础						
时间	广西	重庆	陕西	甘肃	贵州	四川
2010年	0.000073	0.000395	0.007155	0.013915	0.007152	0.000388
2011年	0.014109	0.006377	0.014572	0.023445	0.012690	0.011705
2012年	0.019620	0.010412	0.019641	0.029299	0.015833	0.017834
2013年	0.029232	0.018352	0.029430	0.036621	0.031556	0.023599
2014年	0.047164	0.024456	0.038679	0.049515	0.044631	0.032178
2015年	0.053883	0.039429	0.054881	0.053600	0.051118	0.056639
2016年	0.057599	0.065144	0.054794	0.043309	0.056304	0.062138
2017年	0.062275	0.071433	0.064472	0.049749	0.059635	0.065512
2018年	0.067109	0.081943	0.065262	0.053944	0.069620	0.069865
2019年	0.065676	0.099164	0.075113	0.063362	0.075305	0.076986

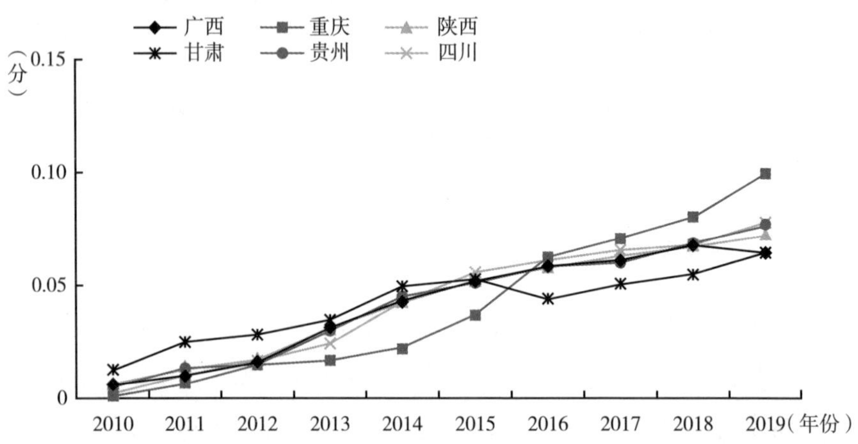

图5　2010～2019年西部陆海新通道沿线物流节点省市与广西物流发展基础得分变动趋势

（二）发展质量

从发展质量评分整体来看，陆海新通道沿线物流节点省市物流发展质量得分整体较为波动。广西和重庆物流发展质量得分在 2015 年后有明显上升趋势，贵州物流发展质量得分相对稳定，而陕西、甘肃以及四川均有明显的拐点（见表 10 和图 6）。这可能是由于货物运输结构调整，铁路货运占比逐渐下降，而水路和公路运输逐渐成为货运选择，广西临海具有良好的海运基础，而在西部地区中唯一具有公路、铁路、航空、水运综合交通运输优势的特大城市只有重庆，其拥有长江黄金水道、中欧班列（重庆）、航空网络等水陆空多种物流通道，因此广西和重庆的物流发展质量得分呈上升趋势。而其他省市，虽然也处于西部陆海新通道建设的物流节点，但是在货运量方面还有待进一步提高。

表 10　2010 ~ 2019 年西部陆海新通道沿线物流节点省市与广西物流发展质量得分

单位：分

发展质量						
时间	广西	重庆	陕西	甘肃	贵州	四川
2010 年	0.022325	0.014577	0.017732	0.020888	0.023693	0.009059
2011 年	0.013859	0.022038	0.012267	0.025984	0.019699	0.027333
2012 年	0.022418	0.022109	0.018213	0.023753	0.018773	0.033382
2013 年	0.020523	0.027621	0.037384	0.018794	0.022383	0.032426
2014 年	0.023249	0.019897	0.025837	0.021807	0.027681	0.031714
2015 年	0.015748	0.017752	0.027351	0.029019	0.024768	0.022990
2016 年	0.020227	0.023818	0.032976	0.029275	0.028530	0.019332
2017 年	0.029345	0.032652	0.031451	0.033386	0.027226	0.022708
2018 年	0.037434	0.039207	0.030988	0.031643	0.030732	0.025082
2019 年	0.044839	0.030238	0.033424	0.015268	0.026555	0.025814

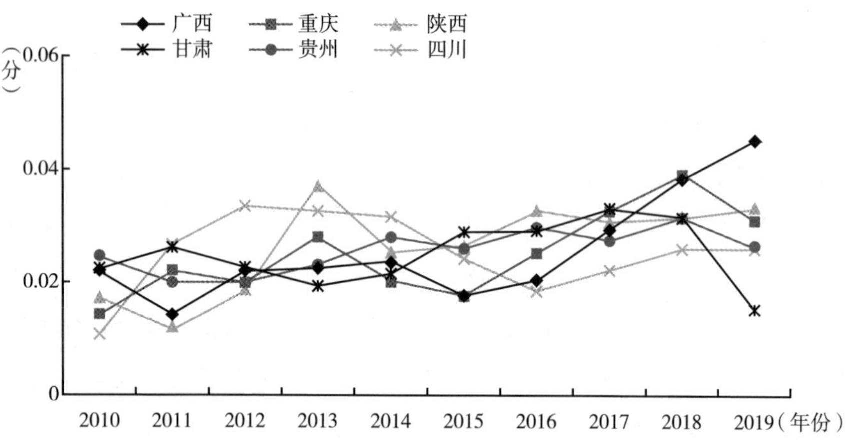

图 6　2010～2019 年西部陆海新通道沿线物流节点省市与广西物流发展质量得分变动趋势

（三）发展效率

从发展效率评分整体来看，陆海新通道沿线物流节点省市物流发展整体呈上升趋势，且与发展基础评分整体趋势相同，重庆和四川发展较快，但是均在 2019 年有所下降，可能是受中美贸易摩擦的影响，贸易壁垒增加，出口成本增加，物流规模缩小，货物周转率有所下降，进而导致部分省市物流发展效率得分呈下降趋势（见表 11 和图 7）。

表 11　2010～2019 年西部陆海新通道沿线物流节点省市与广西物流发展效率得分

单位：分

发展效率						
时间	广西	重庆	陕西	甘肃	贵州	四川
2010 年	0.017952	0.009778	0.011651	0.000856	0.016029	0.003549
2011 年	0.025905	0.022125	0.015904	0.010293	0.016910	0.012012
2012 年	0.032320	0.019888	0.023087	0.018918	0.020015	0.019075
2013 年	0.024558	0.014416	0.028700	0.024284	0.023282	0.023215
2014 年	0.024727	0.015296	0.025340	0.027232	0.026455	0.025475
2015 年	0.017625	0.015540	0.026425	0.031043	0.020495	0.018551

续表

发展效率						
时间	广西	重庆	陕西	甘肃	贵州	四川
2016 年	0.020606	0.020421	0.031514	0.027803	0.026185	0.022379
2017 年	0.027482	0.036176	0.031106	0.037589	0.034222	0.032385
2018 年	0.032592	0.049638	0.030157	0.040147	0.037496	0.047022
2019 年	0.026253	0.046521	0.025935	0.031890	0.028932	0.046282

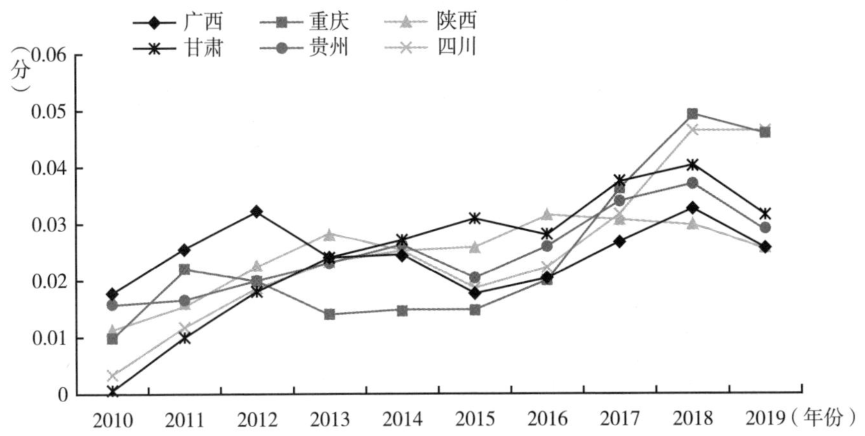

图 7　2010 ~ 2019 年西部陆海新通道沿线物流节点省市与广西物流发展效率得分变动趋势

（四）发展贡献

物流需求的产生，离不开相关产业的发展。物流关联产业越密集，发展层次越高，就会产生越多的物流需求，从而为地区物流的发展提供强劲推动力。物流发展贡献可以关联地区经济和行业的发展程度来反映区域物流的发展潜力。与发展基础、发展质量、发展效率等一级指标相比，西部陆海新通道沿线物流节点省市的物流发展贡献得分较低。其中，重庆 2013 年物流发展贡献有明显上升趋势，这可能是由于重庆属于共建“一带一路”倡议西部地区重点内陆省市，相关物流产业发展较快，进而拉动经济发展。四川、甘肃和陕西物流发展贡献得分较为波动，这说明西部陆海新通道沿线物流节点省市的物流产业尚未占据各省市经济发展的重要位置，有待进一步加强物流输出，提升物流产业核心竞争力（见表12、图8）。

表12　西部陆海新通道沿线物流节点省市与广西物流发展贡献评估得分

单位：分

发展贡献						
时间	广西	重庆	陕西	甘肃	贵州	四川
2010年	0.012443	0.011963	0.025080	0.014724	0.012201	0.005673
2011年	0.012457	0.006445	0.017377	0.015320	0.012057	0.002198
2012年	0.008914	0.005794	0.013287	0.015941	0.011406	0.001325
2013年	0.007159	0.006247	0.007190	0.014479	0.010525	0.012502
2014年	0.007004	0.012483	0.000491	0.002859	0.009263	0.010341
2015年	0.008596	0.010863	0.004368	0.002341	0.008909	0.013996
2016年	0.006848	0.009899	0.004986	0.006576	0.008166	0.018762
2017年	0.014736	0.010749	0.006080	0.001410	0.007219	0.016960
2018年	0.005113	0.008739	0.001977	0.005656	0.003497	0.010619
2019年	0.009925	0.009744	0.008689	0.010636	0.007067	0.003497

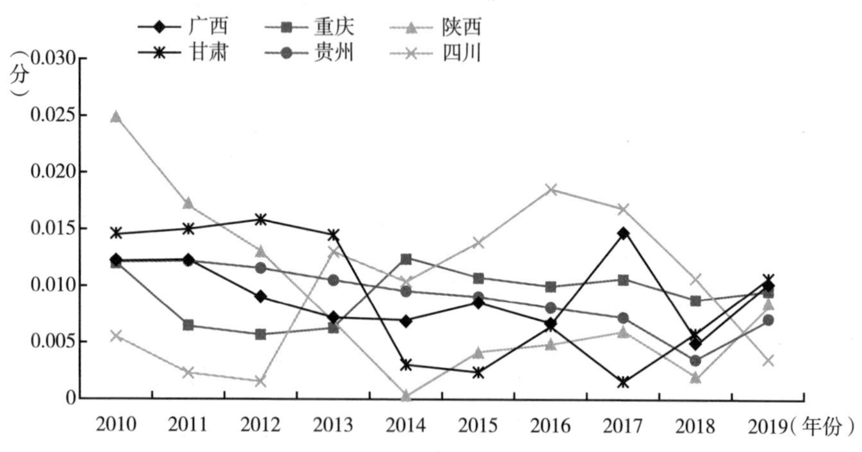

图8　2010～2019年西部陆海新通道沿线物流节点省市与广西物流发展贡献得分变动趋势

六　西部陆海新通道沿线物流节点与广西物流协同发展的机遇与障碍

（一）西部陆海新通道沿线物流节点与广西物流协同发展的机遇

1. 推动西部大开发形成新格局

西部陆海新通道是一条推进西部大开发形成新格局的战略通道，各物流节点能够借力西部陆海新通道带来的良好发展机遇，大力发展通道经济，通道沿线省市强化合作共赢理念，共商共建一批可承载产业转移的合作园区、战略性新兴产业基地、国际经贸合作园区。发展枢纽经济，依托陆港型、海港型、空港型国家物流枢纽，加快实现通道与产业、重点枢纽与次级节点的深入融合，着力打造西部陆海新通道门户枢纽，建成西部地区高质量发展重要增长极，利用参与国际竞争的明显优势，加快西部地区形成陆海内外联动，构建“南向、北联、东融、西合”多向互济的开放新格局。

2. 促进北部湾港高质量一体化发展

一方面，西部陆海新通道建设通过统筹整个交通体系的规划、运行、组织、管理等工作，将促进北部湾交通基础设施一体化建设，进一步优化北部湾区域范围内的交通资源配置，促进交通设施之间的无缝对接，加快实现综合交通体系内各种交通方式协同运作；另一方面，西部陆海新通道建设能够促进北部湾地区产业一体化高质量发展，各物流节点省市可以实现优势互补、错位发展与合作共赢，不断提升区域产业发展的整体效能和核心竞争力。

3. 加强陆海新通道建设

建设“陆海新通道”，重点要促进运输、物流通道的高效畅通，实现对外开放的陆海统筹，有效地贯通中国大西北与大西南、联结中国西部与东盟国家（地区），实现内陆开放、沿边开放、沿海开放的高层次开放。因此，西部陆海新通道建设作为一个契机，一是能够促进更多开放平台的搭建，如西部地区的自由贸易试验区，以此帮助各物流节点省市承接产业转移、开拓国际市场；二是顺通了对外贸易通道，建立健全多式联运机制，畅通对外连接东南亚、中亚的南向大通道。

（二）西部陆海新通道与广西物流协同发展的障碍

1. 各地区物流节点协调配合机制尚未健全

西部陆海新通道建设是为缩短国内货物贸易通达新加坡及东盟等主要物流节点的时间而打造的综合建设战略。在这一视域下，由于西部陆海新通道各物流节点省市经济发展水平不一，出现非对称性共生现象，其所带来的体制机制创新可能使得相关部门的职能范围重复交叉，也可能出现监管领域的空白。而从某一角度来讲，本地部门不完善的协调机制会影响西部陆海新通道建设资源的配置，进而影响西部陆海新通道建设的效率和质量。所以，这在客观上就要求西部陆海新通道建设提高内部协调效率，健全高效的政策执行机制，确保西部陆海新通道发挥良好的地缘优势。

2. 物流发展的标准化和信息化进程较为滞后

物流标准化和信息化具有较强的国际性，若本国物流标准与国际物流标准化体系有所出入，会因标准化系统不统一导致外贸成本增加，违背西部陆海新通道建设的初衷。而在西部陆海新通道建设被提出后，各物流节点省市尚未建立与国际物流标准化和信息化相统一的相关体系和重要部门，管理监管机制缺乏，商品物流信息数据库也尚未形成，导致市场反应不够敏捷，无法迅速匹配，影响物流体系的运作效率。

3. 区域产业布局不合理

区域产业协同发展不仅是指各省市之间的合作与协同，更重要的是通过差异化发展来实现产业布局结构上的有序性和发展上的良性竞争。由于西部陆海新通道物流节点省市大多数属于资源丰富的西部地区，因此相似产业较多。比如重庆和四川的资源产业和装备制造业及高新技术产业，广西和海南的云计算未来等新兴产业，宁夏和甘肃的生物制药产业，新疆和青海的文化产业，云南和贵州的水电产业等，除文化产业具有地域特点外，其他物流节

点省市的产业布局雷同会导致相关地区的恶性竞争，进而导致各物流节点省市政府用本位意识和局部利益主导西部陆海新通道建设规划，这在一定程度上使得西部陆海新通道物流建设功能与区域产业的整体布局出现矛盾和冲突，导致区域产业布局不合理。

4. 缺乏对西部陆海新通道物流发展长远规划

西部陆海新通道强化了与西北地区综合运输通道的衔接，加强了其与丝绸之路经济带以及长江经济带的衔接，增强了通道对西北地区的辐射联动作用。然而，目前尚未形成对西部陆海新通道物流发展的长远规划以及结合物流发展基础、发展质量、发展效率以及发展贡献对各物流节点省市予以定位，这不利于物流社会化、专业化水平的进一步提升，也不利于西部陆海新通道物流园区网络体系布局合理化发展、形成物流集聚优势。

七　促进西部陆海新通道与广西物流协同发展的对策

（一）建立区域物流节点协调机制

西部陆海新通道建立各物流节点协调机制可采用“国家—省区—企业”三层次的协调发展模式。首先，国家级协调机制作为宏观物流政策，可根据不同省份的独特优势，科学规划，激活资源，优化配置，均衡发展。同时，国家级协调机制还应不断加大西部陆海新通道对外开放的力度和规模，促进各物流节点省市对外贸易的发展。其次，省级协调机制应主要负责解决通道区域物流发展中的现实问题。各省份要依据行业情况和自身优势，以国家级协调机制的规划要求为导向，创新发展具有本区域优势的特色物流业，充分发挥省级协调机制的作用，为物流企业营造良好的物流营商环境，科学合理布局物流产业，避免管理事务工作的交叉重复和监管缺位。最后，物流企业作为现代物流业发展的市场主体，物流企业的智慧化、信息化水平决定物流产业的发展。物流行业协会应充分发挥业内影响力和凝聚力，构建物流企业间的全面协调机制，为各物流企业搭建合作交流平台，开展行业动态调查研究，着力解决物流企业发展过程中的实际问题，与物流企业协调发展共同推动地区物流产业发展。

（二）以突出信息化平台培育来深化物流管理体系改革创新

在大数据时代，信息化平台已成为西部陆海新通道物流企业发展的核心竞争力。以北部湾港为代表的港口以及国际铁路联运各物流节点为核心建立物流信息化数据共享平台，以一体化电子单据取代传统纸质单据，提高通关效率，通过与码头、船公司、货代、场站、船代以及海关、商检数据的无缝对接，简化陆海新通道铁海联运、跨境公路和跨境铁路三种物流组织形式的手续，深化物流管理体系改革创新，提高物流管理体系运行效率。

（三）促进交通物流与产业联动融合发展

交通物流与其他产业的联动是西部陆海新通道高质量发展的必经过程，也是各物流节点省市未来发展的新方向。因此，各物流节点省市物流业要制定完善的与其他产业的联动机制，保证产业联动机制的运行效率，增强联动机制的实用性、适用性以及时效性，将短期利益与长期利益相结合，形成能够长期发挥作用的联动机制。另外，各物流节点省市之间应建立产业联动的保障机制，帮助物流业与其他产业了解市场的供需关系，合理配置资源，优化联动结构，以此提升联动的耦合度。

（四）制定西部陆海新通道物流发展的长远战略目标

物流市场竞争日趋激烈，西部陆海新通道各物流节点应该找准市场定位，全盘策划、精准分析，制定相应的国际市场战略。综合国内外物流发展状况，借鉴欧盟及东盟等国家物流发展经验，优化运输路线，打破传统物流管理体制、经营理念中存在的问题，增强核心竞争力。基于各物流节点的物流发展基础、发展质量、发展效率以及发展贡献，结合西部陆海新通道建设的整体长远目标，尽快制定西部陆海新通道物流发展的长远战略目标和决策实施路径，明确物流发展的市场定位、空间定位以及时间定位。

参考文献

蔡海亚、谢守红：《长江三角洲物流发展及与经济增长关系的实证研究》，《北京交通大学学报》（社会科学版）2016 年第 2 期。

蔡海亚、谢守红：《长江三角洲物流业集聚及其影响因素研究》，《浙江树人大学学报》（人文社会科学版）2015 年第 4 期。

车文、刀荣贵、杨立言：《基于区间熵物元模型的烟草工业立体仓库物流效率评价研究》，《中国烟草学报》2018 年第 3 期。

傅远佳：《中国西部陆海新通道高水平建设研究》，《区域经济评论》2019 年第 4 期。

高玉祥、董晓峰：《高速铁路建设对甘肃省时空可达性的影响作用研究》，《北京交通大学学报》2020 年第 6 期。

葛喜俊、刘凯、黄斌：《长三角城市群物流需求空间结构特征分析》，《综合运输》2009 年第 6 期。

贺玉德、马祖军：《产业转移下区域物流与区域经济协同度分析——基于四川省的实证研究》，《管理现代化》2014 年第 1 期。

李国旗：《区域物流一体化发展的动力及相互作用机制研究》，《华东经济管理》2013 年第 6 期。

王鑫、宫明强、聂海：《港口物流数据平台建设》，《集装箱化》2017 年第 10 期。

王景敏：《“西部陆海新通道”物流系统建设面临的挑战与应对之策》，《对外经贸实务》2019 年第 5 期。

吴光豪：《构建西部陆海新通道物流金融服务体系的重庆实践、问题及建议》，《海南金融》2020 年第 4 期。

徐玖平、张梦翔、冯江洪：《基于熵值法 - 双基点法的物流企业竞争力测度研究》，《西南民族大学学报》（人文社会科学版）2015 年第 7 期。

易城：《加快发展广西现代物流业的研究》，《市场论坛》2020 年第 4 期。

张文华等：《智慧物流视角下广西 A 级物流企业时空分布差异分析》，《现代商贸工业》2020 年第 35 期。

赵晓敏、佟洁：《区域制造业与物流业的协调度——以上海市为例》，《系统工程》2018 年第 5 期。

宗会明、杜瑜、黄言：《中国西南地区—东南亚国家陆路交通可达性与城市空间联系格局》，《经济地理》2020 年第 5 期。

Allen Liao, “China: Rapid Modernization of Tobacco Logistics,” *Tobacco Asia* 2

(2012).

Doxiadis C. A. , "Man's Movement and His Settlements," *Ekistrics* 29, 1 (1970) .

Ehrhardt M. K. , Crenshaw E. M. , Jenkins J. C. , "Deforestation and the Environmental Kuznets Curve: A Cross National Investigation of Intervening Mechanisms," *Social Science Quarterly* 83, 1 (2002).

Francois J. , Woerz J. , "Producer Services, Manufacturing Linkages, and Trade," *Social Science Electronic Publishing* 8, 3 –4 (2007).

Kiyong K. , "Tourism Flows and Trade Theory: A Panel Data Analysis with the Gravity Model," *The Annals of Regional Science* 44, 3 (2010).

Lei M. et al. , "Industry Linkage and Low-carbon Development-Based on Logistics Industry & Manufacturing Industry," *Meteorological and Environment Research* 5 (2017).

Moh Zainal Arifin, Banun Diyah Probowati, Sri Hastuti, "Applications of Queuing Theory in the Tobacco Supply," *Agriculture and Agricultural Science Procedia* 3 (2015).

Weiss D. J. et al. , "A Global Map of Travel Time to Cities to Assess Inequalities in Accessibility in 2015," *Nature* 553 (2018).

附　　录

Appendices

B.6

北部湾国际门户港大事记

1924 年

孙中山先生在《建国方略之二・物质建设（实业计划）》中，将大连港列为北方大港、上海港列为东方大港、广州港列为南方大港，同时将钦州港、福州港、营口港、葫芦岛港列为二等港，此为钦州港“南方第二大港”的由来。

1952 年

1952 年 6 月，北海轮船分公司成立，港务、航运管理机构第 1 次分家。1952 年末，航运系统开展民主改革运动。

1953 年

1953 年 1 月，北海港建港。港务、航运第 2 次合并，成立“珠江航管局北海航运管理处”。1954 年 8 月，北海市成立建港委员会，在外沙桥和桂皮仓的中间地段动工，扩建外沙避风港。

1955 年

1955 年 6 月 12 日，中共中央宣传部行文，把东京湾改为北部湾。同年

10 月，北海港港务、航运第 2 次分家。11 月，北海市政府交通科成立。

1956 年

1956 年 1 月，北海港外轮代理分公司成立。3 月，港务处在企沙、犀牛脚、茅岭、党江和石头埠设港务所。

1958 年

1958 年，广东省水规院对钦州港地质钻探 321 个孔，钻探尺达 1476 米。10 月，北海港港务、航运第 3 次合并，归合浦专署领导。

1963 年

1963 年 2 月，北海港港务、航运第 3 次分家。港口直属交通部领导。

1964 年

1964 年 2 月，中国轮船理货公司北海分公司正式成立。3 月，北海港开辟直达英国、波兰、几内亚、摩洛哥的航线。

1965 年

1965 年 5 月，由交通部审定、国务院批准的《北海港港章》正式公布。

1966 年

1966 年 5 月 10 日，港务处更名为“北海港务管理局”。同年 8 月，建地角避风港。

1967 年

1967 年 1 月，《中华人民共和国交通部和越南民主共和国交通运输部关于战时使用中越两国海上隐蔽航线和越南船舶疏散到中国港口的议定书》在北海签订。5 月，北海港港务、航运实行军事管制。

1968 年

3 月 22 日，国务院批准在东兴县辖区兴建防城港，名为“广西 322 工程”，拨款 3000 万元，用以支援越南抗美。6 月，工程正式动工兴建，防城港始建。

1969 年

1969 年 6 月，广西外贸首次在北海港组织木薯片运往西欧。8 月，北海港千吨级小轮码头动工兴建。

1970 年

1970 年 10 月 19 日，北海港由交通部下放给广西壮族自治区交通厅领导。北海至新加坡、日本的航线恢复，新开辟至非洲、地中海和西欧的航线。

1972 年

1972 年 4 月，防城港正式启用。6 月 27 日，防城港为起运港口的海上援越运输隐蔽航线正式交付使用。7 月 25 日，中越双方签订《开辟中越海上隐蔽运输航线议定书》。8 月 1 日，防城港正式启用，起运中国援越物资，成为“海上胡志明小道”起点。11 月 11 日，周恩来总理在交通部《援越运输情况简报》上做出“不论越南停战与否，防城港应即隐蔽扩建，限期完成”的批示，并要求“三年改变港口面貌”。

1972 年 4 月，北海海上救助站成立。7 月，粤桂两省在北海港组建援越沿海隐蔽航线运输大队。

1974 年

1974 年 2 月，中共防城港务局委员会成立。5 月 27 日，广西递交请求将防城港扩建为对外开放的贸易港口的报告，同日，国务院批准防城港在“五五”期间再建 5 个万吨级深水泊位。8 月 28 日，国务院批准将防城港逐步扩建为对外开放的贸易港口。

1974 年 2 月，外沙西港口扩建中级码头工程动工。1976 年 6 月，竣工投入使用。

1975 年

1975 年 3 月 22 日，广西首个万吨级深水泊位在防城港建成。8 月 7 日，交通部批准防城港“五五”期间再建 5 个万吨级深水泊位和相应配套工程。

1978 年

1978 年 2 月，南满渔业基地及专用码头动工兴建，1982 年停建，1987 年恢复建设，1990 年一期工程建成。

1979 年

1979 年 2 月至 1988 年 12 月，中越双方军事对立，钦州港建设未被提上日程。

1983 年

1983 年 7 月 13 日，国务院批准防城港为对外国籍船舶开放口岸。7 月 30 日，广西壮族自治区成立防城港指挥部。10 月 1 日，防城港举行开港典礼，10 月 2 日，正式对外开放。1983 年底，防城港首个万吨级深水泊位投入使用。

1984 年

1984 年 4 月 25 日，国务院批准防城港与北海市作为一个整体被列为全国 14 个沿海开放城市之一。5 月 5 日，防城港接卸广州远洋公司 15000 吨级货轮“桂阳”号，开创接卸万吨级货轮先例。11 月 27 日，国务院批复《广西壮族自治区关于开发建设北海市（含防城港）的规划报告》（国函〔1984〕163 号），同意北海市（含防城港）进一步对外开放。

1985 年

1985 年 1 月，广西壮族自治区主席韦纯束和交通部副部长子刚视察北海港，并决定投资 3100 万元建设新港区。3 月，广西首家中外合资海上运输企业——南方货运有限公司在北海成立。4 月，民航福成机场动工兴建。1987 年 3 月 15 日，通航营业。5 月 7 日，万吨级码头泊位在石步岭海滩动工兴建。1986 年 7 月 1 日，1 号泊位竣工简易投产，2 号泊位于同年 12 月竣工投产。

1986 年

1986 年 2 月 15 日，中共中央总书记胡耀邦视察港口码头，考察了防城港区的开发建设，指出“防城港大有希望”。12 月 15 日，自治区人民政府、防城港区工管委在港口码头举行防城港 3 ~ 7 号万吨级泊位竣工交付使用暨南防铁路全线铺通庆祝大会，南防铁路全线铺通，防城港首期工程 7 个万吨级泊位全部建成投产。

1987 年

1987 年 3 月 7 日，广西壮族自治区人民政府决定在防城港区建设散装水泥出口基地。5 月，国家和自治区确定在防城港区建设国家粮食中转基地、林业贮木场、建材进出口基地、外贸基地四大出口基地。

1988 年

1988 年 1 月 15 日，国务院副总理田纪云视察北海港。2 月 6～8 日全国政协副主席刘澜涛视察北海港。5 月，全国政协副主席谷牧视察北海港。11 月，涠洲南湾港 500 吨级客货码头竣工投入使用。

1988 年 7 月 22 日，年中转 120 万吨的防城港粮食中转基地竣工，防城港成为全国十大接粮港口之一。8 月 13 日，年中转 30 万吨的防城港散装水泥中转库建成投产，防城港成为全国较大的散装水泥中转港。11 月，防城港年吞吐量突破 100 万吨。

1989 年

1989 年初，防城港被交通部列为全国 19 个枢纽港之一，春节期间，1 万多名越南边民涌入东兴等边境地区要求互市贸易、交换商品，拉开恢复边境贸易的序幕。4 月，自治区批准开放东兴、峒中为对越民间小额贸易点，潭吉、企沙为对越批量贸易码头。

1989 年 1 月 22 日，国家交通部部长钱永昌视察北海交通设施。3 月 20 日，琼北线车客货轮渡通航。

1990 年

1990 年 4 月 20 日，广西首条定期集装箱航线防城港—香港在防城港试航成功。5 月 3 日，交通部复函防城港区管委，防城港正式被列为交通部水陆联运港口。5 月 15 日，在中国举办的第五届环太平洋港口讨论会上，防城港等 19 个枢纽港被列入中国港口建设核心建设规划。

1990 年 10 月 1 日，南宁至北海二级公路全线通车。11 月 22～23 日，中共中央总书记江泽民视察北海港，并寄语北海：“后起之秀，前途无量。”

1990 年 12 月，国家科委社会发展科技司司长邓楠到钦州沿海地区实地考察。

1991 年

1991 年 4 月 1～3 日，钦州地委、行署举行联席会议，会议作出了成立钦州港开发建设前期工作工程指挥部的决定。6 月中旬，钦州港开发建设前期工作指挥部召开第一次会议，会议确定了钦州港开发建设前期的工作任务，成立了指挥部下属 8 个工作机构。9 月，北部湾海洋开发战略及广西海洋资源开发规划和实施方案研究课题在北京通过由国家科委主持的成果鉴定。12 月 23 日，钦州港进港公路正式开工，地市党政领导及万余军民参加了进港公路开工誓师大会。

1991 年 10 月 18 日，钦北铁路建设在和塘村举行奠基典礼。

1991 年 11 月 13 日，中共中央政治局委员、全国人大常委会委员长万里视察北海港。

1992 年

1992 年 5 月 17 日，大田变电站至钦州港 10 千伏线路工程一次送电成功，钦州港第一次有了电。8 月 1 日，钦州港奠基典礼隆重举行。赵富林、成克杰等广西壮族自治区党政军领导和中央有关部门、兄弟省区代表及地市领导、地直机关和港区 1 万多干部群众参加典礼。

1992 年 4 月 19 ~20 日，国务院副总理邹家华在北海召开西南和华南部分省区区域规划会议。会议决定加快广西沿海港口建设。9 月 27 日，北海港石步岭港区二期工程暨北铁一级公路举行开工典礼。

1992 年 12 月 22 日，3 万吨级深水泊位防城港第 8 号泊位建成投产。

1993 年

1993 年 1 月 22 日，钦州港勒沟大桥基础工程动工。3 月 31 日，钦州港进港一级公路路基全线开通。7 月 25 日，钦州港勒沟大桥全面动工。

1993 年 1 月 4 ~5 日，中共中央政治局常委朱镕基到北海港视察，肯定北海的第一个优势是西南出海通道之一。

9 月 27 日，铁山港 2 个万吨级起步码头动工建设。

1994 年

1994 年 1 月 8 日，广西壮族自治区人民政府在铁山港工业区主持了北海 500 万吨炼油厂、120 万千瓦火电厂、80 万吨钢铁厂三大项目基础设施奠基典礼。6 月，广西新龙燃气公司在铁山港动工建设 5000 吨级燃气码头和气库。

1994 年 1 月 16 日，钦州港 2 个万吨级码头启用，自治区党委、区政府在钦州港口召开庆典大会，8000 多人参加庆典。钦州港“横海出世”，结束了通商有海无港的历史。

1995 年

1995 年，江山港、企沙港、石头埠港分别于2 月20 日和3 月25 日通过自治区验收，正式对外开放。自此，防城港市共有防城港、东兴、企沙、江山4 个国家一类口岸。7 月 13 日，竹山港码头工程投入使用，年吞吐量超100 万吨。

1995 年5 月18 日，铁山港区石头埠边贸口岸正式宣布对外开放。7 月1 日，钦北铁路全线投入营运。7 月 28 日，北海港铁路专用线正式动工。

1996 年

1996 年6 月，钦州港被设立为广西省级开发区。7 月 1 日，北海港举行石步岭港区二期工程竣工和进港铁路通车典礼。7 月 7 日，南海西部石油公司油气终端处理厂码头在涠州岛举行动工仪式。

1997 年

1997 年，钦州被批准为国家一类口岸正式对外开放。

1997 年6 月4 日，北海港散装进口沥青灌装线建成投入使用。10 月 29 日，钦北高速公路开工。

1998 年

1998 年5 月，北海港—越南下龙湾国际旅游航线开通。

2001 年

2001 年5 月，石步岭新港区 3 号泊位集装箱装卸工艺技术改造成功，1 台集散箱岸桥、2 台场桥正式投入使用，结束了北海港没有专用集装箱码头的历史。

2001 年 12 月 27 日，东兴和越南芒街口岸分别举行中越陆地边界首块新界碑立碑仪式，《中越陆地边界条约》正式实施，陆地边界实地勘界立碑工作正式启动；同日，防城港货物年吞吐量突破1000 万吨。

2004 年

2004 年，钦州港二期工程正式投入使用。

2005 年

2005 年 7 月 6 日，防城港沿海基础设施建设大会战核心项目——防城港 20 万吨级码头投入正式运营，防城港成为全国第 4 个拥有 20 万吨级码头的港口。一年内，防城港吞吐量突破 2000 万吨，全市工业总值超百亿元。

2007 年

2007 年 2 月 14 日，广西对防城港务集团有限公司、钦州市港口（集团）有限责任公司、北海市北海港股份有限公司和广西沿海铁路股份有限公司的国有产权重组整合，成立了广西北部湾国际港务集团有限公司，主要进行港口建设及经营管理、地方铁路运输和公路运输等。

2008 年

2008 年 1 月 16 日，国家批准实施《广西北部湾经济区发展规划》，建设现代化沿海港口群。规划沿海港口新建一批万吨级以上泊位和深水航道。5 月，国务院批准在钦州港设立中国第 6 个保税港区——钦州保税港区。至此，钦州港成为中国西部沿海唯一的保税港区。

2010 年

2010 年，钦州港经济开发区升级为国家级经济开发区。

2011 年

2011 年 3 月 19 日，广西壮族自治区人民政府正式批准广西沿海防城港、钦州港、北海港统一使用“广西北部湾港”名称。

2012 年

2012 年，广西北部湾港吞吐量 17437 万吨，比上一年增长 13.8%，实现了历史性突破。其中，防城港市港口货物吞吐量破亿吨大关，达 1.0058 亿吨。

2013 年

2013 年 7 月，李克强总理在考察北部湾经济区时，提出了“广西要成为西南中南地区开放发展新的战略支点”“打造千万标箱大港”“打造面向东盟开放合作的区域性国际航运中心”等要求。

2014 年

2014 年 8 月，广西北部湾国际港务集团集资上市，集团公司连续 7 年入围中国企业500强、中国服务业500强。

2015年

2015年3月28日，国家发展改革委、外交部、商务部联合发布了《推动共建丝绸之路经济带和21世纪海上丝绸之路的愿景与行动》，北部湾国际门户港作为我国西南地区海上丝绸之路重要出海口被纳入国家级顶层合作倡议。

2017年

习近平总书记深入广西港口、企业、重点项目考察调研，并叮嘱“一定要把广西北部湾港口建设好、管理好、运营好”“打造好向海经济、开放的经济”，推动港口朝着“一流的设施、一流的技术、一流的管理、一流的服务”发展。

2019年

2019年7月30日，广西壮族自治区党委、人民政府印发实施《关于推进北钦防一体化和高水平开放高质量发展的意见》《广西北部湾经济区北钦防一体化发展规划（2019—2025年）》，拉开了北钦防一体化的大幕。8月，中国（广西）自由贸易试验区正式设立。《国务院关于印发6个新设自由贸易试验区总体方案的通知》印发实施，要求打造西部陆海联通门户港。10月，《西部陆海新通道总体规划》要求加强西南、西北骨干通道衔接，延伸拓展辐射范围，发挥成渝、北部湾等重点区域的枢纽辐射作用，构建通道有效支撑、战略有机衔接、南北相互促进的发展新格局，形成西部地区开发开放新动能，建设广西北部湾国际门户港，提升通道出海口功能。12月，《中共广西壮族自治区委员会广西壮族自治区人民政府关于加快发展向海经济推动海洋强区建设的意见》明确要求，推进陆海联动通道建设，推动江海联通通道建设，打造北部湾国际门户港，推进空港向海通道建设。

2020年

2020年10月，国家发展改革委、交通运输部联合印发《关于做好2020年国家物流枢纽建设工作的通知》钦州—北海—防城港港口型国家物流枢纽入选2020年国家物流枢纽建设名单。

B.7
附　表

表 1　北部湾国际门户港享有的各类政策及文件

政策类型	政策及文件	颁布时间
国家层面	《广西北部湾经济区发展规划》	2008 年 1 月
	广西钦州保税港区政策	2008 年 5 月
	《广西北部湾经济区发展规划》(2014 年修订)	2014 年 10 月
	“一带一路”倡议	2015 年 3 月
	《西部大开发“十三五”规划》	2016 年 12 月
	《北部湾城市群发展规划》	2017 年 1 月
	《中国(广西)自由贸易试验区总体方案》	2019 年 8 月
	《西部陆海新通道总体规划》	2019 年 8 月
	《关于新时代推进西部大开发形成新格局的指导意见》	2020 年 5 月
自治区层面	《关于推进北钦防一体化和高水平开放高质量发展的意见》和《广西北部湾经济区北钦防一体化发展规划(2019 - 2025 年)》	2019 年 7 月
	《广西建设西部陆海新通道实施方案》	2019 年 11 月
	《关于加快发展向海经济推动海洋强区建设的意见》	2019 年 12 月
	《中国(广西)自由贸易试验区建设实施方案》	2020 年 2 月
地市层面	《北部湾城市群发展规划北海实施方案》	2018 年 10 月
	《防城港市促进海运业发展的意见》	2019 年 11 月
	《钦州市推进北钦防一体化和高水平开放高质量发展的实施方案》	2020 年 4 月
	《中国(广西)自由贸易试验区钦州港片区建设实施方案》	2020 年 4 月

Abstract

Since the one belt, one road initiative came in 2013, Guangxi has been positioned as an international gateway to ASEAN region, an important gateway to connect the Maritime Silk Road with the Silk Road Economic Belt in 21 century. And the Beibu Gulf Port was positioned as international gateway port. In April 2017, general secretary Xi Jinping made an investigation in Beihai Port of the Beibu Gulf Port in Tieshan Port, and put forward that we should build the Beibu Gulf Port and build a good economy toward sea. We should write a new chapter of the Maritime Silk Road in the new century. In 2019, *The Master Plan of the New Western Land-sea Corridor* and *The Master Plan of China (Guangxi) Pilot Free Trade Zone* clearly put forward that the Beibu Gulf Port should be built into an "international gateway port", "a gateway port of the New Western Land-sea Corridor and a coastal economic agglomeration zone". The practical needs and major opportunities for the Beibu Gulf Port to build an international gateway port have come, and the construction of the Beibu Gulf International Gateway Port has officially begun. The construction of the Beibu Gulf International Gateway Port is an important measure to sped up the New Western Land-sea Corridor construction, to expand the "big corridor capacity". It is also the need to build a regional international shipping center and promote the win-win cooperation of "one belt and one road".

Development Report of the Beibu Gulf International Gateway Port (2020 – 2021) uses the data over the years, analyzes the development basis and external environment of the Beibu Gulf International Gateway Port construction, focuses on the problems existing in the development process of the Beibu Gulf International Gateway Port, and further development according to the strategic positioning of the Beibu Gulf International Gateway Port. It is proposed to increase the port infrastructure construction, optimize the port throughput structure and improve the comprehensive logistics system; we should optimize the industrial structure of the hinterland, strengthen its industrialization and expand its opening to the outside world; we should lay a solid foundation for port related industries, build a coastal industrial belt, and build port related industrial clusters; in order to provide decision-making reference for the construction of the Beibu Gulf International Gateway Port, we should effectively implement relevant policies and seek practical policy support.

The Beibu Gulf Port-industry-city Linkage Development Path Report (*2020 - 2021*) discusses the development trend of port-industry-city linkage in globalization and international division of labor, and uses the successful experience of international port city and domestic port-industry-city linkage development for reference to analyze the current situation of the Beibu Gulf International Gateway Port port-industry-city linkage development. This report expounds the joint development mechanism of port-industry-city, the international gateway of Beibu Gulf, and puts forward the joint development path of port-industry-city, the international gateway of Beibu Gulf; strengthen the foundation of joint development of port-industry-city; strengthen the endogenous mechanism of linkage development; maintain the sustainability of linkage development; strengthen industrial convergence, expand the development of port and city, deepen the connotation of the linkage development.

According to *The Report on Optimal Allocation of Resources in the Beibu Gulf Port* (*2020 - 2021*), through the analysis of port-industry-city coupling coordination degree, this report measures the port resource allocation efficiency and related factors of the Beibu Gulf Port, and selects 11 other ports as the comparative objects of port resource allocation efficiency and related factors analysis, and finds that the Beibu Gulf Port has some problems, such as insufficient infrastructure construction, low efficiency of port resource allocation, low efficiency of port resource allocation, low efficiency of port resource allocation and so on. The system and mechanism of the integration of the three ports need to be deepened, the service level of the port and shipping industry is low, and the development of the port city system is insufficient. Based on this, it puts forward the innovation of system and mechanism to build a new type of collaborative competition cooperation relationship; promote the optimal allocation of resources by three-dimensional regional control mode; smooth hinterland contact, expand win-win space; around the port city, expand the growth pole; we should cultivate regional interest community, optimize port business environment, and build an integrated industrial platform.

The Report on Innovation of Pilotage Service System of the Beibu Gulf Port (2020 – 2021) first introduces the importance and significance of pilotage service in China. By analyzing the history of pilotage system in China and the evolution of pilotage management system of the Beibu Gulf Port, it puts forward the status and existing problems of pilotage service system of the Beibu Gulf Port. Finally, it draws lessons from the experience and enlightenment of pilotage service management at home and abroad. In terms of service quality, the paper puts forward suggestions on the innovation of the pilot service system of the Beibu Gulf Port.

The Report on Coordinated Development of the New Western Land-sea Corridor and the Guangxi's Logistics Industry (2020 – 2021) analyzes the current situation of logistics industry and its development policies along the new western land-sea corridor, and evaluates the logistics development level of various regions in Guangxi. Finally, from the aspects of improving the logistics cooperation mechanism of regional logistics nodes, formulating the long-term strategic objectives of the logistics development of the new western land-seacorridor, and improving the logistics cooperation mechanism of regional logistics nodes , the paper puts forward the countermeasures and suggestions to promote the coordinated development of the New Western Land-sea Corridor and Guangxi logistics industry.

Keywords: The Beibu Gulf Port; Port-city-industry Linkage; Port Resources; The New Western Land-sea Corridor

Contents

Ⅰ General Report

Abstract: The Beibu Gulf Port serves as the "main channel" of the New Western Land-sea Corridor and the China (Guangxi) Free Trade Pilot Zone to build a new international land-sea trade corridor gateway port and an important component of the Ocean-oriented Economic Cluster. The development and construction of the Beibu Gulf International Gateway Port has ushered in a major strategic opportunity. Based on the current new situation, new background and new opportunities, this report starts with the economic foundation, policy support and port conditions for the construction of the Beibu Gulf International Gateway Port. It analyzes the external environment in the construction of the Beibu Gulf International Gateway Port, such as the collection and distribution system, shipping service industry, and related industries, and focus on the many problems it faces. And on this basis, puts forward relevant countermeasures in terms of port infrastructure investment, port service level, promotion of hinterland economic development, construction of port industrial system, policy support, institutional reform and talent team building, in order to provide reference for government functional departments basis for decision-making.

Keywords: The Beibu Gulf International Gateway Port; The New Western Land-sea Corridor; Port Industry

Ⅱ Topical Reports

Abstract: It has become a general trend to vigorously develop ports, form industrial agglomeration, promote city economic development, and form port-industry-city linkage. Based on the analysis of the trend of global and China economic development, this research discusses the development on the trend of port-industry -city linkage in globalization and international division of labor, and draws on the successful experience of international port city and domestic port-industry-city linkage development, analyzes the current situation of port-industry-city linkage development of the Beibu Gulf International Gateway Port. The development path of the Beibu Gulf International Gateway Port port-industry-city linkage is put forward: to do a good job in the top-level design of port-industry-city linkage development; to strengthen the foundation of joint development of port-industry-city; to strengthen the endogenous mechanism of linkage development; to maintain the sustainability of linkage development; to strengthen industrial convergence, to expand the development of port and city, to deepen the connotation of linkage development.

Keywords: Beibu Gulf; Port-industry-city Linkage; Industrial Structure

B.3 The Report on Optimal Allocation of Resources in the Beibu Gulf Port (2020 -2021)

Abstract: The Beibu Gulf Port is the only coastal port and the most convenient maritime gateway in the west of China. With the support of various policies, it has developed rapidly, improved its facility capacity, and upgraded its service functions. It has become an important carrier of the comprehensive transportation system in the southwestern region. In the process of our country's foreign trade economy, especially in the trade links with ASEAN, it plays an important role. Since the realization of the "Four Unifications" management model of the Beibu Gulf Port, the overall advantages have begun to emerge. The port cargo throughput, container throughput, number of domestic and foreign trade routes, and various economic indicators of domestic and foreign trade development have shown a substantial growth trend. The formation of "1 + 1 +1 >3" cluster effect becomes more and more obvious. By the analysis of port-industry-city coupling degree based on the degree of coupling coordination, this paper measures the port resource allocation efficiency and related factors of the Beibu Gulf Port, and selects other 11 ports as comparison objects for port resource efficiency and related factors analysis. It was found that the Beibu Gulf Port has insufficient infrastructure construction, the backward system and mechanism of the integration of the three ports , the low level of port and shipping services, and the insufficient development of the port-industry-city system. Based on this, it puts forward policy recommendations for the optimization of the Beibu Gulf Port resource allocation, such as innovating systems and mechanisms, unblocking hinterland connections, cultivating regional interest communities, and optimizing the port's business environment and so on.

Keywords: Port Resources Allocation Efficiency; Coupling Coordination Degree; Port-industry-city System; The Beibu Gulf Port

Abstract: Since the reform and opening up, ship pilotage services, as an important service industry in China's shipping economy and port industry, have played an active role in supporting the development of water transportation economy, ensuring the efficiency of ship turnover, and creating a good public water safety order. This research first introduces the importance and significance of China's pilotage service. By analyzing the history of China's pilotage system and the evolution of the Beibu Gulf Port pilotage management system, it summarizes the status of the Beibu Gulf Port pilotage service system and analyzes related issues. Finally, it draws lessons from domestic and foreign countries, port pilotage service management experience and enlightenment, based on the government level, this paper puts forward some suggestions, such as separating compulsory pilotage from non compulsory pilotage, strengthening ship traffic organization and management, promoting the improvement of pilotage legal system, establishing pilotage service social evaluation mechanism, promoting the construction of Beibu Gulf pilot training base, improving pilot training mechanism, etc. ; based on the level of service quality, suggestions are put forward to improve pilotage safety and service efficiency, enhance water pilotage traffic capacity, strengthen the introduction and rational use of pilotage equipment, strengthen the standardized construction of pilotage team, enhance the pilot's emergency handling capacity, carry out appropriate pilotage and ship following services, and mobilize the pilot's enthusiasm.

Keywords: The Beibu Gulf Port; Pilotage Service; System Innovation; Diversified Supply

B.5 The Report on Coordinated Development of the New Western Land-sea Corridor and the Guangxi's Logistics Industry (2020 –2021)

Zhang Jianzhong, Zhu Xiaoming and Xie Tao / 193

Abstract: The New Western Land-sea Corridor is a land-sea linkage corridor connecting the "One Belt" and "One Road", a land-sea trade corridor that supports the western region's participation in international economic cooperation, and a comprehensive transportation corridor that promotes the deep integration of transportation and logistics economy. The construction of the new corridor will promote the development of Guangxi's logistics industry to a new level. At the same time, the development of Guangxi's logistics will directly affect the coordinated development of logistics nodes along the New Western Land-sea Corridor. Based on the development status of the logistics industry along the New Western Land-sea Corridor and its development policies, as well as the assessment of the logistics development level of various regions in Guangxi, this research compares the logistics nodes along the New Western Land-sea Corridor and the coordinated development status of Guangxi logistics, and proposes the logistics nodes along the New Western Land-sea Corridor opportunities and obstacles for the coordinated development of logistics in Guangxi, and finally based on improving the logistics coordination mechanism of regional logistics nodes, formulating long-term strategic goals for the development of logistics in the New Western Land-sea Corridor, and highlighting the cultivation of information platforms to deepen the reform and innovation of the logistics management system, puts forward countermeasures and suggestions for the coordinated development of the corridor and Guangxi logistics.

Keywords: The New Western Land-sea Corridor; Guangxi Logistics Industry; Coordinated Development

Ⅲ Appendices

皮 书

智库报告的主要形式
同一主题智库报告的聚合

皮书定义

皮书是对中国与世界发展状况和热点问题进行年度监测，以专业的角度、专家的视野和实证研究方法，针对某一领域或区域现状与发展态势展开分析和预测，具备前沿性、原创性、实证性、连续性、时效性等特点的公开出版物，由一系列权威研究报告组成。

皮书作者

皮书系列报告作者以国内外一流研究机构、知名高校等重点智库的研究人员为主，多为相关领域一流专家学者，他们的观点代表了当下学界对中国与世界的现实和未来最高水平的解读与分析。截至 2021 年，皮书研创机构有近千家，报告作者累计超过 7 万人。

皮书荣誉

皮书系列已成为社会科学文献出版社的著名图书品牌和中国社会科学院的知名学术品牌。2016 年皮书系列正式列入“十三五”国家重点出版规划项目；2013~2021 年，重点皮书列入中国社会科学院承担的国家哲学社会科学创新工程项目。

中国皮书网

（网址：www.pishu.cn）

发布皮书研创资讯，传播皮书精彩内容
引领皮书出版潮流，打造皮书服务平台

栏目设置

◆ 关于皮书

何谓皮书、皮书分类、皮书大事记、皮书荣誉、皮书出版第一人、皮书编辑部

◆ 最新资讯

通知公告、新闻动态、媒体聚焦、网站专题、视频直播、下载专区

◆ 皮书研创

皮书规范、皮书选题、皮书出版、皮书研究、研创团队

◆ 皮书评奖评价

指标体系、皮书评价、皮书评奖

◆ 皮书研究院理事会

理事会章程、理事单位、个人理事、高级研究员、理事会秘书处、入会指南

◆ 互动专区

皮书说、社科数托邦、皮书微博、留言板

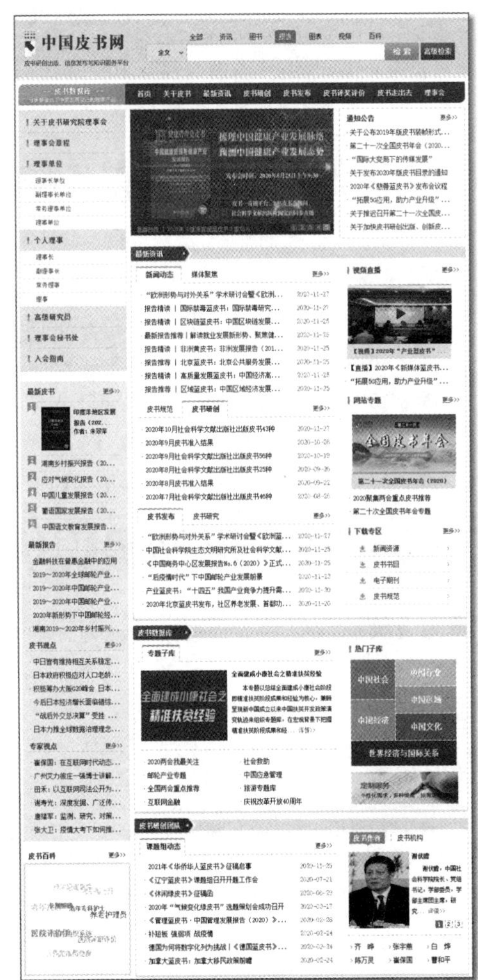

所获荣誉

◆ 2008 年、2011 年、2014 年，中国皮书网均在全国新闻出版业网站荣誉评选中获得“最具商业价值网站”称号；

◆ 2012 年，获得“出版业网站百强”称号。

网库合一

2014年，中国皮书网与皮书数据库端口合一，实现资源共享。

中国皮书网

权威报告·一手数据·特色资源

皮书数据库

ANNUAL REPORT(YEARBOOK) DATABASE

分析解读当下中国发展变迁的高端智库平台

所获荣誉

- 2019年，入围国家新闻出版署数字出版精品遴选推荐计划项目
- 2016年，入选“‘十三五’国家重点电子出版物出版规划骨干工程”
- 2015年，荣获“搜索中国正能量 点赞2015”“创新中国科技创新奖”
- 2013年，荣获“中国出版政府奖·网络出版物奖”提名奖
- 连续多年荣获中国数字出版博览会“数字出版·优秀品牌”奖

成为会员

通过网址www.pishu.com.cn访问皮书数据库网站或下载皮书数据库APP，进行手机号码验证或邮箱验证即可成为皮书数据库会员。

会员福利

- 已注册用户购书后可免费获赠100元皮书数据库充值卡。刮开充值卡涂层获取充值密码，登录并进入“会员中心”—“在线充值”—“充值卡充值”，充值成功即可购买和查看数据库内容。
- 会员福利最终解释权归社会科学文献出版社所有。

社会科学文献出版社 SOCIAL SCIENCES ACADEMIC PRESS (CHINA) 皮书系列

卡号：693233841819

密码：

数据库服务热线：400-008-6695
数据库服务QQ：2475522410
数据库服务邮箱：database@ssap.cn
图书销售热线：010-59367070/7028
图书服务QQ：1265056568
图书服务邮箱：duzhe@ssap.cn

S 基本子库
UB DATABASE

中国社会发展数据库（下设 12 个子库）

整合国内外中国社会发展研究成果，汇聚独家统计数据、深度分析报告，涉及社会、人口、政治、教育、法律等 12 个领域，为了解中国社会发展动态、跟踪社会核心热点、分析社会发展趋势提供一站式资源搜索和数据服务。

中国经济发展数据库（下设 12 个子库）

围绕国内外中国经济发展主题研究报告、学术资讯、基础数据等资料构建，内容涵盖宏观经济、农业经济、工业经济、产业经济等 12 个重点经济领域，为实时掌控经济运行态势、把握经济发展规律、洞察经济形势、进行经济决策提供参考和依据。

中国行业发展数据库（下设 17 个子库）

以中国国民经济行业分类为依据，覆盖金融业、旅游、医疗卫生、交通运输、能源矿产等 100 多个行业，跟踪分析国民经济相关行业市场运行状况和政策导向，汇集行业发展前沿资讯，为投资、从业及各种经济决策提供理论基础和实践指导。

中国区域发展数据库（下设 6 个子库）

对中国特定区域内的经济、社会、文化等领域现状与发展情况进行深度分析和预测，研究层级至县及县以下行政区，涉及省份、区域经济体、城市、农村等不同维度，为地方经济社会宏观态势研究、发展经验研究、案例分析提供数据服务。

中国文化传媒数据库（下设 18 个子库）

汇聚文化传媒领域专家观点、热点资讯，梳理国内外中国文化发展相关学术研究成果、一手统计数据，涵盖文化产业、新闻传播、电影娱乐、文学艺术、群众文化等 18 个重点研究领域。为文化传媒研究提供相关数据、研究报告和综合分析服务。

世界经济与国际关系数据库（下设 6 个子库）

立足“皮书系列”世界经济、国际关系相关学术资源，整合世界经济、国际政治、世界文化与科技、全球性问题、国际组织与国际法、区域研究 6 大领域研究成果，为世界经济与国际关系研究提供全方位数据分析，为决策和形势研判提供参考。

法律声明